PUBLICATIONS POSITIVISTES

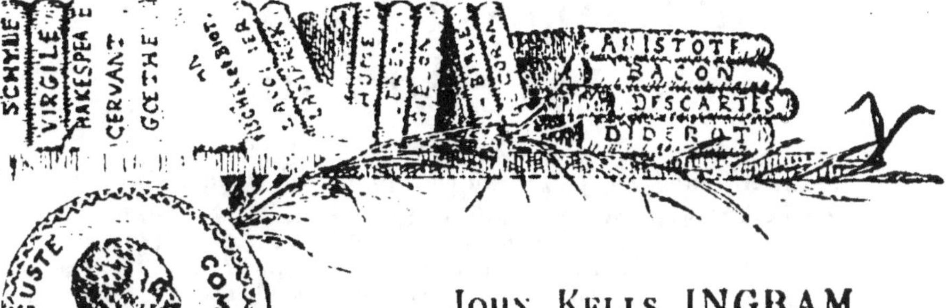

John Kells INGRAM

ESQUISSE

D'UNE

HISTOIRE

DE

L'ÉCONOMIE POLITIQUE

Traduite de l'Anglais par V.-E. Pépin

PARIS

REVUE POSITIVISTE INTERNATIONALE

2, rue Antoine-Dubois, 2

1907

CATALOGUE
DES
PRINCIPALES PUBLICATIONS
DE
L'ÉCOLE POSITIVISTE (1)

EN VENTE

2, rue Antoine-Dubois, près la rue Monsieur-le-Prince, Paris 6ª

AUGUSTE COMTE. Politique positive, 4 vol. in-8	30 fr.	»
— Philosophie positive, 6 vol. in-8	48 fr.	»
— Catéchisme positiviste. 1 vol. in-12 . . .	3 fr.	»
— Essai sur la philosophie des mathéma-tiques. Broch. in-8	1 fr.	»
— Discours sur l'esprit positif. 1 vol. in-12.	2 fr.	»
— Opuscules de philosophie sociale (1819-1828). 1 vol. -12	3 fr.	50
— Calendrier positiviste	0 fr.	30
— Lettres à Valat. 1 vol. in-8	6 fr.	»
— Lettres à Stuart Mill. 1 vol. in-8	10 fr.	»
— Correspondance inédite. Quatre volumes in-8, publiés en 1904. Chacun	7 fr.	50

A l'impression :

— Discours sur l'ensemble du Positivisme.	3 fr.	50
PIERRE LAFFITTE. Cours de Philosophie première. 2 vol. in-8	13 fr.	50
— Le Catholicisme. 1 vol. in-8	7 fr.	50
— Le Positivisme et l'Économie poli-tique. 1 vol. in-32	0 fr.	50
— La Révolution Française. 1 vol. in-32.	1 fr.	»
— La Civilisation Chinoise. 1 vol. in-8.	1 fr.	50
— Cours d'histoire générale des sciences Programme	0 fr.	30
— Discours d'ouverture	0 fr.	50
— Le Faust de Gœthe. 1 vol. in-8 cava-lier, beau papier, illustrations . . .	4 fr.	50

Édition Édouard Pelletan.

MAURICE AJAM. Transition. Roman positiviste	3 fr.	50
ÉMILE ANTOINE. La Vie et l'Œuvre de P. Laffitte . . .	1 fr.	»
— La Fête universelle des Morts	0 fr.	75
— La Fête de Condorcet	0 fr.	50
— La Fête de Jeanne d'Arc	0 fr.	50
A. ARAGON. Histoire du Positivisme au Mexique	0 fr.	60
AUZENDE. Invocation à l'Humanité (chant et piano)	2 fr.	»
PAUL BOELL. Le Protectorat des Missions en Chine	1 fr.	»
Cᵉˡ BOMBARD. Le Positivisme en dix pages	0 fr.	20
JEAN CANORA. Molière moraliste	0 fr.	50
— Scène lyrique en l'honneur d'Auguste Comte	0 fr.	60
Dʳ GANCALON. Éducation médicale de la femme	0 fr.	50
— Pasteur et le Positivisme	0 fr.	60
— L'esthétique et le mouvement féministe . .	1 fr.	»
— Examen de la théorie de la vieillesse de M. E. Metchnikoff	0 fr.	60
— Le progrès aux temps paléolithiques	1 fr.	25

Introduction à l'étude de la préhistoire.

— L'Hygiène nouvelle dans la famille	3 fr.	50

(Ouvrage approuvé pour les bibliothèques pu-bliques et pédagogiques).

ESQUISSE

D'UNE

HISTOIRE DE L'ÉCONOMIE POLITIQUE

ESQUISSE

D'UNE

HISTOIRE DE L'ÉCONOMIE POLITIQUE

ESQUISSE

D'UNE

HISTOIRE

DE

L'ÉCONOMIE POLITIQUE

PAR

John Kells Ingram

Ancien Professeur au Trinity College, de Dublin

Traduite de l'Anglais par V.-E. Pépin

PARIS

REVUE POSITIVISTE INTERNATIONALE

2, rue Antoine-Dubois, 2

—

1907

NOTICE BIBLIOGRAPHIQUE

Pour plus amples renseignements, le lecteur se reportera aux traités suivants sur l'histoire de l'Economie Politique. Tous ont plus ou moins servi à la préparation du présent ouvrage :

Histoires générales. — *Histoire de l'Economie Politique en Europe depuis les anciens jusqu'à nos jours*, par Jérôme Adolphe Blanqui (1837-1838); elle a été traduite en anglais (1880) par Emily J. Leonard. *Histoire de l'Economie Politique* par Alban de Villeneuve Bargemont (Bruxelles, 1839 ; Paris, 1841) ; écrite du point de vue Catholique. *View of the Progress of Political Economy in Europe since the Sixteenth Century*, par Travers Twiss, D. C. L. (1847). *Die geschichtliche Entwickelung der National — Œkonomik und ihrer Literatur*, par Julius Kautz (2e éd. 1860) ; œuvre de valeur, d'une philosophie large, offrant les fruits de recherches étendues, mais d'un style trop déclamatoire ; un index y serait grandement utile. *Kritische Geschichte der National-ökonomie und der Socialismus*, par Emile Dühring (1871 ; 3e éd. 1879) ; la sagacité habituelle de son auteur s'y caractérise, mais aussi sa perverse tendance à déprécier le mérite de ses collègues. *Guida allo studio dell' Economia Politica*, par Luigi Cossa (1876 et 1878 ; trad. anglaise, 1880). *Geschichte der Nationalökonomik*, par H. Eisenhart (1881) ; esquisse vigoureuse et originale. Enfin, une courte mais excellente histoire, par H. von Scheel dans le *Handbuch der politischen Œkonomie* : ouvrage qui, malgré son modeste titre de Manuel, est réellement une vaste encyclopédie de la science économique, en toutes ses théories et ses applications : éd. de Gustav. Schönberg (1882, 2e éd., revue et augmentée, 1886). A ces histoires proprement dites il convient d'ajouter *The Literature of Political Economy*, par J. R. M'Culloch (1845), livre qu'il y aurait avantage à rééditer, compléter ; à remettre au point et à jour. Quelques notices biographiques et critiques d'Eugène Daire et d'autres auteurs, insérées dans la *Collection des principaux Economistes*, seront aussi jugés utiles. Il en sera de même des articles du *Diction-*

naire de *l'Economie Politique* de Coquelin et Guillaumin (1852-53 ; 3° éd., 1861): « Ce recueil est en somme dit, avec justice, Jevons, la meilleure référence sur la bibliographie de cette science ».

Histoires Spéciales. — Italie. *Storia della Economia Publica in Italia, ossia Epilogo critico degli Economisti Italiani*, par le comte Gniseppe Pecchio (1829), figurant en appendice à la collection du Baron de Custodi : *Scrittori classici Italiani di Economia Politica*, 50 vol., comprenant les écrits des économistes italiens de 1582 à 1804. Il existe une traduction française, par Léonard Gallois (1830) de l'ouvrage de Pecchio. Ce livre n'est pas sans valeur, quoique souvent superficiel et vague.

Espagne. — *Storia della Economia Politica in España* (1863), par M. Colmeiro ; c'est plutôt une histoire de l'économie que de l'Economie politique — des règles et des institutions, que des théories et des traités classiques.

Allemagne. — *Geschichte der Nationalökonomik in Deutschland* (1874), par Wilhelm Roscher ; vaste répertoire des connaissances sur le sujet, avec quelques remarques sur d'autres recueils d'Economique. *Die neuere National-ökonomie in ihren Hauptrichtungen*, par Moritz Meyer (3° éd. 1883) ; manuel utile presque exclusivement consacré aux récentes théories politiques et sociales allemandes.

Angleterre. — *Zur Geschichte der Englischen Volkswirthschaftslehre*, par W Roscher (1851-1852).

Pays-Bas. — *Geschichte der volkswirthschaftlichen Anschauungen der Niederländer und ihrer Litteratur* (1863), par E. Laspeyres.

Le lecteur est encore invité à consulter ceux des articles de l'Encyclopædia Britannica, (9° éd.) qui se rapportent aux principaux écrivains de l'école économiste ; spécialement les notices sur Petty, Quesnay, Turgot, Smith, Say et Ricardo. Au reste le présent ouvrage est en grande partie une reproduction de l'article « Political Economy » qui parut (1885) dans le tome xix de l'Encyclopædia Britannica.

J. K. I.

TABLE

—

Dublin, April 3^d 1907.

Dear M. Pépin,

I received yesterday the April n° of the Revue Positiviste Internationale, and I see that in it your translation of my Sketch of the History of Political Economy is brought to a close. I cannot allow a day to pass without expressing my profound gratitude for your kindness in undertaking and carrying through a task which to a man possessed of your powers of independant thought and general literary ability must, I fear sometimes have been an irksome one. For a long time past my physical condition and the frequent changes in my state of health made it impossible for me to give any attention to the printing. And I have to thank you as I heartily do for the care you have devoted to the superintendance of the press — thus adding to my obligation for your excellent rendering of my text.

Believe me to be, with the civiliest sentiments of esteem and regard, dear M. Pépin.

Most truly yours

JOHN K. INGRAM.

Dublin, 3 Avril 1907.

Cher M. Pépin.

J'ai reçu, hier, le n° d'Avril de la Revue Positiviste Internationale, et j'y ai vu que votre traduction de mon Esquisse de l'Histoire de l'Economie Politique est arrivée à sa fin. Je ne veux pas laisser passer un jour sans vous exprimer ma profonde gratitude pour l'amabilité que vous avez eue d'entreprendre et de poursuivre une tâche qui, à un homme doué de votre faculté propre de penser et de votre habileté littéraire générale doit, je le crains quelquefois, avoir été importune. Pendant longtemps, ma condition physique et les fréquents changements de mon état de santé m'ont empéché de prêter attention à l'impression. Et j'ai à vous remercier, et je le fais de tout cœur, du soin que vous avez pris à surveiller les épreuves — ce qui ajoute à mon obligation pour votre excellente version de mon texte.

Croyez-moi, avec mes sentiments les plus gracieux d'estime et de considération, cher M. Pépin.

Votre très sincère

JOHN K. INGRAM.

ESQUISSE

D'UNE

HISTOIRE DE L'ÉCONOMIE POLITIQUE

CHAPITRE Ier

Introduction.

Dans l'état actuel de l'Économie politique, la composition de nouveaux traités dogmatiques ne paraît pas opportune. Il existe un grand nombre d'ouvrages à portée du public. Avec plus ou moins de variantes et de détails, le système qualifié d'*orthodoxe* ou de *classique* s'y trouve exposé. Mais, en Angleterre et ailleurs, ce système a de nombreux adversaires. Les opinions sont fort divisées, aussi bien sur la méthode que sur la doctrine de la Science Économique. Il est, en effet, bien permis de penser que ce chapitre sociologique est en phase de transition et que son destin lui réserve, à bref délai, une transformation importante. Cependant, la théorie nouvelle qui doit le remplacer, ou, du moins, le remanier profondément, n'est pas encore tout à fait à point. Cela nous prescrit, semble-t-il, l'attitude de l'attente et de l'examen rétrospectif. Vraisemblablement, notre situation s'éclairerait, et notre futur chemin se dessinerait, si, de haut, nous retracions le cours des théories économiques ; si nous contemplions la suite des formes théoriques, et leurs relations respectives avec les périodes de

1

l'évolution historique. Aussi, voilà la tâche assumée dans les pages qui vont suivre.

Une telle étude est en harmonie avec les meilleures tendances intellectuelles de notre temps, que caractérise si particulièrement la suprématie universelle de l'esprit historique. Tel est le degré où cet esprit imprègne notre mentalité qu'en toute branche scientifique, institution, ou autre forme de l'activité humaine, nous ne demandons pas, avec une sorte d'instinct, à connaître seulement son état actuel ; mais nous cherchons encore à découvrir ses premiers germes et le cours de son développement. Pour J.-B. Say (1), l'histoire de l'Économie Politique n'avait que peu de valeur. C'est en majeure partie, assure-t-il, un recueil d'opinions absurdes et justement décriées. Cette appréciation n'exige déjà plus de réfutation formelle (2). Nous ne devons la citer que pour rappeler e ne point confondre histoire avec *antiquarianisme*. Ce qui, à l'origine, n'avait aucune signification, deviendrait pour nous matière à pédanterie. Nous n'avons à nous préoccuper que des théories qui dominèrent et dirigèrent la pratique du passé ; ou dans lesquelles nous découvrons les racines du présent et de l'avenir.

Du point de vue historique, il n'est pas nécessaire de discuter une définition de l'Économie Politique, ou de s'étendre sur les méthodes ; du moins, dès le début. Il suffit de l'entendre comme la théorie de la richesse sociale ; ou d'accepter, provisoirement, la définition de Say pour qui elle est la science de la production, de la distribution et de la consommation de la richesse. Toutes

---

(1) « Que pourrions-nous gagner à recueillir des opinions absurdes, des doctrines décriées et qui méritent de l'être ? Ce serait à la fois inutile et fastidieux. » *Écon. Pol. Pratique*, 9ᵉ partie. Le « cependant » qui suit ne modifie pas réellement ce jugement.

(2) Voir Roscher : *Geschichte der National-œconomik in Deutschland*, Vorrede.

les notions supplémentaires dont il conviendra de tenir compte seront suggérées par la marche de notre inspection. La détermination de la méthode propre aux recherches économiques ressortira comme un des principaux résultats de l'évolution historique de la science.

L'histoire de l'Économie Politique se distingue de l'histoire économique soit de l'humanité, soit de tout groupe de notre espèce. L'étude de la succession des faits économiques est une chose ; l'étude de la succession des théories touchant les faits en est une autre. Et c'est cette dernière seule, ici, qui, directement, nous intéresse. Néanmoins, ces deux branches de recherches sont, quoique distinctes, en étroites relations. L'éclosion et la forme des doctrines économiques ont grandement dépendu de la situation pratique, des besoins et tendances des époques correspondantes. Avec chaque grave changement social, de nouvelles questions économiques surgissent ; et la théorie préférée par un siècle doit une grande part de son ascendant à ce qu'elle semble offrir des solutions pour les plus urgents problèmes de l'époque. De plus, quand bien même chaque penseur surpasse ou dépasse, sous certains aspects, ses contemporains, il n'en reste pas moins un enfant de son siècle. On ne saurait l'isoler du milieu social où il vit, où il se meut. Il est nécessairement affecté par les circonstances qui l'entourent ; et, en particulier, par les exigences pratiques dont ses contemporains subissent l'étreinte. Cette liaison de la théorie avec la pratique a ses avantages et ses dangers. Elle tend à imprimer un caractère de réalité et de positivité à la théorie ; mais elle provoque des exagérations doctrinales ; elle pousse à prêter une prééminence indue à des côtés particuliers ; à ériger des situations transitoires, ou des expédients temporaires, en conditions normales universelles.

Il est d'autres rapports qu'il ne faut point perdre de

vue en retraçant les progrès de la conception économique. Les branches de la science sociale sont si solidaires que l'histoire de l'une ne peut, en stricte rationalité, se traiter à part ; bien qu'une telle abstraction soit recommandable et même nécessaire, par raison pratique. Le mouvement de la pensée économique est constamment et puissamment affecté par la synthèse dominante ; aussi bien que par le ton du sentiment populaire sur l'ensemble des sujets sociaux. Toutes les manifestations intellectuelles d'une période qui touchent aux questions humaines ont un caractère de parenté et revêtent une certaine empreinte d'homogénéité qui se dessine vaguement à notre intelligence quand nous parlons de l'esprit d'un temps. La théorie sociale, d'ailleurs, et l'étude économique qui en est une branche, sont, tant par la méthode philosophique que par la doctrine, sous l'influence des sciences placées, suivant l'ordre de développement, avant la sociologie ; en particulier, sous celle de la science de la nature organique.

Il est de la plus haute importance de se remémorer ces rapports des recherches économiques avec les circonstances externes, ou avec les autres sphères de la pensée contemporaine. Car, les gardant en vue, nous serons conduits à formuler des appréciations moins absolues et, par conséquent, plus justes, sur les phases successives de l'opinion. Au lieu de nous contenter de louer ou de blâmer des idées d'après leur accord avec des principes dogmatiquement proclamés, nous les considèrerons comme des éléments d'une série ordonnée ; nous les étudierons surtout suivant leur filiation, leur opportunité et leurs influences. Nous ne regarderons point chaque nouveau pas de développement théorique comme impliquant une négation absolue des vues plus anciennes. Car elles se justifiaient en relativité : elles se fondaient sur une base expérimentale réelle, quoique plus étroite ; ou étaient adaptées à un ordre social différent. A nos yeux, toutes les positions théoriques maintenant occupées ne le sont pas définitivement. Le système pratique d'existence qu'elles supposent tacitement est lui-même sujet aux vicissitudes ; et son destin, sans doute, lui en réserve toujours. Dans les limites d'une esquisse comme celle-ci, ces généralités ne seront point développées ; mais on s'essaiera à les prendre en vue, pour appuyer les rapports ci-dessus, dès que leur influence prendra, notoirement, importance et intérêt.

La situation personnelle ou les tendances des penseurs, dont les noms s'associent aux doctrines économiques, ont, nécessairement. modifié, dans une plus ou moins grande mesure, l'esprit ou la forme de leurs doctrines. Leurs sentiments pour leurs prédécesseurs spéciaux, leur tempérament naturel, leur première éducation, leurs préventions religieuses et leurs passions politiques se sont fait sentir. A ces facteurs, nous prêterons, dans quelques cas remarquables, une attention directe ; mais, en principe, ils sont pour notre présent but, secondaires et subordonnés. *L'ensemble* l'emporte sur la partie ; et les édificateurs de théories doivent être envisagés comme les organes d'un commun mouvement intellectuel et social.

L'histoire de l'enquête économique se divise, au mieux, en trois grandes périodes : 1° l'Antiquité ; 2° le Moyen-âge ; 3° les Temps modernes.

Dans les deux premières, cette spécialisation n'était qu'à l'état embryonnaire. Il est évident qu'à l'obtention d'un notable développement de la théorie sociale deux conditions sont nécessaires. D'abord, les phénomènes doivent se manifester sur une échelle d'une suffisante étendue pour fournir matière à observation, et donner prise convenable aux généralisations scientifiques. Puis, devant la scène ainsi pourvue, le spectateur doit apporter une intelligence cultivée ; il doit s'être armé des engins et instruments de recherche appropriés ; c'est-à-dire qu'il s'est assimilé préalablement des notions des sciences plus simples, où il a puisé, avec les doctrines nécessaires, l'expérience des méthodes spéciales d'investigation. La Sociologie emploie à ses démonstrations des résultats provenant des domaines physique et biologique ; elle les emprunte aux spécialistes. Sous l'aspect logique, ses méthodes — déduction, observation, comparaison — elle les tire de l'éducation mathématique, de l'étude du monde inorganique ou de la science des organismes moins complexes que les groupes sociaux. Ainsi, quoi-qu'il soit sûr que certaines lois ou tendances sociales se sont toujours imposées à l'attention des hommes, que les exigences pratiques n'admettaient pas d'ajournement, et qu'aux questions impérieuses il fallait quelque solu-tion empirique, une sociologie vraiment scientifique ne peut être que le fruit d'un stade très avancé de dévelop-pement intellectuel. Et cela est vrai pour l'Économique, comme pour les autres branches de la théorie sociale. Contentons-nous donc d'un aperçu général sur le carac-tère des idées économiques dans l'Antiquité et au Moyen-âge, ainsi que sur les conditions qui déterminèrent ce caractère.

CHAPITRE II

Antiquité.

Les doctrines économiques survivantes les plus anciennes proviennent des théocraties orientales. L'esprit
général de la socialité correspondante consistait à
prendre l'imitation pour principe fondamental de l'éducation. Il consolidait la civilisation naissante par l'héré-
dité des fonctions et professions ; voire même par un
système de castes, hiérarchiquement et mutuellement
subordonnées d'après la nature de leurs offices respectifs, et placées sous la commune et suprême direction de
la caste sacerdotale. Celle-ci avait charge du trésor des
traditions et des règles de discipline : elle cherchait à
régler méticuleusement la vie humaine, sous toutes ses
faces, en la soumettant aux traditions pratiques. La conservation constitue le principe de cet ordre social. Son
caractère distinctif est une stabilité qui tend à dégénérer
en stagnation. Mais il n'est pas douteux que les arts usuels
grandirent lentement et progressèrent sous ce régime dont
héritèrent les civilisations postérieures. Le système de
classes ou de castes maintenait le degré de division du
travail déjà réalisé dans les premiers âges. Les représentants des corporations, qui présidaient aux théocraties,
veillèrent certainement avec beaucoup de sollicitude sur
la marche de l'industrie : car, contrairement à la guerre,

elle ne mettait pas en péril leur suprématie politique, comme le faisait le développement de la classe rivale. Concevant l'existence comme un tout, réglementer devenait leur but primordial ; ils prenaient naturellement en très haute considération les réactions sociales que l'industrie exerce. Le côté moral de l'économie est le seul auquel habituellement ils s'intéressent ; ou, ce qui est différent, ils ne voient que le côté économique de la morale. Ils abondent en réprobations contre la cupidité et la course à la fortune : enseignements que religion et philosophie ont, en tous temps, regardés comme nécessaires. Ils recommandent la probité dans les transactions, la justesse des poids et mesures, la fidèle observation des contrats. Ils s'élèvent contre l'orgueil et l'arrogance des riches ; contre une prodigalité indue ; contre l'indulgence pour soi. Ils consacrent les devoirs de justice et de bonté envers les serviteurs et les inférieurs. Tandis qu'en conformité avec la conception théologique, l'enrichissement est, en thèse générale, attribué à des volontés divines, ses rapports avec le mérite personnel et les habitudes d'épargne sont éloquemment enseignés. Puis, dans les systèmes théocratiques pleinement développés, le conseil ne tend à différer du commandement qu'à un degré insensible : il prescrit, en détail, le temps, le mode et les manières de, pour ainsi dire, tout acte de chaque membre de la communauté. Ce système de surveillance outrée est en rapport avec l'union, ou plutôt la confusion, des pouvoirs spirituel et temporel. Il en résulte que bien des rouages du gouvernement politique tournent sur des impulsions directes ou des rappels qui, à un stade postérieur, sont abandonnés aux influences générales, intellectuelles et morales.

Les entreprises économiques pratiques de l'Antiquité grecque et romaine, si même elles eussent été affranchies d'influences contraires spéciales, n'auraient su rivaliser

ni en ampleur, ni en variété, ni en puissance, avec celles
des temps modernes. L'état rudimentaire de la science
physique interdisait le vaste emploi des forces naturelles
les plus latentes tant à la production qu'à l'extension du
machinisme qui a acquis un développement si immense
comme facteur de l'industrie moderne. L'imperfection
de la connaissance géographique et des moyens de communication et de transport obstruait les débouchés
du commerce étranger. Ces obstacles provenaient nécessairement de la précocité industrielle des périodes correspondantes. Mais, plus profondément enracinés, des
embarras à la pratique d'un système économique vigoureux et étendu existaient dans les institutions fondamentales de la civilisation antique. Des écrivains ont essayé
de faire abstraction des dissemblances entre les mondes
anciens et modernes, selon eux imaginaires et sans importance. Tout en faisant une large distinction entre nous
et les peuples théocratiques de l'Orient, ils attribuent aux
Grecs et aux Romains un patrimoine de pensées, de sentiments et d'activité analogue à celui des populations
occidentales contemporaines. C'est là une erreur sérieuse,
issue des préoccupations trop étroites chères aux classes
cultivées, et de ces vues intellectuelles trop spéciales qui
ont si souvent couvert d'un irrationnel mépris le Moyen-
âge. Il y a une différence essentielle, mentale et morale,
entre la communauté ancienne et la nouvelle. Les Anciens étaient organisés pour la guerre. Les Modernes,
durant toute l'histoire, ont, de plus en plus, tendu à s'or-
ganiser pour l'industrie, but principal et régime. L'influence profonde de cette diversité des conditions sur
chaque forme de l'activité humaine n'est jamais ni à
dédaigner ni à oublier. Sous la constitution militaire
des sociétés antiques, l'institution de l'esclavage conve-
nait essentiellement. Loin d'être une excroissance sur le
système social contemporain, comme elle le fut aux mo-

dernes Indes Occidentales ou aux États-Unis d'Amérique, elle était en si parfaite harmonie avec les conditions d'existence d'alors, que les plus éminents penseurs la regardaient comme non moins indispensable qu'inévitable. L'esclavage semble, en vérité, avoir exprimé une nécessité temporaire; et, en somme, en songeant à ce qui pouvait le remplacer, il réalisait un bien relatif. Mais il impliquait aussi une masse de maux. Il inspirait à la classe des citoyens un souverain mépris pour les occupations industrielles. Toute forme de production, sauf exception partielle en faveur de l'agriculture, était réputée indigne d'un homme libre. Les formes nobles de l'activité se rapportaient exclusivement et directement à la vie publique : militaire ou administrative. Le travail dégradait, car il était l'attribution de la classe servile. Au-dessus d'elle, les artisans libres s'élevaient bien peu dans l'estime générale. Les producteurs ainsi dénués, en majorité, de culture intellectuelle, et exclus de la participation aux idées, intérêts ou droits civiques, étaient incapables, tant par caractère que par position, à s'entrainer aux combinaisons ingénieuses et à l'initiative vigoureuse que réclame le progrès industriel. Ajoutons que le manque relatif de sécurité pour les personnes et de sûreté pour les choses, résultait des mœurs militaires, et que les risques qui s'attachaient à la possession devenaient de graves obstacles à la formation de gros capitaux et à l'établissement d'un système effectif de crédit. Ces causes, jointes à l'état rudimentaire des connaissances et des rapports sociaux, donnent à la vie économique des Anciens l'étroitesse et la monotonie qui contrastent si étrangement avec les ressources inépuisables, l'expansion continuelle, et la variété infinie des mêmes activités dans le monde moderne. Il est absurde de croire à la possibilité d'institutions incompatibles dans le même système social. Chaque système doit être apprécié d'après l'œuvre qu'il avait à accomplir. Or, la mission historique de la civilisation ancienne s'accomplissait, non par l'industrie, mais par la guerre, qui était destinée à créer un état de choses comportant sa propre élimination, et à fonder un régime basé sur l'activité pacifique.

Les Grecs.

Cet office était, toutefois, réservé à Rome, en résultat final de son système de conquête. L'activité militaire de la Grèce, quoique continue, était incohérente et stérile. Sauf dans sa défense contre la Perse, elle n'aboutit à rien, et n'accomplit aucune mission sociale. Dans ces conditions, ce fut, sans doute, l'incapacité d'absorption par la vie guerrière des facultés de la race qui canalisa les énergies de ses membres les plus éminents dans l'activité intellectuelle, et qui produisit une évolution singulièrement rapide des genres esthétiques, philosophiques et scientifiques transmis par les sociétés théocratiques.

Dans les *Travaux et les Jours* d'Hésiode, nous trouvons une conception économique très semblable à celle des théocraties. A une profession de foi en la puissance divine ordinatrice, et aux règles traditionnelles de source sacerdotale, se combine une sagacité pratique enchâssée en des préceptes, sentences ou proverbes. Mais le développement de la pensée abstraite, commençant au temps de Thalès, donne bientôt à la culture grecque son allure caractéristique, et marque une nouvelle époque dans l'histoire de l'esprit humain.

Le mouvement était, dès lors, commencé, qui allait engendrer tout l'avenir de l'humanité. Graduellement, il va saper la vieille structure héréditaire des convictions

théologiques, et tendre à lui substituer des théories
rationnelles en chaque département de la spéculation.
Les penseurs grecs éminents, tout en prenant un profond
intérêt à l'édification de la Science positive, n'étudiaient,
pour la plupart, que la science — la géométrie — qui
prenait alors son caractère définitif. Mais ils furent tou-
chés par les exigences sociales qui, toujours, affectent
puissamment les grands esprits. Ils étudièrent avec une
attention spéciale la nature de l'homme et les conditions
de son existence en société. Ces préoccupations étaient,
à la vérité, essentiellement prématurées. Un long développement des sciences inorganiques et organiques était
nécessaire pour donner à la sociologie et à la morale leur
constitution normale. Mais, grâce aux investigations des
Grecs, une noble activité intellectuelle surgit. Bien des
éclaircissements partiels illuminèrent des questions que
l'esprit humain ne pouvait éluder. Les recherches économiques, comme les autres, tendirent vers la rationalité.
Plutus fut détrôné, et des agents terrestres se substituèrent
aux puissances surnaturelles. Toutefois, telles notions ne
reposant point sur une base d'observation suffisamment
large, ne fournirent aucun résultat appréciable. La
constitution militaire de la société, et l'existence corréla-
tive de l'esclavage, provoquaient, nous l'avons vu, la
mésestime envers la production industrielle, et détour-
naient de son examen l'attention habituelle des penseurs.
D'un autre côté, l'absorption des citoyens par la vie
civique, et les tracas des luttes des partis, imprimaient
aux questions relatives à la politique proprement dite une
spéciale prédominance. Les principaux écrivains politiques se livrent dès lors presque exclusivement à l'étude
comparative des constitutions, et à l'élaboration de l'éducation la mieux apte à préparer le citoyen aux fonctions
publiques. Nous n'y trouvons, en effet, ni système ni
justes aperçus sur les phénomènes économiques — si ce

n'est quelques idées heureuses et de curieuses anticipations partielles sur les théories postérieures.

Dans leur manière de penser sur ces questions, comme sur tous les sujets sociaux, les traits suivants se dégagent :

1. L'individu est conçu comme subordonné à l'État, par qui seul il se développe et se perfectionne : c'est vers la défense et le service de celui-ci que tous ses efforts doivent concourir. Le but suprême de toute politique est de former de bons citoyens. Chaque question sociale est envisagée surtout du point de vue de la morale et de l'éducation. Le citoyen n'est pas un producteur, mais seulement un possesseur de richesse matérielle. Et cette richesse est estimable non par elle-même ou par les avantages qu'elle procure, mais pour les fins morales et civiques plus nobles dont elle est le support.

2. Réciproquement, l'État réclame et exerce contrôle, réglement et autorité dans toute la sphère de l'existence sociale, section économique comprise, afin de mettre l'action individuelle en harmonie avec le bien public.

3. A ces notions fondamentales se combine une tendance à attribuer aux institutions et à la législation une efficacité illimitée ; comme si la société n'avait nulle activité spontanée et n'obéissait qu'à une impulsion externe lancée, sous une intensité suffisante, avec continuité.

Chaque philosophe éminent avait sa cité idéale ; elle se rapprochait ou s'éloignait du présent ou du possible suivant le degré où le sentiment de la réalité et l'esprit positif imprégnaient le caractère de l'auteur.

Le plus célèbre de ces systèmes utopiques est celui de Platon. Là, l'idée de la subordination de l'individu à l'état apparaît dans sa forme la plus extrême. Pour cette classe de citoyens de sa république qui représentent le type le plus noble de la vie, la communauté des propriétés et des femmes est offerte comme le procédé le plus efficace pour éteindre le sentiment de l'intérêt privé, et pour dévouer

entièrement l'individu au service public. Ce type était
peut-être susceptible de réalisation dans une communauté
antique convenablement située. Mais, il devait être mis
en pièces par les forces en travail d'enfantement d'une
société industrielle. Toutefois s'il resta le générateur fécond
des utopies modernes, particulièrement cher aux esprits
dont le sens littéraire est plus exercé que le jugement
scientifique, il le dut à la fraîcheur et à l'éclat de l'exposé
de Platon, et au charme incomparable de son style. Mêlés
à ce que nous appellerions les chimères de l'œuvre, on
rencontre beaucoup de conceptions morales frappantes
et élevées ; et, ce qui importe davantage à notre but,
quelques analyses économiques justes. En particulier, on
a un aperçu correct de la division et de la combinaison
des emplois, avec l'ordre même où elles surgissent dans
la société. La formation de l'organisation sociale y est
attribuée, peut-être trop exclusivement, aux causes économiques. Il ne donne pas une suffisante valeur aux impulsions sociales désintéressées des hommes qui tendent à les
réunir et à les unir. Mais il explique clairement comment
les divers besoins et les capacités des individus demandent
et engendrent la mutualité des services ; comment, par
la spécialisation de chacun dans le genre d'occupation
pour lequel sa position, ses aptitudes et ses habitudes
l'ont le mieux préparé, chaque chose nécessaire à la
collectivité est plus aisément et mieux produite ou effectuée. En communion d'idée avec tous les anciens légis-
lateurs, il préconise un État se suffisant à lui-même ;
préservé des contacts inutiles avec les populations étrangères qui tendraient à écraser son organisation interne,
ou à corrompre le caractère national. Conséquemment,
il désapprouve le commerce étranger ; et, dans ce dessein,
éloigne sa cité idéale du voisinage de la mer. Les frontières de son territoire sont étroitement circonscrites. La
population est limitée par la prohibition des mariages

précoces ; par l'exposition des enfants ; et par la réserve
d'un nombre déterminé de lopins individuels entre les
mains des citoyens qui cultivent le sol. Ces précautions
lui sont inspirées bien plus par des motifs politiques et
moraux que par la malthusienne frayeur de la disette.
Platon cherche, autant que possible, l'égalité des partages
entre les familles communautaires engagées directement
dans l'existence industrielle. Et cette classe industrielle,
très distincte des classes gouvernante et militaire, il la
tient, suivant l'esprit de son temps, en maigre estime. A
son regard, ces habitudes laborieuses tendent à dégrader
l'esprit et à affaiblir le corps ; elles rendent ceux qui s'y
adonnent inaptes à s'élever aux offices de l'homme et du
citoyen. Le travail est légalement commis aux étrangers
et aux esclaves. De plus, suivant l'antique esprit théorique,
il veut (*Lois*, V, 12) bannir les métaux précieux, autant
que faire se peut, de l'usage et du trafic intérieur ; il
prohibe le prêt à intérêt, et va jusqu'à laisser à la libéralité
du débiteur le remboursement du capital prêté. Toutes
les transactions sont soumises à un actif contrôle du
gouvernement ; non seulement afin de prévenir la violence
et la fraude, mais aussi dans le but de refréner le luxe et
d'assurer au peuple le nécessaire et le confort de la vie.

En contraste avec l'idéalisme exagéré de Platon, se
trouve le génie plus réservé et éminemment pratique de
Xénophon. Ici, l'homme d'action prédomine ; mais un
homme doué d'une haute aptitude spéculative et du
talent du Grec. Son traité, intitulé l'*Économique*, vaut,
certes, la peine d'être lu. Sa peinture, animée et intéressante, retrace quelques lignes de la vie contemporaine.
Xénophon est, avec justice, prisé par Sismondi, pour l'esprit de sage philanthropie et de tendre piété qu'il res-
pire. S'il franchit rarement les bornes de l'économie domestique, du moins dans ces limites il montre beaucoup de sens et de sagacité. Ses préceptes judicieux sur la

gérance de la propriété privée ne nous intéressent pas ici, non plus que ses conseils sur le gouvernement de la famille et de ses membres. Cependant, c'est en cette sphère plus étroite, et, en général, dans l'observation concrète qu'il excelle. A la science économique, il ne contribue guère. Il a l'ordinaire préférence de ses compatriotes pour l'agriculture qu'il met au-dessus des autres arts. Avec enthousiasme, il l'apprécie, d'abord pour le développement qu'elle procure au sentiment patriotique et religieux, et au respect envers la propriété ; puis pour l'excellente préparation qu'elle fournit à la vie militaire ; enfin, pour le loisir suffisant qu'elle laisse à une grande activité intellectuelle et politique. De plus, son sens pratique le conduit à attribuer une plus grande importance que la plupart des autres écrivains grecs à la manufacture et surtout au commerce; il entre plus largement dans les questions relatives à leur condition et à leur essor ; il réclame enfin pour ces modes d'activité l'appui et la protection de l'État. Bien que ses vues sur la nature de l'argent soient vagues, et, sous quelques rapports, erronées, il comprend que son exportation pour les échanges utiles n'appauvrit pas la communauté. Il insiste encore sur la nécessité, en faveur du commerce extérieur, de vivre en paix, d'agir avec courtoisie et respect envers les marchands étrangers, et de solutionner promptement et équitablement leurs litiges. L'institution de l'esclavage est exposée sans réprobation ; il recommande même, en vue d'augmenter les revenus de l'Attique, la location des esclaves par l'État, pour le service des mines ; il imprime la marque à ceux-ci pour empêcher leur fuite, et propose d'appliquer les gains de l'entreprise à augmenter leur nombre par des achats (*Les Revenus*, 3, 4).

Presque tout le système des théories grecques antérieures à Aristote se retrouve dans la construction encyclopédique de ce philosophe. Les sciences mathématique et astronomique se développèrent largement à un stade ultérieur. Mais, dans le cercle des études sociales, nul niveau supérieur à celui des écrits de ce grand penseur ne fut jamais atteint chez les Grecs. Ses dons et sa situation favorisaient hautement son élaboration. Il combinait, à un rare degré, l'aptitude à l'observation exacte avec la puissance généralisatrice ; et la sobriété du jugement avec l'ardeur pour le bien public. Tout ce qui fit l'originalité et l'importance de la vie politique de l'Hellade avait accompli son cours avant son époque ou se continuait sous ses yeux. Il avait ainsi une large base d'expériences variées pour élever ses conclusions. Restant à l'écart du mouvement et de l'actualité de la vie publique contemporaine, il prenait la position de spectateur réfléchi et de juge impartial. En vérité, les raisons cidessus établies et communes aux observateurs grecs, l'empêchaient de réussir pleinement dans ses recherches. Il lui était impossible de sortir de la sphère de ce qu'on nomme maintenant la sociologie statique. La conception des lois du développement historique des phénomènes sociaux lui venait à peine ; excepté, et à un faible degré, la loi de succession des formes politiques. Mais ses écrits contiennent un corps remarquable de nettes et précieuses pensées sur la constitution et la vie de l'organisme social. Les passages spéciaux concernant les sujets économiques ne sont ni aussi nombreux ni aussi détaillés qu'on le désirerait. Avec tous les penseurs grecs, il ne reconnait qu'*une* doctrine générale de l'État : les arts moraux, politiques et économiques y prennent place comme des départements en relations étroites, et qui possèdent des lignes de mutuelles démarcations, réelles quoiqu'assez indistinctes. Quand il considère la richesse, il l'étudie non point en leur fin propre ; mais comme moyen de réaliser les fins plus élevées de la vie collective.

L'origine des sociétés ne résulte pas, selon lui, des nécessités économiques ; mais d'impulsions sociales naturelles à la constitution humaine. La nature de l'union sociale ainsi établie se détermine par la combinaison, partie spontanée, partie systématique, d'activités diverses. Il respecte l'indépendance de celles-ci, tout en cherchant la convergence des effets. C'est ainsi qu'il combat la suppresion de la liberté, de l'initiative personnelle, et la soumission exagérée de l'individu à l'état. Il repousse la communauté des propriétés et des femmes proposée par Platon pour ses classes gouvernantes. Le principe de la propriété privée est regardé par lui comme profondément enraciné dans l'homme. Les maux mis au compte de l'ordre social correspondant naissent plutôt, pense-t-il, des imperfections de notre nature ou des vices d'autres institutions publiques. La communauté des biens doit tendre à faire négliger les intérêts communs et à perturber l'harmonie sociale.

Des diverses classes qui pourvoient aux différents besoins de la société, les membres qui s'occupent directement des nécessités matérielles — les cultivateurs immédiats du sol, les manœuvres et les artisans — sont exclus de toute charge gouvernementale ; ils manquent du loisir nécessaire, et d'éducation : ils sont inaptes, par la nature de leurs occupations. Dans un passage célèbre, il énonce une théorie de l'esclavage. Il la base sur l'universelle relation entre le commandement et l'obéissance, et sur l'inégalité naturelle des races dominante et sujette. Il veut l'esclave sans volonté indépendante, et réduit à l'état d' « instrument animé » entre les mains du maître. C'est dans l'assujettissement à un contrôle intelligent, dit Aristote, que le bien-être réel de l'inférieur, aussi bien que celui du supérieur, se base. Ces théories, si choquantes à notre sentiment moderne, ne sont pourtant point personnelles à Aristote : elles représentent simplement une relation de faits dans la vie grecque. L'existence d'un collège de citoyens qui poursuivaient une très haute culture et se consacraient aux fonctions de la guerre et du gouvernement reposait sur la dégradation systématique d'une classe lésée et méprisée, exclue de tous les offices les plus élevés de l'existence humaine. Elle la sacrifiait au maintien d'un type spécial de société.

Les méthodes d'acquisition économique sont, d'après Aristote, au nombre de deux. L'une a pour objet l'appropriation des produits naturels et leur utilisation à l'existence matérielle de la maison. Ce chapitre comprend la chasse, la pêche, l'élevage et l'agriculture. A cette première et naturelle méthode vient, en quelque sorte, s'ajouter l'autre, à laquelle Aristote donne le nom de « chrématistique ». Elle implique l'actif échange des produits ; et l'argent figure dans les opérations comme intermédiaire et régulateur. En une certaine mesure, cette méthode, « non naturelle » ainsi qu'on pourrait la dénommer en opposition avec la précédente, constitue la forme la plus simple de la vie industrielle. Elle est, chez Aristote, une sorte d'extension nécessaire de la première : elle provient de la suractivité du trafic, et répond à des besoins réels. Mais son développement sur une vaste échelle, provoqué par la soif des jouissances et le désir illimité du gain, il le traite d'indigne et de corrupteur. Quoique ses vues à ce sujet paraissent se baser principalement sur un fonds moral, on découvre quelques indices d'une opinion erronée qu'il aurait entrevue : celle des physiocrates du xviii⁰ siècle. Seule l'agriculture, avec les arts similaires conjoints serait vraiment productive ; tandis que les arts industriels qui, ou bien modifient les produits naturels, ou bien les distribuent par voie d'échange — et si convenables ou utiles qu'ils puissent être, — n'apporteraient aucun accroissement de richesse à la communauté.

Avec justesse, il regarde l'argent comme tout-à-fait

différent de la richesse. Pour le montrer, il rappelle l'histoire de Midas. Il semble avoir vu que l'argent doit se composer d'une matière qui possède une valeur intrinsèque indépendante de convention sociale. Que ses vues sur le capital restent confuses, cela ressort de son fameux argument contre l'intérêt sur gage ; il le base sur l'idée que l'argent est stérile et ne peut reproduire de l'argent.

Comme les autres grecs traitant de philosophie sociale, Aristote recommande à la vigilance des gouvernements le maintien d'un juste rapport entre l'étendue du territoire civique et la population. Il s'en remet à la continence antenuptiale, aux mariages tardifs et aux procédés préventifs ou destructifs concernant les naissances, pour limiter convenablement le nombre des citoyens. La dépopulation est un danger pour l'indépendance de l'État ; et la surpopulation menace la tranquillité et le bon ordre.

Les Romains.

Nonobstant leur caractère éminemment pratique, réaliste et utilitaire, les Romains n'exercèrent point leur puissante activité dans le champ économique, et ne développèrent nul vaste système défini de production et d'échange. Leur mission historique fut militaire et politique. Les énergies nationales se dévouaient surtout au service public, à l'intérieur et à l'extérieur. L'agriculture, il est vrai, attira spécialement leur attention, dès les premiers temps ; sur elle reposait l'existence de cette rude population qui gravit les premiers échelons de l'ascension à la domination universelle. Mais, au cours de l'histoire, les cultivateurs indigènes, propriétaires de leur sol, furent submergés par l'invasion des laboureurs esclaves acquis par la conquête étrangère. Aux petites propriétés de la période primitive se substituèrent les vastes domai-

nes — ces *latifundia* — qui, au jugement de Pline, firent
la ruine de l'Italie (1). Les arts industriels et le commerce
(du moins quand celui-ci n'était pas mené sur une vaste
échelle) étaient devenus pour eux des occupations sor-
dides, indignes des citoyens libres. Et cette mésestime
n'était pas le préjugé des seuls esprits étroits et sans instruction : il était partagé par Cicéron et autres esprits les
plus libéraux de la nation (2). Ainsi qu'on devait s'y
attendre du manque d'originalité spéculative des
Romains, on ne trouve guère chez eux de recherche théorique sérieuse sur les sujets économiques. Leurs idées,
ici comme sur les autres questions sociales, sont, pour la
plupart, empruntées aux penseurs grecs. Quelques traces
d'érudition économique se rencontrent cependant chez :
1° les philosophes ; 2° les écrivains *de re rustica ;* et, 3°, les
juristes. On s'aperçoit pourtant que maints passages de
ces auteurs qui aiment à revendiquer pour les Romains
une place plus éminente dans l'histoire de la science
ne contiennent souvent que des vérités banales ou de
vagues généralités.

Les philosophes, représentés suffisamment par Cicéron,
Sénèque et Pline l'Ancien (ce dernier, au vrai, étant
plutôt un encyclopédiste érudit, ou un compilateur, qu'un
philosophe) nous dévoilent leur intime sentiment sur la
décadence générale de l'industrie, le relâchement des
mœurs, et l'extinction de toute discipline individuelle
chez leurs contemporains. Ils nous en décrivent la cor-

(1) « Locis, quæ nunc, vix seminario exiguo militum relicto, ser-
vitia Romana ab solitudine vindicant ». — Liv. VI, 12.

« Villarum infinita spatia ». Tac. *Ann.* III, 53.

(2) « Opifices omnes in sordida arte versantur ; nec enim quid-
quam ingenuum habere potest officina ». Cic., *de Off.* I, 42.

« Mercatura, si tenius est, sordida putanda est : sin magna et
copiosa, multa undique apportans multisque sine vanitate imper-
tiens, non est admodum vituperanda ». — Ibid.

« Quæstus omnis Patribus indecorus visus est ». Liv. XXI, 63.

ruption profonde, et l'attribuent aux vices importés par
la conquête. Ce sentiment est aussi celui des écrivains, des
poètes et des divers littérateurs du temps ; mais ils le ren-
forcent d'un enthousiasme semi-factice pour l'agriculture, et d'un goût exagéré pour la vie des champs et pour
les mœurs des vieux Romains. C'était, semble-t-il, une
sorte de protestation contre les abus existants. Sous cet
aspect, il rappelle les déclamations de Rousseau à une
époque qui n'est pas sans analogies avec la leur. Mais, il
y a peu de pensées, grandes ou justes, sur la nature des
maux économiques dominants et sur leurs remèdes spécifiques. Pline entre plus encore en communion d'idée
avec Rousseau. Pour lui, l'introduction de l'or comme
intermédiaire d'échange fut chose déplorable : l'âge
du troc était préférable à celui de la monnaie. Il émet
ses opinions sur la nécessité de prévenir l'exode de l'argent ; elles sont conformes à celles de l'école mercantile
moderne. Cicéron, lui aussi, mais moins clairement,
parait les avoir partagées. Caton, Varron et Columelle
s'occupent plus des préceptes de technique agricole que
de considérations générales sur le succès industriel et le
bien-être social. Mais les deux derniers écrivains ont un
grand mérite : ils ont vu et ils ont proclamé la fécondité du travail libre, et sa supériorité sur le travail servile. Columelle est convaincu que c'est à l'emploi de la
main servile que la décadence de l'économie agricole des
Romains est, dans une large mesure, attribuable. Nos
trois écrivains croient que c'était principalement par la
renaissance et la réforme de l'agriculture que les menaces
de contagion ou de corruption morale pouvaient être
conjurées ; les antiques vertus romaines renovées, et les
fondations de la république reconsolidées. Leur attitude
ressemble ainsi à celle des physiocrates français qui
prêchaient l'amélioration et la pratique zélée de l'agriculture tant contre les fléaux matériels que contre la

dégénérescence sociale du temps. La question des mérites respectifs des systèmes de la grande et de la petite culture semble avoir été aussi discutée dans le vieux monde romain que dans le monde européen moderne. Columelle se montre l'avocat décidé de la *petite culture*. Les juristes ont laissé, grâce à l'identité qui quelquefois existe entre leur point de vue et celui de la science économique, certaines classifications ; et ils ont établi plus ou moins de distinctions subtiles que les économistes modernes ont, soit adoptées d'après eux, soit utilisées d'une manière indépendante. Ils paraissent aussi (quoique ceci ait été controversé : Neri et Carli maintenant l'affirmative ; Pagnini, la négative) avoir possédé d'exactes notions sur la nature de l'argent. Ils en avaient compris la valeur intrinsèque que déterminent les conditions économiques et qu'on ne saurait y frapper par convention, ou altérer arbitrairement par autorité et légalité. Mais, en général, nous ne trouvons dans ces écrivains, comme il fallait s'y attendre, ni le fruit de méditations originales, ni d'illustration documentaire sur les faits de la vie économique romaine, ou sur la politique et l'histoire nationales en ce qui touche l'existence économique. La description de celle-ci, d'un haut intérêt, y a, du moins, suppléé : par le développement de la législation relative à la propriété générale, à la réglementation somptuaire, aux entraves imposées à la prodigalité, à l'esclavage, et au développement de la population. Elle nous éclaire ainsi mieux que nous ne l'aurions été autrement sur les causes persistantes et puissantes qui influèrent sur l'histoire de Rome et sur celle de tout le monde occidental. Mais, comme tel est le champ plus restreint des théories systématiques d'économie politique qui nous occupe ici, nous n'entrerons pas dans ces sujets. Un point spécial, cependant, attirera notre attention ; car, non seulement il relève souvent de la législation, mais il fait plus ou

moins l'objet des considérations de tous les écrivains
romains de renom ; il s'agit de l'intérêt du prêt d'argent.
Son taux était fixé par la loi des Douze-Tables ; mais le
prêt à intérêt fut ensuite (— 341) entièrement prohibé
par la loi Génucienne. Dans la législation de Justinien,
le taux est reconnu légitime entre quatre et huit pour
cent, suivant la nature du cas. Le taux plus élevé constituait le taux marchand ordinaire ; mais l'intérêt composé
restait défendu. Les théoriciens romains sont quasi una-
nimes à désapprouver formellement le prêt à intérêt.
Caton, nous dit Cicéron, le réprouvait à l'égal du
meurtre (1). Et Cicéron, Sénèque, Pline, Columelle s'accordent unanimement à le condamner. Il n'est pas difficile d'apercevoir comment, dans les États de la société
antique, le trafic du prêt d'argent fut, et non injustement,
l'objet de la haine populaire. Mais, que des écrivains, à
une période où l'activité commerciale avait accompli un
progrès considérable, aient persisté dans cette réprobation, cela prouve combien imparfaites et confuses étaient
les conceptions sur la nature et les fonctions du capital.
Il est probable que la pratique prit bien peu garde à ces
avis philosophiques ou législatifs. L'observation montre
qu'on peut toujours aisément les éluder. Le trafic de l'argent semble avoir persisté durant toute l'histoire romaine ;
et le taux suivait les fluctuations et l'état du marché.

Regardons maintenant en arrière. L'histoire des
théories économiques de l'Antiquité nous montre, suivant des conjectures faciles *a priori*, que la récolte extraite
de ce champ par les écrivains grecs et romains fut très
maigre. Dühring l'a bien remarqué : les questions scientifiques intéressaient les penseurs anciens bien plus par
leur côté politique que sous le rapport économique pro-

____

(1) « Quid fenerari ? quid hominem occidere ? », *De Off*. II, 25.

prement dit. Nous l'avions compris directement en traitant de la population. Nous le reverrons à propos du principe de la division du travail, dont Platon et Aristote s'occupèrent à quelque degré. Ces philosophes regardent ce principe comme la base de la classification sociale ; ils l'utilisèrent en montrant que la société se fonde sur la coopération spontanée des diverses activités. Au point de vue strictement économique, il est trois importantes propositions qu'on peut respectivement énoncer ainsi : 1° L'extension à toute branche de la production de la coopération abaisse le prix des produits ; 2° Elle a pour limite l'étendue du marché; 3° La manufacture la développe plus que l'agriculture. Mais nous cherchons en vain ces trois propositions chez les écrivains de l'Antiquité. La première seule pourrait *s'induire* de leur discussion à ce sujet. On a eu la tendance, spécialement chez les scoliastes allemands, à amplifier indûment la grandeur et la valeur contributive de l'Antiquité à la science économique. Les auteurs grecs et romains ne doivent certainement pas être oubliés entièrement dans l'histoire de cette branche d'étude. Mais, n'ayons garde de perdre de vue que nous n'y trouvons que les premières conceptions, les rudiments des vérités économiques générales ; et que cette science est essentiellement moderne. Enfin, nous verrons qu'elle ne pouvait atteindre sa constitution définitive avant notre temps.

Le Moyen-Age

Le Moyen-Age (400-1300) forme une période bien caractérisée tant dans l'histoire économique que dans l'histoire générale de l'Europe. Il représente une vaste transition où les germes d'un monde nouveau se déposèrent ; mais bien peu trouvèrent à s'y développer complètement. Il n'est presque rien dans le mouvement le plus récent de la société moderne que nous n'y retrouvions ; mais presque tout y est fruste et embryonnaire. La période médiévale a fait l'objet du mépris et des calomnies des écoles libérales du xviii° siècle qui lui reprochaient, principalement, sa faible contribution à la littérature générale. Mais il est des choses plus importantes pour l'humanité que la littérature ! et les grands hommes du Moyen-Age avaient, autrement, assez de besogne pour l'emploi de leurs hautes énergies. Le développement des institutions catholiques, puis l'établissement graduel et le maintien d'un ordre stable, après la dissolution de l'Empire d'Occident, absorbaient les facultés des penseurs et des praticiens de ces siècles. La première phase médiévale, qui va du commencement du v° siècle à la fin du vii°, fut remplie des rudes mêlées qui fondèrent le nouveau système civil et ecclésiastique. Trois autres siècles furent pris par le travail de consolidation et par la défense contre les assauts des hordes nomades. Ce fut seulement dans la phase finale, durant les xi°, xii° et xiii° siècles, quand l'unité occidentale se réalisa dans la coalition contre la redoutable invasion musulmane, qu'il put jouir d'une sécurité et d'une stabilité suffisante ; manifester son caractère essentiel et produire ses types personnels les plus nobles. C'était aussi l'époque de la formation progressive de la féodalité. Durant tout ce temps, le pouvoir se désagrège, la subordination se hiérarchise en divers échelons. Le mouvement ne se suspendit que temporairement, pendant la seconde phase, sous la salutaire dictature de Charlemagne. Mais, au delà du premier siècle de la dernière phase, le système féodal était pleinement constitué. En quelque sorte, ce ne fut que dans la phase finale que l'effort catholique put, après une discipline universelle, se développer amplement ; effort à jamais admirable, bien que, dans son ensemble, nécessairement inefficace.

Nulle vaste activité économique variée n'était compatible avec la plénitude du régime féodal. Cette organisation, la philosophie historique l'a luxueusement montré, était indispensable au maintien de l'ordre et à la défense publique. Ses éléments fondamentaux contribuaient à la civilisation générale. Mais, tout en la jugeant opportune et relativement bienfaisante, n'en attendons point les avantages qui n'étaient ni dans sa nature fondamentale, ni dans son office historique. La classe prédominante n'était pas sympathique à l'industrie ; et elle méprisait tous ceux des métiers qui ne servaient ni à la guerre ni à la chasse. Toute l'existence pratique de la société reposait sur la propriété territoriale. La richesse seigneuriale consistait dans le produit des terres et des redevances en nature. On la dépensait à engager des familiers dont les services se payaient par leur entretien. Il y avait là peu de place pour la manufacture ; encore moins pour le commerce. L'agriculture ne roulait que sur la satisfaction des besoins de la famille, ou tout au plus, de ceux du voisinage et non d'un marché plus vaste. L'économie de cette période fut donc simple ; et, faute d'impulsions spéciales et extérieures, sans progrès.

Vers la fin du Moyen-Age des événements agissent qui modifient grandement cette situation.

Les Croisades, sans nul doute, produisirent un intense mouvement économique; elles transférèrent, en bien des cas, les possessions des chefs féodaux aux classes industrielles; elles mirent diverses nations et les races en contact; elles élargirent l'horizon et développèrent la mentalité des peuples. De plus, elles fournirent un stimulant spécial à la navigation, et tendirent à donner une activité nouvelle au commerce international.

L'indépendance des villes et l'importance grandissante de la classe bourgeoise firent contrepoids au pouvoir de l'aristocratie terrienne. La force de ces nouveaux éléments sociaux crût avec la constitution des corporations des industries urbaines. La police des villes reposa ainsi sur les sociétés commerciales, comme celle des districts ruraux se moulait sur la hiérarchie féodale.

L'appel croissant par les villes des produits de l'agriculture imprima à la pratique de cet art un caractère plus étendu et plus spéculatif et amena l'amélioration des moyens de transport et de communication. Mais l'importance des entreprises commerciales continua d'être partout restreinte; sauf en quelques centres favorables, comme dans les républiques italiennes. Là même le développement de la vie industrielle normale s'attarda ou se pervertit sous l'ambition militaire qui, dans ces communautés n'était pas disciplinée comme ailleurs par la domination d'une classe aristocratique.

Tout grand changement d'opinion sur les destinées de l'homme et les principes directeurs de la conduite réagit sur la sphère des intérêts matériels. La religion catholique exerça une puissante influence sur la vie économique du Moyen-Age. Le Christianisme n'inculqua peut-être pas plus efficacement que les religions anciennes les vertus économiques propres au régime industriel : l'économie, la fidélité aux engagements, l'obéissance à l'autorité légitime ; mais il émit avec plus de force qu'elles, et

énonça avec plus de persistance les fins plus nobles de
la vie. Il indiqua aussi une manière plus élevée de concevoir les différentes relations sociales. Il purifia la vie
domestique : et c'est là une réforme qui eut les plus importants résultats économiques. Il enseigna la doctrine
de l'égalité humaine fondamentale ; exhaussa la dignité
du travail et prêcha avec une chaleur nouvelle les devoirs
de l'amour, de la compassion, du pardon, du secours aux
pauvres. La perpétuelle représentation à l'esprit public
et à la conscience de ces idées dont les bases dogmatiques
furent à peine touchées jusqu'ici par le scepticisme, ont
exercé un puissant effet de moralisation sur l'existence.
Mais, à l'influence du Christianisme comme doctrine morale, se superpose celle de l'Église comme organisation
ayant charge d'appliquer la doctrine aux transactions
journalières des hommes. En plus des enseignements, les
livres saints renfermaient une masse de lois ecclésiastiques prévoyant des prescriptions définies pour la conduite du chrétien. Et cette législation visait l'économie et
les autres modes de l'activité sociale. Le *Corpus Juris Ca-
nonici*, qui condense le résultat de siècles d'études et de
travail, renferme, entre autres, ce que nous pouvons appeler la théorie économique catholique ; si nous voulons
entendre par théorie non point l'exposé raisonné des
phénomènes, mais un corps de doctrines énonçant des
prescriptions pour guider la conduite. La vie y est réglée
en vue du bien-être spirituel. Le but est d'établir et de
maintenir chez les hommes un vrai royaume de Dieu.

Les canonistes se rallient, de sentiment (1) à la notion
de la communauté des biens, quoi qu'ils regardent la distinction du *meum* et du *tuum* comme une nécessité de la
chute originelle de l'homme. Si besoin est, l'autorité publique rétablit légitimement *pro hac vice* la communauté

(1) « *Dulcissima rerum possessio communis est* ».

primitive. Secourir les pauvres n'est pas acte libre.
Subvenir à l'indispensable est *debitum legale*. *Avaritia*
est de l'idolâtrie. *Cupiditas*, alors même qu'elle ne vise
pas au larcin, est la racine de tous les maux ; on ne doit
pas seulement la rectifier, mais l'extirper. L'agriculture
et le travail manuel sont des modes légitimes de gagner
sa vie. Mais le commerce est regardé avec défaveur, car
il pousse plutôt à la fraude. De l'agriculteur il est dit :
« *Deo non displicet* » ; mais du marchand : « *Deo placere
non potest* ». Le vendeur est tenu de fixer le prix de ses
denrées non d'après le cours du marché déterminé par
l'offre et la demande, mais d'après sa valeur réelle (*jus-
tum pretium*). Il ne doit pas céler les défauts de sa marchandise ; ni prendre avantage du besoin ou de l'ignorance de l'acheteur pour en tirer plus que le prix franc.
L'intérêt de l'argent est défendu. En effet, dit Roscher, la
prohibition de l'usure est le pivot de tout le système
canonique de l'économie et la base d'une bonne partie de
la juridiction ecclésiastique. La question de savoir si une
transaction est oui ou non usuraire est affaire de conscience. Des intentions des parties, la moralité ou l'immo-
ralité du prêt à intérêt résulte, aux yeux de l'Église, c'est-
à-dire de ses casuistes et de ses tribunaux (1).

Ces principes visent à un noble idéal ; mais, par leur
exagération ascétique, ils agissent, en quelque manière,
comme des entraves au progrès industriel. Ainsi, tandis
qu'en raison de l'accroissement de la production s'opé-
rait une plus grande division du travail et que s'élar-
gissait naturellement l'usage des emprunts de capitaux,
les lois sur l'usure tendaient à restreindre cette expansion. Dans la pratique, elles s'adoucirent d'exceptions
multiples, ou s'éludèrent par des transactions fictives.
Ces lois, en fait, traduisaient ou exprimaient une situa-

____

(1) Roscher : *Geschichte der N. O. in Deutschland*, pp. 5, sqq.

tion préparatoire : un état social où l'emprunt se contractait communément en vue des plaisirs prodigues, ou
en soulagement de quelque urgente détresse, qui eût
plutôt relevé de la bienfaisance chrétienne. Mais elles
ne convenaient plus, en aucune façon, dans cette période
où les capitaux servaient à étendre les entreprises et le
champ du travail. L'absolutisme théologique, ici, comme
ailleurs, n'admettait point de modes aux règles de conduite voulues par un état social nouveau. Mais le bon sens
vulgaire comprit mieux quelles étaient les conditions
fondamentales de la vie industrielle.

Quand l'activité intellectuelle, auparavant contenue par les réclamations plus urgentes de nécessités
sociales, vint à renaitre, sur la fin de la période médiévale, on ressentit le besoin d'une appréciation rationnelle de l'ensemble des affaires humaines. On la rencontra temporairement dans l'adoption des meilleurs
résultats de la spéculation grecque. Aussi trouvons-nous,
dans les écrits de saint Thomas d'Aquin, les doctrines
politiques et économiques d'Aristote, imprégnées partiellement d'éléments chrétiens. L'adhésion du Saint aux
idées du Maître se voit, d'une façon frappante, dans le
fait que Thomas accepte, du moins, s'il est l'auteur du
De Regimine Principum (1), la théorie aristotélicienne
de l'esclavage ; bien que, sous la propre action des forces
de son temps, les derniers vestiges de l'institution servile
s'éliminaient de la société européenne.

Ce grand changement — l'affranchissement des classes
laborieuses — constitue le plus important résultat pratique du Moyen-Age. Le premier degré de ce mouvement
avait été la transformation de l'esclavage proprement dit
en servage. Cette dernière condition était, par sa nature,

____

(1) Sur cette question, voir JOURDAIN : *Philosophie de saint Thomas,*
vol. I, pp. 141-9, et 400.

toute transitoire. Le serf, lié au sol, avait des relations domestiques fixes, et participait à la vie religieuse de la société. Le concours de circonstances que soutenaient les opinions et les sentiments du temps poussait à la libération. A la vérité, cette issue ne fut pas aussi vite atteinte par le paysan que par l'ouvrier urbain. Déjà, durant la seconde phase, le servage est aboli dans les cités et les villes, quand le servage agricole n'est pas encore partout disparu avant la troisième. La dernière révolution est attribuée par Adam Smith au jeu des intérêts individuels : d'une part, ceux du propriétaire qui découvrit la productivité supérieure de la culture par tenanciers libres ; et, d'autre part, ceux du souverain qui, jaloux des grands seigneurs, encouragea les empiétements des vilains sur l'autorité de ceux-ci. Mais, qu'à l'Église revienne une part de mérite semble hors de conteste — les impulsions morales, ainsi que souvent cela arrive, conspiraient avec des mobiles politiques et économiques. Les serfs étaient mieux traités dans les domaines ecclésiastiques; et les membres du clergé, tant par leur doctrine que par leur situation, depuis les conquêtes septentrionales, s'étaient constitués patrons et gardiens des classes opprimées et sujettes.

C'est de la libération des serfs que sortirent les premiers linéaments de la constitution hiérarchique de l'industrie moderne par la séparation des entrepreneurs d'avec les travailleurs. L'affranchissement individuel de ceux-ci stimula l'activité, développa l'initiative et apprit l'épargne que favorisaient surtout l'établissement de l'ordre et la bonne administration des corporations civiques issues de l'affranchissement. Ainsi naquit une active classe capitaliste. Elle apparut d'abord dans le commerce : les habitants des cités commerçantes importaient des contrées étrangères, ou des manufactures réputées de plus riches communautés une masse de coûleux objets ; et les grands propriétaires les échangeaient avec plaisir contre les produits en nature de leurs terres. En s'acquittant ainsi de l'office de colporteurs entre les diverses contrées, ces cités accrurent le champ de leurs entreprises commerciales. Postérieurement, comme Adam Smith l'a montré, le commerce encouragea le développement des manufactures qui approvisionnèrent le marché étranger, s'y pourvurent, ou imitèrent les œuvres des artisans exotiques. Mais une propagation vraiment large de produits manufacturés ne s'opéra, dans l'Europe moderne, que durant les xive et xve siècles. L'essor d'une classe manufacturière ne s'aperçoit pas pendant le Moyen-Age proprement dit. Enfin l'agriculture est stagnante. Si les seigneurs féodaux tendent à se transformer en directeurs de l'activité agricole, leurs mœurs et leurs préjugés retardent le mouvement. L'industrie rurale progresse lentement. Elle gagne cependant : en partie, sous la stimulation résultant du désir de procurer de plus beaux objets manufacturés, importés de l'extérieur, ou fabriqués avec une habileté acquise dans la région ; en partie, par le déversement sur les domaines ruraux du capital amassé dans l'exercice des industries bourgeoises.

Certaines corporations commerciales urbaines paraissent remonter à une haute antiquité. Mais, c'est au xiiie siècle qu'elles prirent de l'importance et furent reconnues et réglementées par la loi. Ces corporations ont été condamnées d'une manière bien trop absolue par la plupart des économistes : ils s'entêtent à appliquer au Moyen-Age les idées des xviiie et xixe siècles. Elles seraient, c'est certain, inappropriées aux temps modernes, et il était nécessaire qu'elles disparussent. Leur existence subséquente se prolongea même indûment. Mais, elles étaient alors, sous maints rapports, grandement bienfaisantes. Elles constituaient de précieux centres de ralliement pour les forces industrielles naissantes qu'animait ainsi *l'esprit de corps*. Elles soumettaient à une épreuve l'habileté technique, et contrôlaient la solidité et le fini des produits fabriqués en tout lieu. Il avait bien en vue le progrès des arts industriels, saint Louis, quand il entreprit d'améliorer l'organisation des corporations parisiennes. Ces corporations encourageaient les bonnes mœurs, en exerçant une sorte de surveillance spontanée. Elles tendaient enfin à développer le sentiment social dans le rayon de chaque profession, au temps où l'on ne pouvait guère encore apercevoir un esprit public de plus large horizon.

CHAPITRE IV

Temps modernes

PREMIÈRE ET SECONDE PHASES

Le Moyen-âge se clôt, ainsi que Comte l'a montré, à la fin du xiii⁰ et non du xiv⁰ siècle. L'ère moderne commence alors, suit un développement en trois phases successives, puis se ferme sur l'état de choses qui caractérise notre époque.

I. — Durant les xiv⁰ et xv⁰ siècles, le système catholico-féodal s'écroule sous les conflits mutuels de ses membres officiels, tandis que s'élèvent les éléments constitutifs d'un ordre nouveau. Dans la vie pratique, les antagonistes affrontés sont la couronne et les chefs féodaux. Ces puissances rivales cherchent à s'affermir en contractant des alliances avec les villes ou avec les forces industrielles qu'elles représentent. Les événements de cette phase n'ont guère laissé d'écho dans la littérature économique du temps.

II. — La seconde phase de la période moderne s'ouvre avec le commencement du xvi⁰ siècle. La ruine spontanée de la structure médiévale s'achève par une série d'assauts systématiques, radicalement désorganisateurs. Durant cette phase, le pouvoir temporel central progresse grandement en stabilité et en richesso. Il lâche bride aux éléments impatients de la manufacture et du commerce. Il cherche, tout en donnant satisfaction à la prédilection populaire pour leur culture, à les dresser à ses fins politiques et à faire servir leur force et leur splendeur à alimenter le trésor nécessaire aux succès militaires. A cet essor pratique, et aux aspirations sociales sur lesquelles il repose, l'École mercantile d'économie politique, qui alors obtient un ascendant spontané, est en corrélation précise. En persistant de parti-pris dans cette politique, les Gouvernements européens pèchent nécessairement. Leur origine et leur nature les disqualifient pour la mission de guider le mouvement industriel. Le discrédit du pouvoir spirituel, avec lequel la plupart d'entre eux sont soudés, les affaiblit plutôt et les mine.

III. — Dans la dernière phase, qui coïncide approximativement avec le xviii° siècle, la tendance vers un système complètement neuf, aussi bien temporel que spirituel, commence à s'accentuer décisivement, d'abord dans la philosophie et la littérature générale de cette période, puis dans la grande explosion française. La doctrine critique universelle annoncée par le Protestantisme durant la phase précédente, et systématisée en Angleterre vers la fin de cette phase, se propage et se vulgarise, grâce surtout aux écrivains français. L'esprit individualiste, inhérent à la doctrine, est éminemment adapté aux besoins du temps. La faveur générale avec laquelle les dogmes du contrat social et du *laisser faire* sont reçus indique le juste sentiment des conditions propres à la situation contemporaine des sociétés européennes. Tant qu'une nouvelle synthèse intellectuelle et morale n'était pas formulable, ce qu'il y avait à désirer, c'était un large et actif développement d'énergie personnelle, affranchi de tout contrôle des anciens pouvoirs sociaux autres que des précautions suffisantes contre l'anarchie. Aussi les

Gouvernements sont-ils régulièrement invités à abandonner toute direction effective du mouvement social, et,
autant que possible, à restreindre leur intervention au
maintien de l'ordre matériel. Une telle politique était, de
sa nature, d'application essentiellement temporaire.
Mais l'École négative, suivant son esprit ordinaire, éri-
geait ce simple fait, de nécessité transitoire et exceptionnelle, en loi permanente et normale. L'unanime mouvement européen vers la liberté du travail s'érigea quelquefois à la hauteur d'une passion publique. Ses côtés
sont variés, et correspondent à diverses préoccupations
mentales et morales. Sous l'aspect politique, les physiocrates français furent les premiers théoriciens qui le repré-
sentèrent sur une vaste échelle. Pourtant l'office, tant
destructif que constructif qu'ils accomplissaient fut plus
et mieux réalisé par Adam Smith, qui doit être regardé
comme ayant continué et parachevé leur œuvre.

On admettra qu'à l'ensemble de l'évolution moderne
s'alliaient nécessairement de graves désordres moraux.
La discipline générale que le Moyen-âge avait tenté
d'instituer, et partiellement réussi à établir, malgré des
bases précaires, était brisée. Le sentiment du devoir
s'était affaibli, en même temps que l'esprit d'*ensemble,*
son allié naturel ; et l'individualisme théorique tendit à
renforcer l'égoïsme pratique. Dans le domaine économique surtout, ce résultat est visible. L'égoïsme national
et la cupidité privée vont en croissant. Hautes et petites
classes industrielles tendent à se séparer et à entrer en
mutuels conflits. Les nouveaux éléments — la science et
l'industrie — qui acquièrent graduellement la suprématie
portaient, enfin, dans leur sein, une discipline nouvelle
plus efficace et plus stable que celle qui se dissolvait.
Mais la synthèse finale était encore trop éloignée, et, de
sa nature trop indéterminée, pour s'apercevoir à travers
la dispersive et apparente incohérence de ces éléments

grandissants. Maintenant, cependant, cette synthèse
devient appréciable, et c'est l'effort vers elle, et vers le
système pratique à y édifier, qui donne son caractère
particulier à la période où nous vivons. Et à cette puissance spontanée de développement de la société, correspond, comme nous le verrons, une nouvelle forme de
doctrine économique qui tend à se confondre dans la
sociologie générale et à se subordonner à la morale.

L'objet des pages suivantes est de vérifier et d'*illustrer*
en détail ce thème, ici grossièrement esquissé. Notre but
est de montrer comment les éléments respectifs de chacune des phases modernes successives trouvent leur
contre-partie et leur reflet dans le développement historique des théories économiques.

Première phase moderne.

La première phase se caractérise d'une part, par la
décomposition spontanée du système médiéval; de l'autre,
par l'essor de quelques éléments importants de l'ordre
nouveau. Le pouvoir spirituel devient moins apte, et, en
même temps, moins capable de remplir son office moral;
et le mouvement social est de plus en plus abandonné
aux impulsions irrégulières des énergies individuelles,
souvent enrôlées au service de l'ambition et de la cupidité. Les gouvernements forts, qui se forment, servent
à maintenir l'ordre matériel au milieu du désordre intellectuel et moral croissant. L'admission universelle des
communes comme éléments du système politique montre
la puissance croissante des forces industrielles, ainsi que
le firent, d'une autre manière, les insurrections des
classes laborieuses. La victoire décisive de l'activité pacifique se révèle dans l'essor de l'institution des armées

soldées — d'abord temporaires (1), puis permanentes —
qui prévinrent l'interruption ou la déviation du travail,
en vouant une minorité déterminée de la population aux
exercices et aux opérations militaires. La manufacture
croît en importance ; et, dans cette branche industrielle,
la distinction entre l'entrepreneur et les travailleurs
s'établit, en premier lieu, fermement, tandis que la fixité
de leurs relations mutuelles est rendue possible par la spécialisation du service militaire et des métiers profession-
nels. La navigation devient facile, grâce à l'emploi de la
boussole. L'imprimerie montre combien le mouvement
intellectuel et le développement industriel se destinent à
pénétrer les relations individuelles et à travailler à de
communes fins. Le crédit public paraît à Florence,
Venise et Gênes, longtemps avant d'atteindre en Hollande
et en Angleterre quelqu'importance financière notable.
Juste à la fin de cette phase, la découverte de l'Amérique
et de la nouvelle route vers l'Est révolutionne le cours du
commerce : elle prépare la voie à ces établissements
coloniaux qui contribuèrent si puissamment à accroître
la prépondérance de la vie industrielle et qui la dirigent
vers son ultime universalité.

C'est, sans doute, du fait de la nature équivoque de ce
stade, situé entre le Moyen-âge et la période moderne
caractéristique que, dans la théorie, nous ne trouvons
rien qui corresponde à ce merveilleux ferment pratique et à son évolution. La doctrine politique générale
du philosophe d'Aquin subsistait avec des modifications
purement secondaires. L'unique question économique
spéciale qui semble avoir attiré particulièrement l'attention fut celle de la nature et du rôle du numéraire.

---

(1) Alors surgirent aux xiv⁴ et xv⁴ siècles, dans l'Europe moderne,
les condottieri.., ces chefs de bandes mercenaires qui se mettaient au
service du prince ou du potentat qui pouvait les employer et les
payer. Grote : *La Grèce*, vol. XI, p. 85.

L'importance de celui-ci commence à se faire sentir, alors que le paiement en nature des services tombe en désuétude et que les systèmes réguliers de taxation s'introduisent.

Roscher (1) et après lui Wolowski, ont appelé l'attention sur Nicole Oresme, qui fut précepteur de Charles V, roi de France, et qui mourut évêque de Lisieux, en 1382. Roscher le proclame grand économiste (2). Son *Tractatus de Origine, Natura, Jure, et Mutationibus Monetarum* (réimprimé par Wolowski, 1864), contient une théorie de l'argent presqu'entièrement d'accord avec les idées du xixᵉ siècle : elle y est exposée avec une telle concision, une telle clarté, une telle simplicité, qu'elle nous apparaît comme l'œuvre d'une main magistrale.

Seconde phase moderne.

LE SYSTÈME MERCANTILE.

Durant la première phase moderne, l'essor des nouvelles forces sociales fut essentiellement spontané. Dans la seconde, elles commencent à devenir un objet d'encouragement systématique de la part des Gouvernements qui, maintenant que les méthodes financières du Moyen-âge ne suffisent plus, ne peuvent poursuivre leur but politique et militaire par d'autres moyens qu'un accroissement d'impôts ce qui implique l'augmentation de la richesse de la communauté. L'industrie devient ainsi d'un intérêt permanent pour les Gouvernement européens, et tend désormais à faire le principal objet de leur politique. En harmonie naturelle avec cette situation de fait, le système mercantile surgit et prospère. Il atteint son plus haut période vers le milieu du xviiᵉ siècle.

(1) *Comptes-rendus de l'Académie des Sciences morales et politiques,* LXII, p. 435, sqq.

(2) *Geschichte der N. O. in Deutschland,* p. 25.

La doctrine mercantile, formulée sous sa forme la plus typique, identifie la richesse à l'argent. Pour elle, dès lors, le but final d'une communauté est de mener ses affaires extérieures de telle sorte qu'elle attire à soi la plus large provision possible de métaux précieux. Chaque contrée cherchera à exporter la plus grande quantité possible de ses produits manufacturés, et à importer le moins qu'elle pourra de ceux des pays étrangers. Elle recevra en or et en argent la différence des deux valeurs. Telle est ce qu'on appelle la balance du commerce. La balance est favorable si l'importation du numéraire surpasse son exportation. Pour l'y rendre, les Gouvernements recourront à tous expédients efficaces : prohibition ou forte tarification douanière sur les marchandises étrangères ; primes d'exportation aux manufactures nationales ; entraves à l'exportation des métaux précieux.

Mais, cette fixation de la doctrine, tout au long exposée dans les traités spéciaux, ne donne pas une idée juste de tout ce qui doit figurer au compte de l'École mercantile. Bien des membres de cette École furent assurément trop clairvoyants pour croire — et le philosophe moderne éprouve quelque difficulté à supposer — qu'une classe de penseurs a jamais professé que la richesse consiste exclusivement dans l'or et dans l'argent. Les mercantilistes se caractérisent mieux, suivant la remarque de Roscher (1), non point par quelque théorème économique défini, admis de tous, mais par un ensemble de tendances théoriques ordinairement fondé sur la combinaison d'aspirations qui prévalent à des degrés divers chez des esprits différents. Ces tendances, les voici : 1° Importance excessive attachée à la possession d'une grande réserve de métaux précieux; 2° Exagération (*a*) des exportations par rapport aux importations ; (*b*) des industries transformatrices sur les industries productrices; 3° Attribution d'une

(1) *Geschichte der N. O. in Deutschland ; p. 228, sqq.*

trop haute valeur à la densité démographique comme élément de puissance nationale ; et 4° Recours à l'action de l'État pour tâcher d'arriver artificiellement à ces résultats convoités.

En considérant la situation contemporaine de l'Europe Occidentale, nous n'éprouvons aucune difficulté à comprendre comment de pareilles tendances surgirent inévitablement. Les découvertes dans le Nouveau-Monde donnaient un immense essor aux finances européennes. La vieille économie féodale, basée principalement sur le troc, passait la main à la nouvelle « économie financière » partout débordante. La circulation s'accélérait ; les communications se distendaient et se multipliaient ; la vie bourgeoise et la propriété mobilière gagnaient en importance. Les mercantilistes insistèrent sur cette vérité que l'argent est une richesse *sui generis ;* qu'il reste, en tous temps, universellement recherché, et qu'il met entre les mains de ses possesseurs le pouvoir d'acquérir toutes autres propriétés. De plus, cette période se distingue par la formation de grands États, ayant à leur tête de puissants Gouvernements qui réquisitionnent hommes et argent pour l'entretien des armées permanentes auxquelles les guerres religieuses et italiennes, en particulier, donnent une vaste extension. Les dépenses des cours se font, aussi, plus prodigues qu'autrefois ; et les offices civils multiplient leurs emplois. Les domaines royaux et les impôts ne suffisent plus aux exigences ; et les taxes montent avec les besoins croissants des monarchies. Les hommes d'État s'aperçoivent que la réussite de leurs projets politiques dépend des succès industriels. La manufacture rend possible les denses agglomérations, et elle donne aux produits exportés une valeur supérieure à celle des produits agricoles ; elle ouvre un champ d'activité plus large et plus vite extensible. Aussi devient-elle l'objet de la faveur et du patronage soucieux des Gouvernements, tandis que l'agriculture tombe en une décadence relative. La prospérité de la manufacture réagit sur le commerce. Devant lui s'ouvre un nouveau domaine de culture, par l'établissement des colonies. Celles-ci n'étaient alors que des établissements bons à exploiter au profit de la métropole. Les hommes d'État n'avaient pour but que d'extraire du commerce colonial de nouvelles ressources fiscales. Toute nation ne songeait qu'à sa seule puissance, et les plus grandes qu'à leur suprématie. De là des compétitions économiques autant que politiques : les succès économiques sont, pour les dirigeants, les instruments de la prééminence politique. L'intérêt économique national fait son apparition et le Gouvernement s'en octroie lui-même la direction et la représentation. Les États deviennent des sortes de serres artificielles vouées à l'éducation des industries bourgeoises. La Production est astreinte à une réglementation systématique dont l'objet est de garantir la qualité et de fixer le prix des articles d'exportation ; puis de soutenir le rang de la nation sur les marchés étrangers. Le contrôle industriel s'exerce, soit directement par l'État, soit, en grande partie aussi, par les corporations privilégiées et les Sociétés commerciales. Des droits lourds frappent les importations ; d'abord, peut-être, par raison fiscale, mais, dans la suite, en vue de l'intérêt de la production nationale. Les traités commerciaux font l'objet principal de la diplomatie. Le but est d'exclure la concurrence des autres nations sur les marchés étrangers, pendant que le marché intérieur se refuse, autant que possible, aux importations ; exception faite pour les matières premières exotiques. Les colonies ont défense de commercer avec les nations européennes autres que la mère-patrie, à qui elles apportent leurs métaux précieux ou leurs produits naturels vendus aux manufactures métropolitaines. Il est notoire que la doctrine mercantile est

au fond la traduction théorique des activités pratiques
du temps. Les nations et les gouvernements y sont conduits non point par une sorte de conception scientifique, mais par la force même des circonstances extérieures, et par l'observation des faits apparents.

Plus : si nous envisageons la question du haut point
de vue de la philosophie historique, nous jugeons que
l'enthousiasme universel de cette seconde phase moderne
pour la manufacture et le commerce est essentiellement
justifié. Il orientait les nations vers les grandes avenues
du développement social général. Si les penseurs de
l'époque, au lieu d'être poussés par les circonstances de
leur temps, s'étaient guidés sur la prévision sociologique,
ils seraient entrés droit dans le sentier même qu'ils
ont empiriquement adopté. L'organisation de l'industrie
agricole ne pouvait guère alors progresser. Sa direction
et ses opérations y étaient aux mains de la classe féodale
qui, en général, ne savait réellement adopter les mœurs
de l'existence industrielle, ni entrer en communion assez
intime avec les travailleurs de ses domaines. L'industrie
bourgeoise devait précéder l'industrie agricole; et celle-ci
se développera surtout sous la réaction de la précédente.
Un fait est clair : c'était dans l'existence du prolétariat
manufacturier, dont les travaux sont nécessairement
plus continus et plus sociaux, qu'une discipline systématique pouvait, dans une ère subséquente, s'exercer, puis
s'étendre aux populations rurales.

Que l'action gouvernementale sur les progrès de la
manufacture et du commerce ait été réellement et finalement efficace, c'est là un fait admis par Adam Smith.
On ne peut, raisonnablement, le mettre en doute, quoique les doctrinaires libre-échangistes l'aient souvent
dénié. L'habileté technique y trouvait des encouragements; tandis que les nouvelles formes de production
nationale amenaient l'immigration d'ouvriers étrangers.

Cette intervention allégeait le fardeau fiscal des industries concurrencées. Les communications et transports terrestres et maritimes s'accéléraient pour faciliter le trafic. Enfin, résultat non moins important, la dignité sociale des professions industrielles se rehaussait aux yeux des classes jadis exclusivement dominantes.

On s'est souvent demandé à qui attribuer la fondation du système mercantile, tant théorique que pratique. La question n'admet pas de réponse absolue. Cette conception économique surgit spontanément chez les esprits non scientifiques; et ses données proviennent des littératures grecque et latine. La politique qui la formula s'inspirait, comme nous l'avons vu, de la situation des nations européennes à l'aube de la période moderne. Une telle politique avait été déjà pratiquée, à quelque degré, aux xive et xve siècles, et avait ainsi précédé toute formulation dogmatique et critique de ses bases spéculatives. Au début du xvie siècle, elle commença à exercer une très vaste influence. Charles-Quint l'adopte ; et cet exemple contribue grandement à son triomphe. Henri VIII et Élisabeth y adaptent leurs règlements. Les principaux États entrent vite en universelle compétition ; et chaque puissance met en jeu toutes ses ressources, politiques et financières, dans le but de s'assurer la prépondérance manufacturière et commerciale. De plus, durant le xviie siècle, la palme commerciale appartient à la Hollande. L'Italie a perdu sa suprématie originelle sous le coup de l'ouverture de nouvelles routes maritimes et de ses infortunes politiques. L'Espagne et l'Allemagne se dépriment dans des guerres étrangères et les dissensions intestines. Admiration et convoitise vont à la Hollande, comme le montrent les hommes politiques et les économistes anglais, d'après les écrits de Raleigh, Mun, Child et Temple (1). Et l'énergie avec laquelle ce même spec-

(1) ROSCHER : *Geschichte der N. O. in Deutschland*, p. 227.

tacle agit sur la politique française ressort d'une lettre bien connue de Colbert à M. de Pomponne (1), ambassadeur près des Provinces-Unies. Cromwell, par l'Acte de Navigation qui détruisit le colportage de la Hollande et fonda l'Empire maritime anglais, puis Colbert, par l'ensemble de sa politique économique, intérieure et étrangère, furent les meilleurs représentants pratiques du système mercantile. Du nom du grand homme d'État français, le publiciste italien Mengotti donne à ce système le nom de Colbertisme. Mais c'est une erreur de considérer ce ministre comme absolument soumis aux dogmes mercantilistes. Ses mesures ne furent jamais pour lui que temporaires. Il appelle les droits protecteurs des béquilles utiles aux manufacturiers pour apprendre à marcher, mais bonnes à rejeter ensuite. La politique d'exclusion fut, en premier lieu, employée par Sully : en partie, pour enrichir le trésor royal ; mais surtout par engoûment personnel pour l'agriculture, et par aversion pour l'introduction du luxe étranger, corrupteur du caractère national. Le tarif de Colbert de 1664 ne simplifia pas seulement, mais encore réduisit considérablement les droits existants. Si le tarif de 1667 est une aggravation, c'est qu'il constitue une vraie mesure politique dirigée contre la Hollande. Il semble bien que la France dut, dans une large mesure, à cette politique le vaste développement commercial et manufacturier qui tant frappa l'imagination de l'Europe contemporaine. Nous en entendons l'écho dans les écrivains anglais du temps de Petty. Mais cette politique eut aussi, indéniablement, son mauvais côté. L'industrie était astreinte, par des règlements systématiques, à des cours invariables. Elle ne pouvait s'adapter aux changements des goûts et des besoins populaires. Elle n'était

(1) Clément : *Histoire de la vie et de l'administration de Colbert* (1846) ; p. 134.

pas libre de simplifier les procédés de production ou d'introduire une division croissante du travail, ou de tenter des innovations. L'initiative, l'imitation et l'invention étaient réprimées ou découragées. L'avenir se trouvait ainsi sacrifié, dans une large mesure, aux résultats immédiats. Les hommes d'État les plus éclairés, Colbert en particulier, s'efforcèrent, il est vrai, de réduire au minimum ces inconvénients en procurant, souvent à grands frais, et en communiquant aux commerçants, par la voix d'inspecteurs nommés par le Gouvernement, des renseignements sur les progrès réalisés et employés ailleurs dans les divers arts. Mais, quoique ce fût là, à un certain point, une compensation réelle, elle était en somme certainement très insuffisante.

Nous n'attendons certes pas des écrivains du temps quelque traité sur l'ensemble de l'économie politique. Les publications d'alors étaient, pour la plupart, l'expression d'exigences spéciales, touchant des détails pratiques propres à la grande activité du temps. En réalité, elles donnaient des conseils aux Gouvernements. Elles indiquaient comment développer au mieux les forces productives disponibles, ou accroître les ressources de leurs patries respectives. Elles se placent strictement, suivant le mot de List, au point de vue de l'économie *nationale*. Le cosmopolitisme leur est essentiellement étranger. Dans ces monographies, la théorie mercantile n'a quelquefois qu'une faible influence : les problèmes en discussion ne s'embarrassent pas du tout de théories. Cependant, dans bien des cas, le mercantilisme fait l'âme de la doctrine fondamentale (si, toutefois, nous pouvons appliquer ici ce nom) qui, en dernier ressort, rédige les conclusions de l'écrivain.

L'accroissement des prix qui suivit la découverte des mines américaines est un des sujets qui attirèrent l'attention des théoriciens. Ce renchérissement apportait un grand trouble, toujours croissant, dans les relations économiques existantes. D'où résulta une perplexité et une anxiété d'autant plus vivement ressenties que la cause de ce changement n'était point comprise. A cette angoisse s'ajoutait la perte et le dommage provenant de l'adultération des monnaies, souvent pratiquée, tant par les souverains que par les États républicains. Ce fut l'Italie qui souffrit la plus de cet abus que multiplièrent les dissensions politiques. Ici, ce mal appelait l'ouvrage du comte Gasparo Scaruffi (*Discorso sopra le monete e della vera proporzione fra l'oro e l'argento*, 1582). Là est émise l'idée hardie d'une monnaie universelle, partout identique en grandeur, forme, composition et exergue. Ce projet était alors prématuré et ne fut pas adopté par les princes italiens à qui l'auteur le proposait spécialement. Mais cette réforme est, sans doute, de celles que l'avenir réalisera. Gian Donato Turbolo, Maître de la Monnaie napolitaine, en ses *Discorsi e Relazioni*, 1629, proteste contre toute altération du titre. Un autre traité sur la monnaie est celui du florentin Bernardo Davanzati, connu comme le dissert traducteur de Tacite : *Lezioni delle Monete*, 1588. C'est un pauvre écrit, bien superficiel, remarquable uniquement par la concision et l'élégance de son style (1).

Un écrivain français traita la question monétaire d'une tout autre allure : Jean Bodin. Dans sa *Réponse aux paradoxes de M. Malestroit touchant l'enchérissement de toutes les choses et des monnaies*, 1568, et dans son *Discours sur le rehaussement et la diminution des monnaies*, 1578, il apprécie plus rationnellement que beaucoup de

(1) Une œuvre plus méritoire est celle de Romeo Bocchi : *Della giusta universale misura e suo tipo;* vol. 1, *Anima della moneta;* vol. 2, *Corpo della moneta* (1621), dont un compte-rendu complet a été donné par U. Gobbi, dans son *Economia Politica negli Scrittori Italiani del Secolo XVI-XVII* (1889).

ses contemporains les causes des révolutions des prix, et
le rapport des variations monétaires au cours général
des valeurs des marchandises et des salaires ouvriers.
Il voit que le stock de monnaie circulante ne constitue
pas la richesse de la communauté, et que la prohibition
des exportations des métaux précieux est inutile, parce
qu'elle est rendue inefficace par les nécessités commerciales. Bodin est une figure remarquable de l'histoire
littéraire de l'époque. Il ne rétrécit pas son attention aux
problèmes économiques. Dans ses *Six livres de la République*, vers 1576, il étudie les conditions générales de
la prospérité et de la stabilité des États. D'accord avec
son temps, il considère les Gouvernements absolus
comme les plus aptes à assurer la sécurité et le bien-
être des sujets. Il entreprend une laborieuse défense
de la propriété individuelle, contre Platon et More :
tant, peut-être, parce que le plan de son travail voulait
qu'il traitât ce thème, qu'en raison de l'urgence pratique contemporaine, au temps où les excès des Ana-
baptistes provoquaient une énergique répulsion contre
les doctrines communistes. Il subit l'influence générale
des idées mercantilistes ; il approuve l'intervention
énergique des Gouvernements en matière industrielle, les
lourdes taxes sur les produits étrangers, et les droits
faibles sur les matières brutes et les articles de première
nécessité. Il attache une grande importance à la densité
de la population. Il n'est pourtant point un aveugle
adepte du système : il désire une liberté commerciale, en
certains cas, et il devance son plus éminent contemporain Montaigne (1), car il comprend que le profit d'une
nation ne fait pas nécessairement le dommage d'une
autre. Aux finances publiques, qu'il nomme les nerfs de
l'État, il consacre une grande attention ; il insiste sur les

(1) « Il ne se faict aucun proufit qu'au dommage d'aultruy ». *Essais,*
L. I, ch. 21.

devoirs du Gouvernement relatifs à la juste assiette des impôts. En général, il mérite d'être loué, car il prend un ferme souci des aspirations et des intérêts les plus élevés de la société, dans leur rapport avec le règlement et le développement de la vie matérielle (1).

Des vues justes sur la cause de l'augmentation générale des prix sont aussi émises par l'écrivain anglais W. S. (William Stafford), dans son *Briefe Conceiple of English Policy*, publié en 1581, et dédié à la reine Élisabeth. Écrit sous forme de dialogue, il est plein de feu et d'esprit. L'auteur semble avoir connu les écrits de Bodin. Il possède des idées justes sur la nature de la monnaie, et comprend bien les maux qui résultent de l'altération du titre. Il décrit en détail comment les divers intérêts nationaux ont été affectés par des altérations, sous les règnes précédents, ou par le change de la valeur des métaux précieux. Quant au grand grief populaire de son temps, la conversion de la terre arable en pâture, il l'attribue surtout aux entraves à l'exportation du blé, et désire les voir supprimer. Mais, en ce qui touche les manufactures, il demeure au même point que les mercantilistes postérieurs : il propose l'exclusion de toutes les marchandises étrangèresqui peuvent être produites sur place, et prohibe l'exportation des matières premières susceptibles d'être façonnées ailleurs.

C'est à propos de la question monétaire que parut alors la première production allemande remarquable sur l'économie politique. Elle avait un caractère national original, et se publiait dans la langue du pays. La ligne saxonne Ernestine inclinait (1530) à altérer le change ou le cours de l'argent. Une brochure, *Gemeine Slymmen*

----

(1) Un écrivain dont l'activité littéraire présente un caractère semblable, et qui semble avoir subi fortement son influence, est l'Italien Giovanni Bottero (1540-1617), auteur de *Delle cause della grandezza delle città* (1588) et *Della ragione di stato* (1589).

von derMuntze attaqua ce projet. Il était publié sous les auspices de la branche Albertine, dont la politique économique était plus saine. Une réponse parut pour justifier le projet de la ligne Ernestine. Une duplique Albertine s'ensuivit. La brochure de l'Ernestine est, dit Roscher, mal écrite, obscure, enflée et, on devait s'y attendre, sophistique. Néanmoins elle est intéressante, car elle contient un exposé des principes fondamentaux du système mercantile, et précède de plus d'un siècle le livre de Mun, et de quarante-six ans celui de Bodin : *Les Six livres de la République*. Aux yeux de Roscher, les théories de l'Albertine révèlent des vues si saines sur les conditions et les effets de la richesse nationale, sur la nature de la monnaie et du commerce, sur les droits et devoirs des Gouvernements envers l'activité économique, qu'il regarde leur auteur inconnu comme digne d'une place aux côtés de Raleigh et des autres « théoriciens coloniaux » anglais de la fin du xvie siècle et du commencement du xviie.

En connexion avec ce même sujet monétaire, nous mettrons le grand nom de Copernic. Son traité *De monetæ cudendæ ratione*, 1526 (imprimé pour la première fois en 1816), fut écrit par ordre du roi Sigismond Ier. C'est un exposé des principes sur lesquels on se propose de réformer le cours des monnaies dans les provinces prussiennes de Pologne. Il prône l'unité du système monétaire pour l'État tout entier ; le scrupuleux respect de la qualité du titre ; et l'imposition d'un droit seigneurial suffisant pour couvrir les frais de frappe.

Antonio Serra est regardé par quelques-uns comme le créateur de l'économie politique moderne. Il était natif de Cosenza, en Calabre. Son *Breve Trattato delle cause che possono fare abbondare li regni d'oro e d'argento dove non sono miniere*, 1613, fut écrit durant son emprisonnement. On attribue cette peine à la part qu'il aurait prise dans la conspiration de Campanella pour la libération de Naples du joug espagnol et pour l'établissement d'un gouvernement républicain. Cet ouvrage, longtemps dédaigné, fut mis en vedette au siècle suivant, par Galiani, et autres économistes. Le titre, à lui seul, indique suffisamment que l'auteur adoptait les principes du système mercantile ; et, en fait, dans ce traité, les doctrines essentielles du système sont exposées convenablement et avec ordre. Il insiste fortement sur la supériorité de la manufacture envers l'agriculture comme source de richesse nationale. Et il invoque l'exemple de la prospérité de Gênes, Florence, Venise, avec laquelle il fait contraster l'état et la décadence de Naples. Il met mieux en lumière que bien des mercantilistes l'importance des modes d'acquisition de la richesse : non seulement les conditions favorables externes, mais aussi l'énergie du caractère, les habitudes industrielles d'un peuple ; enfin la stabilité gouvernementale et la bonne administration des lois.

Dans les Pays-Bas, des tendances vers les idées nouvelles se manifestent au milieu du xviie siècle. Dirck Graswinckel (1600-1668) se fait l'avocat de la liberté du commerce des blés, et réprouve en général les entraves mises sur l'industrie. Pieter de la Court (1618-1685) traite, dans le même esprit, bien des questions pratiques de son pays et de son temps. Il est en faveur d'une complète liberté, pour les citoyens, d'acheter, de vendre, de produire, de consommer ; et aussi de penser et d'enseigner. Il critique vivement le système des corporations commerciales ; et collabore, dans ses écrits, avec le Grand Pensionnaire Jean de Witt. Son principal ouvrage *Aanwysing der heilsame politike Gronden en Maximen van de Republika van Holland en Westfresland* (1), 1669, fut communément attribué à cet homme d'État.

(1) Un premier ouvrage de P. de la Court, *Interest van Holland ofte Gronden van Hollands-Welvaren* (1662) fut beaucoup lu, au xviiie siècle ; il eut une traduction anglaise et trois allemandes.

On le connaît mieux par sa version française (1709), qui parut sous le titre de *Mémoires de Jean de Witt*. Jean de la Court (1622-1660), le frère de Pieter, suivit la même voie. Les ouvrages de Salmasius (1630-1640) prirent de l'importance dans la controverse sur la nécessité et la légitimité de l'intérêt de l'argent.

Le premier traité systématique d'un autre Français sur notre science, est le *Traité de l'Économie Politique*, publié par Montchrétien de Watteville (ou Vasteville) (1), en 1615. Le choix du titre, dit Roscher, donné pour la première fois à la science, était déjà, à lui seul, un service important ; car Bacon n'entendait encore par « Économie » que la théorie de l'administration domestique. Les tendances générales et les aspirations contemporaines s'y font jour. Le fait est que ce traité, nonobstant son titre très clair, ne traite pas du tout d'agriculture ; mais seulement des arts mécaniques, de la navigation, du commerce et des finances publiques. L'auteur poursuit, plein de l'engoûment alors général, en parlant du commerce extérieur et colonial. Il demande aux princes de surveiller l'industrie de leurs sujets. Il condamne la grande liberté qu'à leur détriment, selon lui, les gouvernements d'Espagne, de Portugal et de Hollande ont donnée au commerce. Son livre doit être regardé comme une exposition formelle des principes du système mercantile à l'usage des Français.

Un office semblable fut accompli en Angleterre par Thomas Mun. Dans ses deux ouvrages : *A Discourse of Trade from England unto the East Indies*, 2ᵉ éd., 1621 ; et, spécialement, dans *England's Treasure by Foreign Trade*, 1664 (posthume), nous avons, pour la première

____

(1) Montchrétien ayant fomenté la rébellion en Normandie, en 1621, fut tué avec quelques compagnons, par Claude Turgot, seigneur de Les Tourailles, qui appartenait à la branche aînée de la noble maison dont le grand Turgot descendit.

fois, un exposé clair et systématique de la théorie de la balance du commerce, et des moyens propres, d'après l'auteur, à rendre cette balance favorable à l'Angleterre. Le grand objet de la politique économique d'un État consiste, selon lui, à régler l'exportation de ses manufactures, son commerce régulier, ses transports et ses douanes, de façon à attirer à soi l'argent de l'étranger. Il s'oppose cependant à la prohibition de l'exportation des métaux, échangés contre des marchandises étrangères. Cette conception s'accorde pleinement avec ses principes généraux ; car les marchandises seront réexportées à un prix plus élevé que celui de l'achat originel. La première exportation d'argent est, disait-il, de la semence; la recette ultérieure d'une plus forte somme sera la moisson (1). Il voit encore combien il est nuisible d'avoir trop d'argent en circulation dans un pays; cette pléthore élève le prix des commodités dont la cherté éloigne ainsi les acheteurs étrangers. Mais il favorise la formation et l'abondance du trésor national (2).

Un des plus remarquables mercantilistes modérés fut sir Josiah Child (*Brief Observations concerning Trade and the Interest of Money*, 1668, et *A New Discourse of Trade*, 1668 et 1690). Il est un de ceux qui donnent la Hollande en modèle à ses compatriotes. Il ressent fortement l'impression de l'importance qu'a, pour la richesse et le bien-être national, le taux bas de l'intérêt. Ce taux, dit-il, est

(1) Sur les doctrines de Mun, voir *Wealth of Nations*, de Smith, Liv. IV, 1.

(2) Les écrivains de moindre importance qui suivirent la même voie furent sir Thomas Culpeper (*A Tract against the High Rate of Usury*, 1623, et *Useful Remark on High Interest*, 1641) ; Sir Dudley Digges (*Defence of Trade*, 1615) ; G. Malynes (*Consuetudo vel Lex Mercatoria*, 1622) ; E. Misselden (*Circle of Commerce*, 1623) ; Samuel Fortrey (*England's Interest and Improvement*, 1663 et 1673); et John Pollexfen (*England and India inconsistent in their Manufactures* 1697).

au commerce et à l'agriculture ce que l'âme est au corps : il est la « *causa causans* de toutes les autres causes de la richesse du peuple hollandais ». Au lieu de regarder la baisse du taux comme le résultat de conditions déterminées, en évolution spontanée, il en attribue l'établissement et le maintien à l'autorité publique. Child, tout en adhérant à la doctrine de la balance du commerce, observe qu'un peuple ne peut toujours vendre aux étrangers sans jamais rien leur acheter. Il nie que les exportations de métaux précieux soient nécessairement désavantageuses. Il partage le préjugé ordinaire des mercantilistes pour la population nombreuse. Il recommande de réserver exclusivement à la métropole le commerce des colonies, et dans une certaine limite, de constituer des compagnies commerciales à privilèges. En ce qui concerne l'Acte de Navigation, il prend une position analogue à celle que prit plus tard Adam Smith : il le regardait comme une mesure plus politique qu'économique. On voit que ses opinions sont un peu éclectiques. Mais on ne saurait vraiment, bien qu'on lui ait prêté ce caractère, le dire précurseur de l'école libre-échangiste du xviiie siècle.

Deux autres éclectiques méritent ici mention. A des vues justes, ils mêlent des préjugés mercantilistes. Ce sont sir William Temple et Charles Davenant. Le premier, dans ses *Observations upon the United Provinces of the Netherlands*, 1672, et dans son *Essay on the Trade of Ireland*, 1673, fait de nombreuses et excellentes remarques sur les principes économiques fondamentaux, entre autres sur la fonction du travail et de l'épargne dans la production de la richesse nationale. Il est néanmoins infecté des erreurs de la théorie de la balance du commerce. Il suit l'exemple de Raleigh et de Child, et presse ses compatriotes d'imiter la politique économique des Pays-Bas. Son opinion reposait, en ce cas, sur ce qu'il avait observé durant une longue rési-

dence en Hollande, comme ambassadeur aux États.
Davenant, dans ses *Essay on the East-India Trade,*
1696-97, et *Essay on the Probable Ways of making the
People Gainers in the Balance of Trade*, 1699, etc., prend
une position éclectique. Il combine à quelques vues
correctes sur la richesse et l'argent des notions mercantilistes sur le commerce ; il recommande au Gouvernement d'entraver le commerce colonial ; et avec une
force égale il préconise la liberté des échanges à l'intérieur.

Tandis que le système mercantile reprenait la forme
générale de la philosophie économique au xviie siècle, et
que seul il dominait l'esprit des praticiens et des hommes
d'État, grandissait, à ses côtés, un corps de doctrine, de
caractère différent, et finalement hostile, qui allait ultérieurement l'éliminer de la science. Les idées nouvelles
naquirent en Angleterre; bien que ce sera en France, au
siècle suivant, qu'elles s'empareront de l'esprit public et
deviendront un puissant facteur politique. Qu'elles
parurent d'abord ici, puis s'étendirent, s'appliquèrent et
se propagèrent en Europe, grâce aux écrivains français,
est un état de choses conforme à la doctrine négative
générale, morale et politique, qui, indubitablement d'origine anglaise, s'institua surtout en France, pour, de là,
se diffuser en cercles vibratoires à travers le monde
civilisé. En Angleterre, cette évolution de la théorie économique revêtit surtout la forme d'une critique individuelle des doctrines dominantes, fondée sur une meilleure analyse des faits et des idées. En France, elle s'im-
prégnait d'un puissant sentiment social, devenait le
credo d'un parti, l'âme des protestations contre les
institutions, et la formule pressante de la réforme pratique.

Sous l'aspect théorique, les lignes caractéristiques de
la direction nouvelle sont les suivantes : La conception

chère tout au moins aux mercantilistes intransigeants, à savoir que la richesse nationale se mesure à la quantité accumulée de métaux précieux est reconnue fausse. Les produits de la nature et du travail de l'homme en sont proclamés les sources réelles. L'estimation exagérée de l'importance du commerce étranger s'atténue, et l'attention se tourne, encore une fois, vers l'agriculture et les conditions du succès de son exploitation. Du côté de la politique pratique, la soi-disant balance du commerce favorable n'est plus considérée comme le véritable objectif d'une nation ou de la politique des hommes d'État. Maintenant, on procurera à toute la population, dans la plus large mesure, les jouissances nécessaires et le confortable de l'existence. Et puis — ce qui met mieux en contraste le nouveau système avec l'ancien — l'appareil perfectionné des prohibitions, des droits protecteurs, des primes, des monopoles, des corporations privilégiées, que les Gouvernements européens avaient créé dans l'intérêt supposé des manufactures et du commerce, est désavoué ou déprécié : c'est une gêne plutôt qu'un secours, et la liberté industrielle s'instaure parce que nécessaire. Cet ordre d'idées ne parvint à émerger que par degrés. Les précurseurs de la science économique ne le saisissent, en général, qu'imparfaitement, et ne l'invoquent qu'avec réserve. Mais il croît vigoureusement, gagne de plus en plus la faveur des penseurs, et rallie un parti grossissant d'adhérents dans le public intelligent.

Quelques rares linéaments du plan économique en harmonie avec ces nouvelles tendances se voient dans le *De Cive* et le *Leviathan* de Hobbes. Mais les services efficaces de ce grand penseur proviennent plutôt du champ de la philosophie générale. En systématisant, au début, l'ensemble de la doctrine négative, il donna une puissante impulsion à la démolition de l'ordre existant. Cette révolution était destinée, comme nous le verrons, à avoir des résultats importants dans le département économique non moins qu'en politique proprement dite.

Un écrivain de moindre rang, mais de grande sagacité et de bon sens, sir William Petty, est l'auteur d'un certain nombre de travaux qui contiennent en germes toute une doctrine économique. Une des pensées maîtresses de son œuvre est celle-ci : « Le travail est le père et le principe actif de la richesse ; la terre en est la mère ». Il divise la population en deux classes : les producteurs et les non-producteurs, selon que l'on est, ou non, occupé à produire des objets matériels utiles. La valeur d'une chose utile dépend, dit-il, en devançant Ricardo, de la quantité de travail nécessaire à la produire. Il désire qu'on admette une unité universelle de la valeur ; et il adopte pour cette unité la valeur moyenne du moindre entretien journalier d'un homme. Il soutient que la nature de la rente des terres est l'excès du prix du produit sur le coût de la production. Il désapprouve le penchant de l'Autorité à fixer un taux maximum d'intérêt ; et il s'oppose généralement à l'intervention gouvernementale en matière d'industrie. Il voit qu'une contrée exige pour ses échanges une quantité définie d'argent ; qu'elle en peut posséder beaucoup trop ; et il condamne la prohibition de son exportation. Il veut qu'un seul des métaux précieux serve d'étalon ; l'autre circulera comme marchandise ordinaire. Le nom de Petty est spécialement associé au progrès de la Statistique dont il s'est fort préoccupé, et qu'il désigne sous le nom d'Arithmétique politique. Prenant comme relais les résultats de quelques recherches, il s'élève énergiquement contre l'opinion soutenue par l'auteur de *Britannia Languens* (1680), de Fortrey, de Roger Coke, et d'autres, écrivant que la prospérité de l'Angleterre était à son déclin.

Une affirmation la plus extrême et la plus enthousiaste de la doctrine du libre-échange s'en prit au système des prohibitions. Elle avait gagné sa force sous la Révolution, et se lit dans Sir Dudley North : *Discourses upon Trade,* 1691. Cet auteur montre que la richesse existe indépendamment de l'or et de l'argent. Sa source est dans l'industrie humaine, appliquée soit à la culture du sol, soit à la manufacture. Toutefois, les métaux précieux sont un élément de richesse nationale, et remplissent de très importantes fonctions. Le numéraire existe aussi bien en excès qu'en défaut dans un pays. La quantité qu'en requiert le trafic varie avec les circonstances. Son efflux et son afflux se régularisent spontanément. C'est une méprise de supposer que la stagnation du commerce provient du manque de numéraire. Elle provient plutôt du regorgement du marché intérieur, d'une perturbation dans le commerce étranger, ou d'une réduction de la consommation due à la pauvreté. L'exportation de l'argent par raison commerciale, loin de réduire, augmente la richesse nationale, car le commerce n'est qu'un échange de produits superflus. Économiquement, les nations sont dans la dépendance du monde exactement de la même manière que les cités le sont de l'État; ou les familles, de la cité. North appuie plus que ses prédécesseurs sur l'utilité du commerce intérieur. En ce qui touche l'intérêt du capital, il maintient que son taux dépend, comme le prix de toute commodité, du rapport de la demande à l'offre ; que son fléchissement résulte de l'accroissement relatif du capital. On ne saurait le fixer par des règlements arbitraires, contrairement à ce qu'ont avancé Child et d'autres. Discutant la question du commerce libre, il argue que les individus prennent souvent leurs intérêts privés pour mesure du bien et du mal, et qu'ils cherchent volontiers à enlever aux autres leur droit égal d'achat et de vente. Puis, chaque avantage accordé à une branche du commerce sur une autre l'est au détriment de l'intérêt public. Il n'est pas de commerce inutile au public; s'il en était, il disparaîtrait. Quand les affaires marchent, le public en profite pour une part. Les prix s'établissent d'eux-mêmes et ne sauraient être fixés par la loi. Toute intervention de la force à cet égard met un mal à la place d'un bien. Un peuple s'enrichit — non point par des règlements d'État — mais seulement par la paix, l'industrie, la liberté et l'activité économique sans entrave. On verra comment finalement les vues de North se rapprochent du système dont, quatre-vingts ans plus tard, Adam Smith vivifie son grand ouvrage (1).

Locke est, selon Roscher, un adjoint de Petty et de North dans le « triumvirat » des économistes éminents de la Grande-Bretagne qui, en cette période, fondèrent une doctrine nouvelle plus rationnelle que celle des mercantilistes. Mais cette proposition ne semble acceptable qu'avec beaucoup de réserves. Les écrits spéciaux de Locke sur l'Économique sont : *Considerations of the lowering of Interest and raising the value of Money*, 1691, et *Further Considerations*, 1695. Quoique Leibnitz ait déclaré, en parlant de ces traités, que rien de plus solide, rien de plus intelligent n'avait été dit à ce sujet, une difficulté s'oppose à l'adoption absolue de ce verdict. Locke, par son esprit d'observation sobre et de patiente analyse, tire bien quelques justes conclusions. On lui tient compte d'avoir énergiquement résisté à l'avilissement du cours des monnaies, alors préconisé par certains hommes qui passaient pour d'éminentes autorités

---

(1) Cependant M. Eugène Daire affirme (*Œuvres de Turgot*, I, 322), que « Hume et Tucker sont les deux premiers écrivains qui se soient élevés, en Angleterre, au-dessus des théories du système mercantile ».

pratiques. Mais il verse dans des erreurs qui montrent combien peu il s'était débarrassé, sur divers sujets, des idées du système mercantile. Il attache beaucoup trop d'importance au rôle intrinsèque du numéraire. Il dit expressément que la richesse consiste dans l'abondance en or et en argent ; abondance qu'il voit dans la possession de ces métaux sous une densité plus forte ici que dans le reste du monde ou que chez les voisins. « Dans un pays privé de mines, il n'y a que deux moyens de s'enrichir : la conquête ou le commerce. » Aussi accepte-t-il la doctrine de la balance du commerce. Il montre que le taux de l'intérêt n'est pas davantage susceptible d'être arrêté par la loi, que le loyer des maisons, ou le louage des bateaux ; il combat le recours de Child sur l'intervention législative en pareil cas. Mais il commet une erreur en attribuant la baisse du taux, alors générale en Europe, à l'augmentation de la quantité d'or et d'argent due à la découverte des mines américaines. Il attache une valeur trop absolue à une population nombreuse. Sur ce point, il se rencontre avec Petty. Quant aux gages, il observe que le montant doit en être tel qu'il couvre les frais indispensables du travailleur. Si le prix des subsistances croît, les gages croîtront dans le même rapport, ou bien la population laborieuse s'acheminera à la pauvreté. La baisse des fermages est pour lui un signe certain du déclin de la richesse nationale. « Les impôts, sous toute forme, d'où qu'on les prélève immédiatement, retombent là où l'existence est surtout agricole, pour la plus grande part, sur la terre ». Dans cette dernière proposition, nous voyons l'ombre avant-courrière de l'*impôt unique* des physiocrates. Quels que puissent être ses services économiques, Locke, comme Hobbes, a établi son haut renom sur les principes généraux de philosophie et de politique qui affectèrent si puissamment d'abord la pensée française, puis l'Europe, excitèrent l'esprit d'opposition au pouvoir arbitraire et posèrent les fondements de la doctrine que développa le *Contrat Social* (1).

(1) Les écrivains anglais secondaires qui suivirent la nouvelle
direction économique sont : Lewis Roberts, *Treasure of Traffick*,
1641 ; Rice Vaughan, *Discourse of Coin and Coinage*, 1675 ; Nicholas
Barbon, *Discourse concerning Coining the new Money lighter*, 1696,
où l'on relève quelques erreurs de Locke ; puis c'est l'auteur d'un
livre anonyme intitulé *Considerations on the East India Trade*, 1701.
Des questions pratiques fort débattues en ce temps furent celles qui
concernaient la banque. A cette controverse soutenue prirent part :
S. Lamb, W. Potter, F. Cradocke, M. Lewis, M. Godfrey, R. Murrey,
H. Chamberlen et W. Paterson, fondateur de la Banque d'Angleterre
(1694), qui publièrent bien des brochures à ce sujet. L'administration
des pauvres fut traitée par Locke, sir Mathew Hale, R. Haines, T.
Firmin, et d'autres.

CHAPITRE V

Troisième Phase moderne.

LE SYSTÈME DE LIBERTÉ NATURELLE

Les changements introduits, durant la troisième phase, dans l'organisation intime du monde industriel furent : 1°, la séparation plus complète de la banque d'avec le commerce général : elle étend l'importance de ses opérations, en particulier par le système du crédit public ; 2°, l'ample application des machines à la production. Mais celle-ci ne prédomine pas encore vraiment durant la première moitié du dix-huitième siècle. Tandis qu'elle tend à élever la dignité des classes laborieuses, en les affranchissant des travaux dégradants et en relevant les formes du travail physique, elle ouvre un gouffre entre elles et les employeurs capitalistes. Aussi voit-on que, pour constituer définitivement l'industrie, une réforme morale est la condition préliminaire nécessaire.

Quant aux rapports de la politique avec l'industrie, une remarquable inversion se manifeste alors. L'encouragement systématique que les Gouvernements européens avaient donné à l'industrie, dans la phase précédente, avait un but ; ils désiraient s'en servir comme d'un instrument d'édification de leur supériorité militaire, principal objet de leur politique. Maintenant, au contraire, l'esprit militaire se subordonne à l'esprit industriel. Les armées et la diplomatie des Gouvernements se mettent au service du commerce. Les guerres qui occupèrent une grande partie du dix-huitième siècle furent essentiellement des guerres commerciales. Elles surgirent du besoin qu'on eut de soutenir et d'étendre les établissements coloniaux fondés dans la phase précédente, ou d'enlever aux nations rivales les avantages industriels liés à la possession de tels établissements. Ce changement d'attitude, malgré sa déplorable tendance à nourrir des inimitiés et des jalousies internationales, marquait un réel et important progrès : il assignait à l'activité industrielle la seule destination pratique permanente des sociétés modernes.

Mais, tandis que le jeu des activités poursuivait la suprématie des forces nouvelles, les puissances dominantes, l'Angleterre et la France, prenaient alarme. Elles appréhendaient les tendances subversives qui se montraient inhérentes au mouvement moderne, et adoptaient, en politique intérieure, une attitude de résistance. La Réaction triomphe en France, durant la dernière moitié du règne de Louis XIV, sous la désastreuse influence de Madame de Maintenon. En Angleterre, après la transaction de 1688 qui rétablit le Gouvernement sur la double base du pouvoir aristocratique et de l'orthodoxie officielle, la politique d'État se fait plutôt stationnaire que rétrograde. La conquête industrielle s'y développe pour donner satisfaction à la classe moyenne, et la sevrer des aspirations vers une rénovation sociale. Dans ces deux pays, il y eut, pendant quelque temps, une notable dépression de culture intellectuelle. Roscher et d'autres ont observé que, dans les études économiques en particulier, les trois premières décades du dix-huitième siècle furent une période de stagnation générale. L'éclectisme, pour

la plus grande part, remplaçait l'originalité. Le mouvement, cependant, reprit vite ; mais avec un autre et un
plus formidable caractère. La doctrine négative, qui avait
pris naissance et forme définitive en Angleterre, se diffu-
sait et se popularisait en France. Là, il devient évident,
même avant l'explosion décisive, que la seule issue possible était dans une transformation sociale radicale. Les
écoles partielles de Voltaire et de Rousseau, chacune à sa
manière, préparent une crise violente, tout en se préoc-
cupant peu de déterminer un système propre à remplacer
l'ancien. Mais une école plus complète et plus organique,
dont Diderot est le meilleur représentant, voyait dans la
liberté la condition de la réorganisation. Son aptitude
constructive se lit dans le projet de l'*Encyclopédie* — programme qui, cependant, ne comportait qu'un succès temporaire, parce qu'aucune synthèse réelle n'en sortait — et
cette collaboration d'esprits souvent divergents ne possédait rien de plus qu'une unité globale. Ce fut avec cette
grande école que les physiocrates furent spécialement liés.
D'accord avec leurs confrères, tout en poussant à un
entier changement du système existant, ils eussent volontiers évité la démolition politique et utilisé la dictature
royale, ou ne l'eussent regardée que comme la condition nécessaire d'un nouveau et d'un meilleur ordre de
choses. Mais, quoique distingués, par de telles tendances,
des sectes purement révolutionnaires, leur méthode et
leurs idées fondamentales étaient négatives. Elles se
maintenaient essentiellement sur la base du *jus naturæ*.
Nous suivrons en détail cette crise française, spécialement
dans ses rapports avec la science économique ; puis nous
noterons, dans les autres contrées européennes, les mouvements correspondants qui se révélèrent avant l'apparition d'Adam Smith, ou qui, tout au moins, ne furent
pas affectés par son influence.

AVANT ADAM SMITH

France.

Les principes plus libéraux, et aussi plus rationnels émis par les penseurs anglais du nouveau type, commencèrent, au début du dix-huitième siècle, à trouver écho en France. Là, les plus claires et les plus vigoureuses intelligences étaient préparées à les recevoir; car elles compatissaient aux grands maux qu'un mercantilisme exagéré, au service de l'ambition politique, produisait dans ce pays. La condition miséreuse de la population agricole, le poids oppressif et mal réparti des impôts, et le mauvais état des finances publiques avaient engendré un sentiment général d'inquiétude qui portait quelques écrivains distingués à protester vigoureusement contre la politique de Colbert et à demander une complète réforme.

Le plus important d'entre eux fut Pierre de Boisguillebert, mort en 1714, dont toute la vie fut consacrée à ces controverses. Dans ses écrits statistiques (*Détail de la France sous le règne présent*, 1697 ; *Factum de la France*, 1707), il peint en sombres couleurs l'obscure période du règne de Louis XIV. Dans ses ouvrages théoriques (*Traité de la nature et du commerce des grains ; Dissertations sur la nature des richesses de l'argent et des tributs ;* et *Essai sur la rareté de l'argent*), il apparaît comme un antagoniste ardent, souvent passionné, de l'école mercantile. Il insiste à plusieurs reprises sur ce fait que la richesse nationale ne consiste pas dans l'or et dans l'argent, mais dans les choses utiles, et surtout dans les produits agricoles. Il va si loin qu'il déclare « l'argent criminel » : d'esclave du commerce, l'argent en est devenu le tyran. Il place son « compatriote français Sully » bien au-dessus de « l'italianisant Colbert » et condamne tous les règlements arbitraires qui régissent le commerce tant extérieur qu'intérieur, surtout en ce qui touche le commerce des blés. La richesse nationale est indépendante des Gouvernements, dont l'intervention fait plus de mal que de bien. Les lois naturelles de l'ordre économique ne peuvent être violées ou négligées avec impunité. Les intérêts de toutes les classes sociales, sous un système de liberté, sont identiques ; et ceux des individus coïncident avec ceux de l'État. Une pareille solidarité existe entre les différentes nations : en leurs trafics économiques, ils dépendent du monde ; comme les individualités urbaines, d'une nation. Non seulement l'abondance, mais la paix et l'harmonie résultent de leur commerce sans entrave. Boisguillebert divise les hommes en deux classes — ceux qui ne font rien et jouissent de tout ; ceux qui travaillent du matin au soir, sans gagner souvent leur simple subsistance. Ceux-ci, il les veut favoriser par tous les moyens. Nous y trouvons ce souffle de sympathie populaire qui emplit l'atmosphère sociale du dix-huitième siècle. Il insiste avec une éloquence particulière sur les réclamations de l'agriculture, alors tombée, en France, en une désuétude imméritée ; et il fait appel, pour l'améliorer, à une réforme des impôts. Il voudrait remplacer les impôts indirects par une taxe sur le revenu, et rétablir le payement en nature des impôts, afin d'assurer l'égalité des charges et d'éliminer tout élément d'arbitraire. Il émet quelques vues intéressantes, d'une portée générale. Ainsi, il possède une conception à peu près correcte du fermage agricole. Il tente de classer ainsi les besoins humains : le nécessaire, l'utile, le confort, le superflu, le luxe. Ces besoins apparaissent dans cet ordre ; et l'on cesse, dans l'ordre inverse, à les ressentir, quand la richesse décroît. Le ton dédaigneux avec lequel Voltaire parle de Boisguillebert (*Siècle de Louis XIV* ; ch. 30) n'est certes point justifié. Grand était son talent d'économiste et ses écrits contiennent des ger-

mes précieux de vérité. Mais il parait n'avoir exercé que
peu d'influence, théorique ou pratique, sur son temps.

A la même lignée intellectuelle appartient le Maréchal
de Vauban (1633-1707) pour ses traités économiques : en
particulier pour son ouvrage intitulé *Projet d'une dixme
Royale,* 1707, qui fut supprimé par l'Autorité, le priva de
la faveur de son souverain, mais ajouta un lustre à son
nom au regard de la postérité. Vauban est profondément
ému de la condition lamentable des classes laborieuses de
la France de son temps. Il remontre que le but du Gouvernement est de veiller à la prospérité de tous les ordres
de la communauté; que chacun d'eux mérite égale faveur
et protection ; que souvent méprisée et lésée, la classe
inférieure est la base de l'organisation sociale ; que le
travail est le fondement de toute richesse, et l'agriculture
la forme la plus importante du travail ; que la condition
la plus essentielle du succès industriel est la liberté ; et
que toute entrave inutile ou excessive aux manufactures et au commerce, est à rejeter. Il proteste, en
particulier, contre les inégalités des impôts et contre les
exemptions et privilèges dont jouissent les rangs élevés.
A l'exception de quelques droits de consommation, il
voudrait abolir tous les impôts existants, et leur substituer un impôt unique sur le revenu et la terre, réparti
avec impartialité sur toutes les classes. Il le nomme la
« Dixme Royale », ce qui signifie le dixième, en nature,
de tous les produits agricoles, et le dixième du revenu
en argent des manufacturiers et des commerçants (1).

L'esprit libéral et humain de Fénelon le portait à
tendre à la liberté du commerce extérieur, et à prêcher
cette doctrine. La vraie supériorité d'un État sur un
autre résulte bien du nombre de ses sujets, mais aussi
de leur moralité, de leur intelligence et de leurs habi-

(1) Une traduction anglaise de la *Dixme Royale* fut publiée en 1708.

tudes industrieuses. Le *Télémaque*, qui présente ces considérations sous une forme attrayante, fut bien accueilli et lu dans tous les rangs et toutes les classes, et devint ainsi un organe efficace de la propagande de ces idées.

Après ces écrivains, il est des pages blanches dans le livre de la pensée économique française. Ne s'y intercalent que les *Reflexions Politiques sur les Finances et le Commerce* (1728) de Dutot, élève de Law, et les semi-mercantilistes *Essais Politiques sur le Commerce* (1731) de Mélon, jusqu'à ce que nous rencontrions le grand nom de Montesquieu. L'*Esprit des Lois*, du moins en ce qui touche les sujets économiques, est écrit d'un point de vue d'ensemble contraire au système mercantile, surtout en ce qui a trait à l'argent. Dans ses observations sur les colonies et ailleurs, il revient aux idées de ce système. L'immortel service de Montesquieu n'est cependant point d'avoir trouvé quelque résultat spécial, mais bien d'avoir mis en relief la doctrine des lois naturelles qui régissent les phénomènes sociaux non moins que le monde physique Il n'est plus, en France, avant l'apparition des physiocrates, d'autre penseur économiste d'importance qui fasse époque dans l'histoire de la science.

Les chefs de l'école physiocratique sont François Quesnay (1694-1774) et Jean Claude Marie Vincent, sieur de Gournay (1712-1759). Les principes de l'école furent émis en 1755 (*Essai sur la nature du Commerce en général*), par Richard Cantillon, marchand français, d'origine irlandaise, dont la biographie a été retracée (1 par Jevons, qui le regarde comme le vrai fondateur de l'économie politique. Mais ce fut entre les mains de Quesnay et de

---

(1) *Richard Cantillon and the Nationality of Political Economy*, dans la *Contemporary Review*, Jan. 1881. Cantillon est cité dans *Wealth of Nations*, Liv. I, ch. 8.

Gournay (1) qu'ils acquirent leur forme systématique et devinrent le *credo* d'un groupe défini de penseurs et de praticiens, résolus à les mettre en action. Les membres de ce groupe s'appelaient eux-mêmes « économistes » ; mais il vaut mieux, en raison de l'ambiguïté, les désigner sous le nom de « physiocrates » inventé par Dupont de Nemours, qui en faisait partie. Ce nom, qui eut à exprimer l'idée principale de l'école, implique beaucoup plus que l'assujettissement des phénomènes du monde social, et en particulier de l'Economique, à des relations de coexistence et de succession. Il fait la part doctrinale de positivité qui git au fond de toute science réelle. Mais la loi naturelle donnée en titre à la secte signifiait quelque chose de tout différent. Le dogme théologique, pour qui tous les mouvements de l'univers sont dirigés par une sagesse et une bonté divine, afin de produire la plus grande somme possible de bonheur, se transforma entre les mains des métaphysiciens, en la notion d'un *jus naturæ* : code harmonieux et bienfaisant, établi par l'entité chère à ces penseurs, la Nature, qui préside aux institutions humaines et fournit le modèle auquel il convient de se conformer. Cette conception, dont Buckle attribue l'invention à Hutcheson, provint, par l'intermédiaire du droit romain, des spéculations grecques (2). Défendue par l'école négative moderne, de Hobbes à Rousseau, elle constituait une arme puissante pour livrer l'assaut à l'ordre social existant, contre lequel l'ordre naturel, perpétuellement mis en contraste, offrait le type de perfection dont on s'était déplorablement écarté. La théorie reçut des applications différentes correspondant à la

(1) Gournay recommandait vivement à ses amis le livre de Cantillon, comme un « ouvrage excellent qu'on négligeait ». *Mémoires de Morellet.* I 38.

(2) Voir Cliffe Leslie : *Essays in Political and Moral Philosophy*, p. 181.

diversité des esprits et des circonstances. Les uns la dirigèrent contre les mœurs artificielles du temps; d'autres,
contre les institutions politiques contemporaines. Les
physiocrates l'employèrent à critiquer les pratiques économiques des gouvernements européens.

La doctrine politique générale est la suivante : La
société se compose d'individus ayant tous mêmes droits
naturels. Si tous n'ont pas (ainsi qu'un certain nombre
de membres de l'école négative le reconnaissent) des
capacités égales, chacun, du moins, comprend mieux
ses intérêts propres et se trouve naturellement enclin à
les suivre. L'union sociale est, en réalité, un contrat
entre ces individus. Il a pour objet de limiter la liberté
naturelle de chacun là où elle devient incompatible avec
les droits d'autrui. Le Gouvernement est certes nécessaire ; mais il est un mal nécessaire. Le pouvoir gouvernemental appelé et consenti doit borner son intervention à ce que requiert strictement l'exécution du contrat.
En matière économique, ce contrat implique le droit
des individus aux jouissances naturelles qu'il peut acquérir par son travail. Par conséquent, le travail ne doit
subir ni trouble ni entrave; ses fruits seront garantis à
leur possesseur : autrement dit, la propriété est sacrée.
Chaque citoyen est autorisé à développer tout son travail; par suite, la liberté des échanges est assurée ; la
concurrence du marché, maintenue sans restriction,
monopole ou privilège.

Les physiocrates, dès lors, entendent comme suit
l'analyse économique. Les seuls travaux « productifs »
sont ceux qui ajoutent à la quantité de matières premières
utiles aux besoins de l'homme. Le véritable accroissement annuel de la richesse de la communauté consiste
dans l'excès de la valeur des produits agricoles (y compris les minéraux) sur le coût de leur production. De la
somme de ce « produit net » dépend le bien-être de la

communauté, et la condition de son avancement en civilisation. Les manufacturiers ne font que donner une forme nouvelle aux matériaux tirés de la terre : la plus-value de l'objet qui a passé par leurs mains ne représente que la quantité de provisions et autres matériaux usés et consommés par le façonnage. Le commerce ne fait rien de plus que de transférer la richesse, déjà existante, d'une main dans une autre. Ce que les classes qui s'y livrent gagnent est acquis aux dépens de la nation ; et il est à souhaiter que ce lot soit aussi faible que possible. Les occupations du manufacturier et du marchand, de même que les professions libérales et tous genres de services personnels, sont, à la vérité, « utiles » ; mais ils sont « stériles », car ils drainent à leur profit, non sur quelque bien de leur création propre, mais sur le superflu enlevé à l'agriculteur. La liberté commerciale parfaite n'a point pour unique fondement le droit naturel ; elle se recommande encore en ce qu'elle assure au « produit net », dont toute richesse et le progrès général dépendent, le plus haut taux possible. « Laissez faire, laissez passer » devrait devenir la devise des Gouvernements. Le revenu de l'État, à asseoir entièrement sur ce produit net, sera prélevé par la voie la plus directe et la plus simple — c'est-à-dire par un impôt unique sous forme de taxe foncière.

La doctrine spéciale concernant la productivité exclusive de l'agriculture naquit de la confusion entre, d'une part, la « valeur », et, d'autre part, « les matériaux et l'énergie ». Smith et d'autres ont montré que l'idée d'attacher le caractère de « stérilité » à la manufacture et au commerce repose sur une erreur. Et le projet d'un *impôt territorial* unique tombe à terre avec la doctrine qui le soutenait. Mais l'influence de l'école dépendait peu, si elle en dépendait, de ces opinions particulières, qu'à la vérité quelques-uns de ses membres n'admettaient point.

L'efficacité de telles théories fut toute destructive. Ce résultat continuait, sous une forme plus systématique, les efforts en faveur de la liberté industrielle qu'avaient déjà inaugurés l'Angleterre et la France. L'office historique essentiel des physiocrates fut de discréditer radicalement les méthodes admises par les Gouvernements européens dans leurs rapports avec l'industrie. Quant à leurs critiques, elles étaient vraiment bien placées. La politique de Colbert, qui ne pouvait être que temporairement utile, avait été abusivement étendue et intensifiée. L'action gouvernementale s'était immiscée dans les détails les plus minutieux, et chaque pas de la manufacture et du commerce était embarrassé d'entraves législatives. On devait s'attendre à ce que les réformateurs, avec l'esprit de la philosophie négative, exagèreraient les vices du régime établi. Ils maintenaient une réprobation trop absolue envers l'intervention économique de l'État, soit en principe, soit dans ses manifestations historiques. Ils poussaient la doctrine du « laisser faire » au-delà de ses justes limites. C'était là un épisode nécessaire de leurs rapports avec le mouvement révolutionnaire dont ils formaient en réalité une des ailes. Au cours de ce mouvement, le contrat primitif, la souveraineté du peuple et autres dogmes devenus maintenant insoutenables, étaient habituellement invoqués en matière politique et ils avaient une utilité transitoire. C'étaient des instruments de guerre, tout prêts et efficaces. Ainsi, dans la sphère économique, la doctrine des droits naturels d'achat et de vente, de la suffisance de l'intérêt personnel éclairé pour diriger les transactions réciproques, de l'évidence que chaque membre de la société comprend et suit ses vrais intérêts, de la coïncidence de ces intérêts avec la prospérité publique, bien que ne supportant point un examen impartial, fut temporairement utile : elle constituait une arme efficace pour renverser l'ordre établi. Le vœu de l'école était, indubitablement, de consacrer l'esprit d'individualisme et l'état de non-gouvernement. Mais cette tendance qui doit être justement condamnée avec sévérité chez les économistes de notre temps était alors excusable, parce qu'inévitable. Car, tandis qu'elle arrête maintenant le travail de reconstruction, pour nous à l'ordre du jour, elle aidait alors à poursuivre la démolition sociale, condition nécessaire, quoique déplorable, d'une organisation nouvelle.

Ces conclusions sur les aspirations révolutionnaires de l'école ne sont pas du tout viciées du fait que la forme de gouvernement préférée par Quesnay et quelques-uns de ses principaux successeurs était ce qu'ils appelaient le despotisme légal qui devait tout à la fois embrasser les fonctions législative et exécutive. La raison de cette préférence était qu'un pouvoir central éclairé instaurerait plus promptement et plus efficacement leur politique qu'une assemblée qui représente des opinions divergentes et que gênent les guides et les brides d'une constitution. Turgot, nous le savons, utilisa le pouvoir absolu de la Couronne pour mettre en œuvre quelques-unes de ses mesures de libération industrielle, tout en échouant finalement, faute d'être suffisamment soutenu par le caractère débile de Louis XVI. Mais la théorie physiocratique du mode normal de gouvernement ressort de l'avis de Quesnay au dauphin. Quand celui-ci sera roi, il devra « ne rien faire, mais laisser agir les lois » : ces lois ayant été, tout d'abord, rendues conformes au *jus naturæ*. La prédilection de l'École pour l'agriculture s'harmonisait à cet amour de « la nature » et de la simplicité primitive qui, alors, se manifestait sous maintes formes en France et s'alliait à l'esprit révolutionnaire dont Rousseau était le plus éloquent interprète. Elle s'associait aussi, chez les écrivains, à une juste indignation envers la condition lamentable où les travailleurs ruraux de France croupissaient par la scandaleuse incurie des premiers ordres de la société : condition dont la terrifiante peinture de La Bruyère est un indestructible souvenir. Les membres du groupe physiocratique furent indubitablement des hommes d'une rectitude parfaite. Ils voulaient, sincèrement, le bien public et, particulièrement, le relèvement matériel et moral des classes laborieuses. Quesnay était médecin de Louis XV, et résidait au palais de Versailles. Au milieu de cette cour corrompue, il demeura intègre et dit, avec une mâle franchise, ce qu'il crut être la vérité. Et jamais homme d'État ne se dévoua avec plus de simplicité, de résolution, de zèle et d'ardeur au service de son pays que Turgot qui fut, en pratique, le principal représentant de l'École.

Les publications où Quesnay expose son système sont les suivants : (1) — Deux articles, sur les « Fermiers » et sur les « Grains », dans l'*Encyclopédie* de Diderot et d'Alembert (1756-1757) ; un discours sur la loi naturelle, dans la *Physiocratie* de Dupont de Nemours (1768) ; *Maximes générales de gouvernement économique* d'un royaume agricole (1758) et (publié simultanément), le *Tableau Économique avec son explication, ou Extrait des Économies Royales de Sully* (avec le célèbre aphorisme : « pauvres paysans, pauvre royaume ; pauvre royaume, pauvre roi ») ; *Dialogue sur le Commerce et les travaux des artisans* ; et autres opuscules. Le *Tableau Économique*, malgré sa sécheresse et sa forme abstraite qui lui valurent un accueil général froid, sera considéré comme le principal manifeste de l'école. Les successeurs de Quesnay le jugèrent digne d'une place parmi les chefs-d'œuvre de la sagesse humaine. Le premier Mirabeau, dans un passage cité par Adam Smith (2), le nomme

(1) Une édition complète des *Œuvres économiques et philosophiques* de Quesnay a été publiée par Oncken, en 1888.

(2) *Wealth of Nations*, liv. IV ; ch. 0.

l'un des trois grands facteurs qui ont le plus contribué à stabiliser les sociétés politiques : les deux autres
étant l'écriture et l'argent. Son but était de montrer, par
certaines formules, comment les produits agricoles,
sources de toute richesse, se répartissent, sous un régime
de parfaite liberté, entre les diverses classes de la communauté , particulièrement, les classes productives des
propriétaires fonciers et des cultivateurs, et la classe
improductive, composée des manufacturiers et des marchands Par d'autres formules, il donnait les modes de
répartition sous le régime gouvernemental de la réglementation et de la contrainte, et n'omettait point les
maux qui résultent, à divers degrés, pour toute la société,
de telles violations de l'ordre naturel. Il ressort des théories de Quesnay que le seul objet digne de la sollicitude
de l'économiste pratique et de l'homme d'État est d'accroître le produit net. De plus, elles font penser à ce que
Smith, plus tard, va tenter d'établir, à savoir que l'intérêt du propriétaire foncier est « strictement et inséparablement lié à l'intérêt général de la société (1) ».

Gournay, nous l'avons vu, a été regardé comme un
des fondateurs de l'École. Il paraît même avoir exercé
quelqu'influence sur la formation des opinions de Quesnay. A l'exception des traductions de Culpeper et de
Child (2), Gournay n'écrivit que des mémoires adressés
aux ministres : ils n'ont jamais vu le jour. Mais, nous
trouverons une pleine exposition de ses idées dans
l'*Éloge*, consacré à sa mémoire par son illustre ami,
Turgot. Tandis que Quesnay passe sa jeunesse au milieu
des scènes rurales, et se familiarise de bonne heure avec
les travaux des champs, Gournay est élevé en bourgeois

(1) *Wealth of Nations*, liv. I ; ch. II.
(2) Gournay s'inspire, sans doute, beaucoup des Anglais. « Il avait
lu, dit Morellet, de bons livres Anglais d'Économie politique, tels
que Petty, Davenant, Gee, Child, etc. » — *Mémoires*, I. 38.

et passe du comptoir marchand au bureau d'un intendant du commerce. C'est ainsi qu'ils abordent l'étude
de l'économie politique en arrivant d'horizons différents.
Et cette diversité d'antécédents explique une partie des
divergences entre leurs opinions. Gournay corrige la
rigueur du système de Quesnay : il le rapproche de la
vérité. Il a rejeté ce que Smith appelle son « erreur
capitale », c'est-à-dire la doctrine de l'improductivité
des manufactures et du commerce. Il dirigeait ses efforts
à affirmer et soutenir le principe de la liberté industrielle. Ce sera lui qui en formulera le principe dans la
phrase, depuis lors si souvent citée en bonne et mauvaise part : « Laissez faire et laissez passer ».

Un des premiers et des plus complets adhérents de
l'École physiocratique, un ardent et constant propaga-
teur de ses doctrines, fut Victor Mirabeau. Sincère et
indépendant, bien que souvent pervers et fantasque, son
caractère est familier aux lecteurs anglais de l'Essai de
Carlyle sur son plus célèbre fils. Il exprime quelques
idées physiocratiques avant Quesnay, qu'il reconnaît
cependant pour père spirituel et dont il adopte bien
des opinions. La principale divergence qui existe entre
eux est qu'il est favorable à la *petite culture* et ennemi
de la *grande* que Quesnay préfère : non pas que cette
dernière donnerait un plus grand produit brut, mais un
plus grand produit net. Les principaux écrits de Mirabeau sont : *l'Ami des hommes, ou Traité sur la population*
(1756-1760), *Théorie de l'impôt* (1760), *Les Économiques*
(1769), et *Philosophie rurale, ou Économie générale et
politique de l'Agriculture* (1763). Ce dernier est le premier
exposé complet du système physiocratique. Un autre
zélé persévérant apôtre de ce système fut Dupont de
Nemours (1739-1817), connu par ses traités *De l'exportation et de l'importation des grains* (1764), *De l'origine et des progrès d'une science nouvelle* (1767), *Du*

Commerce de la Compagnie des Indes (1767), et, en particulier, par son meilleur ouvrage *Physiocratie, ou Constitution naturelle du gouvernement le plus avantageux du
genre humain* (1768). Le titre de cet ouvrage, nous l'avons
déjà dit, donna son nom à l'École. Une autre exposition
en forme du système, qu'Adam Smith déclare être « la
plus claire et la mieux coordonnée » sur ce sujet, est
celle de Mercier Larivière. Elle porte le titre de *L'Ordre
naturel et essentiel des sociétés politiques* (1767), qui est
intéressant, puisqu'il donne corps à l'idée du *jus naturæ*.
Avec Dupont de Nemours, Larivière prétend étudier les
communautés humaines, non seulement sous le rapport
de l'existence économique, mais aussi sous leurs aspects
généraux, politique et social. Mais, malgré ces prétentions exagérées, leur examen se restreint habituellement à la sphère économique. Du moins, les considérations matérielles ont une prépondérance décisive
sur leurs recherches, ainsi que l'avoue naïvement Larivière quand il dit : « Propriété, sécurité, liberté — voilà
tout l'ordre social : le droit de propriété est l'arbre dont
les institutions sociales sont les branches ».

Le membre le plus éminent du groupe fut, sans conteste, Anne-Robert-Jacques Turgot (1727-1781). Ce n'est,
ici, le lieu de parler ni de sa noble activité pratique,
d'abord comme intendant de Limoges, puis, durant le
temps court de son ministère aux finances ; ni des circonstances qui amenèrent sa retraite, et, conséquemment, rendirent vain son dévouement au salut de la
France. Ses opinions économiques sont exprimées dans
les motifs de ses édits et ordonnances, dans ses lettres et
dans ses écrits occasionnels ; mais, surtout, dans ses
Réflexions sur la formation et la distribution des richesses
(1766). Il y condense un exposé éminemment clair et
attrayant des principes fondamentaux de l'économie
politique, tels que les entendaient les physiocrates. Il incor-

pore, il est vrai, les erreurs non moins que les doctrines saines de cette école. Néanmoins quelques sujets, en particulier les diverses formes de l'économie agricole, les modes d'emploi des capitaux et la légitimité de l'intérêt sont exposés d'une manière générale aussi juste que frappante. La façon de présenter ces idées et leur lumineuse coordination appartiennent en propre à Turgot. Ce traité qui renferme un lot surprenant d'idées relativement à son développement conservera toujours une place parmi les classiques de la science.

L'école physiocratique ne parvint pas à obtenir quelqu'influence populaire directe, même en son pays d'origine, bien qu'elle séduisit vivement mains esprits des mieux doués et des plus dignes. Ses disciples traitaient des sujets arides avec un style austère et souvent lourd. Ils ne trouvaient point accès près d'un public qui exigeait, par dessus tout, l'attrait de la forme de ceux qui s'adressaient à lui. Quand l'un, Morellet, entra en lice avec Galiani, on vit comment l'*esprit* et l'éloquence pouvaient triompher de la science, solide, il est vrai, mais lente d'allure (1). Les idées physiocratiques, de fait partiellement erronées, furent considérées, par plusieurs, comme chimériques. La littérature contemporaine les ridiculisa : tel l'*impôt unique*, dans l'*Homme aux quarante écus* que Voltaire dirigea particulièrement contre Mercier-Larivière. On objectait avec raison aux physio-

(1) Sur les *Dialogues* de Galiani, voir ci-après. Peu après l'apparition de ce livre, Turgot écrivait à M^ll^e de Lespinasse : « Je crois possible de lui faire une très bonne réponse ; mais cela demande bien de l'art. Les économistes sont trop confiants pour combattre contre un si adroit ferrailleur. Pour l'abbé Morellet, il ne faut pas qu'il y pense ». L'ouvrage de Morellet fut interdit par le contrôleur-général Terray. Quoiqu'imprimé en 1770, quelques mois après celui de Galiani, il ne fut pas publié avant 1774. Adam Smith parle de Morellet comme d'un « éminent auteur français, de bon savoir en matière d'économie politique ». (Liv. V : ch. 1).

crates l'absolutisme outré de leurs théories. Ils imagi-
naient, selon la remarque de Smith parlant de Quesnay,
que le corps politique ne peut prospérer que sous un
régime défini - - le leur, nommément — et par la mise
en pratique de ces doctrines, universellement et immédiatement applicables (1). En théorie, ils ne tenaient pas
suffisamment compte des diversités (2) nationales, ou
des différents âges du développement social. En politique,
ils n'estimaient pas à leur juste valeur les embarras que
l'ignorance, l'injustice, l'antagonisme des intérêts, opposent à la clairvoyance des chefs de l'État. Il est possible
que Turgot lui-même — Grimm le laisse entendre — dut
en partie sa chute à la rigueur excessive de sa politique,
et à l'absence de quelque tempérament de conciliation.
Quoi qu'il en soit, son échec contribua à affaiblir le crédit de ses principes dont on rappelait l'épreuve et l'avor-
tement.

Le système physiocratique, après avoir guidé, en
quelque mesure, la politique de l'Assemblée Constituante,
et éveillé quelques échos, ici et là, à l'étranger, cessa
bientôt d'exister, en tant que facteur vivifiant. Mais les
bons éléments qu'il renfermait ne furent pas perdus
pour l'humanité. Ils sont incorporés dans la construction
plus complète et plus durable d'Adam Smith.

(1) Hume, dans une lettre à Morellet, 1769, les qualifie de « tas
d'hommes les plus chimériques et les plus arrogants qui soient actuellement ». Il feint d'ignorer les relations étroites de Morellet avec eux.

(2) Turgot dit : « Quiconque n'oublie pas qu'il y a des états politiques séparés les uns des autres et constitués diversement ne trai-
tera jamais bien aucune question d'Economie politique ». (Lettre à
Mlle de Lespinasse, 1770.)

Italie.

En Italie, et chez les autres nations européennes, il n'y eut guère d'activité dans le domaine économique, durant la première moitié du xviii° siècle. Cependant, parut alors un homme réellement remarquable : l'archidiacre Salustio Antonio Bandini (1677-1760), auteur du *Discorso sulla Maremma Sienese*, écrit en 1737, mais publié seulement en 1775. Son ouvrage avait pour but de tirer la Maremme de la misérable condition où elle croupissait par l'abandon de l'agriculture ; il faisait voir que cette déchéance provenait, en partie du moins, du mauvais système fiscal en usage. Ce livre amena d'importantes réformes en Toscane où le nom de Bandini est toujours en grand honneur. Non seulement Pecchio et d'autres écrivains italiens, mais aussi Roscher, lui attribuent quelques avances capitales relatives aux doctrines physiocratiques ; mais cette allégation est contestable. Il se produisit de remarquables recherches économiques en Italie, pendant la dernière moitié du siècle. Il la faut attribuer en partie à l'influence française, et, en partie, semble-t-il, aux essais des gouvernements septentrionaux.

Le mouvement suivit d'abord la direction de l'école mercantile. Ainsi, dans les *Trattati dei tributi e delle monete e del governo politico della società* (1743) d'Antonio Broggia, et dans la *Dissertazione sopra il commercio* (1750) de Girolamo Belloni qui semblent avoir eu un succès et une réputation disproportionnée avec ses mérites, les tendances mercantilistes sont nettement prépondérantes. Mais l'écrivain le plus distingué qui représente la doctrine économique en Italie, au xviii° siècle, est Antonio Genovesi, de Naples (1712-1769). Il ressent profondément l'état de dépression intellectuelle et morale de ses compatriotes, appelle de ses vœux une renaissance philosophique et la réforme de l'éducation, condition première de progrès et de bien-être. Pour protéger Genovesi contre les persécutions théologiques qui, en raison de ses opinions avancées, le menaçaient, Bartolomeo Intieri, que nous retrouverons lié à Galiani, fonde, en 1755, exprès pour lui, une chaire de commerce et de mécanique, et mis pour réserve formelle à cette fondation que la chaire ne serait jamais confiée à un moine. C'était la première chaire d'Économie établie en Europe. La seconde fut fondée à Stockholm en 1758 ; et la troisième, en Lombardie, dix ans après, pour Beccaria. Le fruit des cours de Genovesi, dans cette chaire, furent les *Lezioni di commercio, ossia di economia civile* (1769), qui constituent le premier traité systématique de tout ce qui, sur le sujet, avait paru en Italie. Il y donne pour modèle aux Italiens l'Angleterre, pays pour lequel, dit Pecchio, il avait une prédilection poussée jusqu'au fanatisme. Il ne s'élève point au-dessus du faux système économique qu'applique alors l'Angleterre, bien qu'il rejette quelques-unes des plus grossières erreurs de son école. Il veut la liberté du commerce des blés, et réprouve la réglementation de l'intérêt du prêt. Dans l'esprit de son temps, il dénonce les vestiges des institutions médiévales : par exemple, les substitutions et les biens de main-morte qui entravent la prospérité nationale. Ferdinando Galiani fut un autre disciple distingué de l'école mercantile. Avant l'âge de trente ans, il publiait un travail sur l'argent (*Della moneta libri cinque*, 1750) dont les principes sont attribués à deux praticiens expérimentés, le marquis Rinucci et Bartolomeo Intieri, déjà cité. Mais il doit sa réputation à un livre écrit en français et publié à Paris, où il était secrétaire d'ambassade, en 1770 : aux *Dialogues sur le commerce des blés*. Cette œuvre claire, de style agréable, et débordante d'un esprit pétillant, délectait Voltaire qui la qualifie de livre auquel Platon et Molière ont collaboré ! (1). L'auteur, dit Pecchio, a traité son aride sujet comme Fontenelle, les tourbillons de Descartes ; ou Algarotti, le système du monde de Newton. La question à lancer était celle de la liberté du commerce du blé, alors très débattue, et, en particulier, la politique de l'édit royal de 1764, qui autorisait l'exportation du grain tant que le prix n'atteignait pas un certain taux. Son système général est qu'en fait de commerce il n'en faut pas avoir. Les pays étant dans des situations différentes exigent, d'après lui, des mesures et régimes différents. Cette conclusion paraîtra boiteuse et de peu de valeur au point de vue scientifique. Pourtant, il n'y a point de doute que les physiocrates, contre qui il engageait la controverse, prescrivaient, à ce sujet et à d'autres, des règles trop rigides pour la bonne gouverne des hommes d'État. Galiani rendait un réel service en protestant contre leurs solutions absolues des problèmes pratiques. Il versait, cependant, dans quelques-unes des plus sérieuses erreurs des mercantilistes, car il soutenait avec Voltaire et Verri que chaque pays ne peut profiter sans qu'un autre y perde. Dans son premier traité, il va si loin qu'il approuve l'action des Gouvernements qui ont déprécié le cours des monnaies.

Parmi les économistes italiens qui furent mieux sous l'influence de l'esprit moderne, et en plus étroite harmonie avec le mouvement général qui poussait les nations occidentales vers un nouvel ordre social, Cesare Beccaria (1738-1794) tient le plus haut rang. Il est surtout connu par son célèbre traité *Dei delitti e delle pene,* par lequel, dit Voltaire, il devint, à lui seul, le bienfaiteur de toute l'Europe. Ce livre fut, dit-on, traduit en trente-deux langues. L'impératrice Catherine ayant invité Beccaria à

---

(1) Grimm, de même : « C'est Platon avec la verve et les gestes d'Arlequin ». Diderot nomme ce livre « un modèle de dialogues qui restera à côté des lettres de Pascal ».

fixer sa résidence à Saint-Pétersbourg, le gouvernement autrichien de Lombardie voulut le garder à sa patrie, et fonda, exprès pour lui, une chaire d'économie politique. Ses *Elementi di economia pubblica* (1769-1771, qui, cependant, ne parurent pas avant 1804) résument ses leçons professorales. L'ouvrage est inachevé. L'ensemble en est divisé sous les rubriques : agriculture, manufacture, commerce, impôts, gouvernements ; mais, n'y sont traités intégralement que les deux premiers chapitres. Beccaria n'entama pas les deux derniers ; car il fut mandé aux Conseils de l'État. Il restait, à quelque degré, sous l'ascendant des idées physiocratiques ; pensait que l'agriculture est la seule forme d'activité réellement productrice ; et que les manufacturiers et les artisans forment une classe stérile. Il combattait avec force les monopoles, privilèges et corporations d'arts et métiers. En général, il plaide avec chaleur la liberté industrielle intérieure, bien que, pour le commerce extérieur, il soit protectionniste. Dans le cas particulier du commerce des blés, il ne se montre, non plus que Galiani, partisan de la liberté absolue. Son exposé des principes économiques est concis et sentencieux. Mais, souvent il établit directement ses plus importantes considérations sans y joindre les développements utiles à leur intelligence et à leur puissance de convaincre. Ainsi, sur le capital foncier (*capitali fondatori*), qu'il distingue des capitaux en circulation (*annui*), il applique sommairement à l'agriculture les mêmes explications que, simultanément, Turgot énonçait essentiellement. Sur la division du travail et sur les circonstances qui déterminent les divers salaires dans les divers emplois, il se rapproche d'Adam Smith; mais il omet la masse d'illustrations qui font l'attrait de la *Richesse des Nations*. Pietro Verri (1728-1797), ami intime, de toute la vie, de Beccaria, fut, durant trente-cinq ans, un des principaux directeurs de l'administration de la

Lombardie, où il eut la capacité d'innover maintes réformes, économiques et autres. Dans ses *Riflessioni sulle leggi vincolanti, principalmente nel commercio di grani* (écrits en 1769; imprimés en 1796), il envisage la question de la règlementation du commerce des blés, tant à la lumière de l'histoire qu'à celle des principes théoriques. Et il en arrive à conclure que la liberté est le meilleur remède contre la famine et contre les fluctuations excessives du marché. D'une manière générale, il combat l'intervention gouvernementale sur le marché intérieur, de même que les corporations commerciales, et que les limitations des prix ou de la fixation du taux de l'intérêt. Mais il admet qu'on protège l'industrie nationale par un tarif judicieusement compris. Il expose ses vues dans ses *Meditazioni sull' economia politica* (1771); traité économique élémentaire, qui fut accueilli avec faveur et traduit en quelques langues étrangères. Son principe primordial est ce qu'il nomme l'accroissement du produit; ce qui, dans le langage de Smith, représente « le produit annuel de la terre et du travail » d'une nation. A sa capacité à pousser ou à contenir cet accroissement, il juge de chaque législation et institution. En conséquence, et contrairement à Beccaria, il préfère la *petite culture* à la *grande*; car elle donne un plus fort produit total. Traitant des impôts, il rejette la proposition physiocratique d'un unique *impôt territorial* (1). Giovanni R. Carli (1720-1795), autre promoteur officiel des réformes du Gouvernement autrichien de la

(1) J. S. Mill, dans ses *Principles* (Liv. I, Ch. 1) porte au crédit de son père d'avoir, le premier, illustré et mis en relief, en ce qui touche la production, ce qu'il appelle étrangement « un principe fondamental d'Economie Politique »; à savoir que « tout ce que l'on fait ou peut faire avec la matière » est « d'ajouter ou de retirer une chose à une autre ». Mais cela avait été clairement exprimé par Verri, dans ses *Meditazioni*, sect. 3 : « Accostare e separare sono gli unici elementi che l'ingegio umano ritrova analizzando l'idea della riproduzione ».

Lombardie, est, en outre de bons et savants traités sur l'argent, l'auteur des *Ragionamenti sopra i balanci economici delle nazioni,* où il montre l'erreur de croire qu'un État gagne ou perd au commerce extérieur d'après la soi-disant balance du commerce. Dans sa lettre à Pompeo Neri *Sul libero commercio de' grani* (1771), il prend une position analogue à celle de Galiani pour qui la question de la liberté du commerce des blés est moins d'ordre scientifique que d'ordre administratif; et il dit qu'il la faut traiter diversement suivant les lieux et les circonstances. Il repousse la doctrine physiocratique de la productivité exclusive de l'agriculture, et montre d'une façon intéressante la nécessité de classes économiques variées dans la société, et l'action réflexe des manufactures qui stimulent la culture du sol. Giambattista Vasco (1733-1796) concourut sur divers sujets que proposaient les académies et les souverains. Il réprouve les corporations commerciales, et ces prescriptions gouvernementales qui taxent le pain et limitent le taux de l'intérêt. Il plaide pour le système de la propriété paysanne et désire que la loi détermine la moindre et la majeure allocation de terre qu'un citoyen puisse posséder. Puis, en vue de prévenir une accumulation exagérée de la propriété, il rejette le droit de legs et propose l'égalisation des lots d'un héritage entre les enfants du défunt. Gaetano Filangieri (1752-1788), un des écrivains italiens du xviiie siècle dont les noms furent les mieux réputés en Europe, consacre aux questions économique le second livre de sa *Scienza della legislatione* (5 vol. 1780-1785). Plein d'une ardeur réformatrice et d'un patriotisme passionné, il voue sa véhémente éloquence à dénoncer tous les abus de son temps. Tout en ignorant, vraisemblablement, Adam Smith, il défend la liberté illimitée du commerce; réclame l'abolition de l'institution médiévale entravant la production et le bien-être national, et condamne le système colonial alors adopté par l'Angleterre, l'Espagne et la Hollande. Il prophétise, à la suite de Raynal, Turgot et Genovesi, que toute l'Amérique sera un jour indépendante : prédiction qui, c'est probable, a contribué à l'admiration que Benjamin Franklin donne à cette œuvre. Plutôt vulgarisateur que découvreur, il adopte quelquefois les erreurs d'autrui ; quand, par exemple, il admet l'*impôt unique* des physiocrates. En somme, cependant, il représente les tendances politiques et sociales les plus avancées de son temps. Tout en contrastant vivement d'avec Beccaria, par son tempérament et son style, il demeure, comme lui, un digne ouvrier de la cause du progès national et universel. Ludovico Ricci (1742-1799) est l'auteur d'un rapport compétent *Sulla riforma degli istituti pii della città di Modena* (1787). Il traite de l'assistance aux pauvres et des institutions charitables d'une manière si générale que l'ouvrage conserve un intérêt universel et permanent. Il insiste sur les maux d'une aveugle assistance qui pousse à accroître la misère qu'elle cherche à détruire, et qui abaisse le caractère moral de la population. Il expose, en particulier, les abus inhérents aux asiles de maternité et d'enfants assistés. Ses opinions sont bien analogues à celles de Malthus. Comme lui, il se refuse au souci du miséreux qu'il faut, dit-il, abandonner à la bienfaisance facultative et privée. Ferdinando Paoletti (1717-1801) était un excellent prêtre amoureux du bien public. Il travailla beaucoup à répandre l'instruction dans la population agricole de Toscane, et à alléger les impôts qui l'opprimaient. Il fut en correspondance avec Mirabeau « l'ami des hommes », et semble s'être rallié à la doctrine physiocratique, du moins à ses généralités essentielles. Il est l'auteur des *Pensieri sopra l'agricoltura* (1769) et des *I veri mezzi di render felici le società* (1772). Dans ce dernier livre, il plaide la liberté du commerce des blés.

Le traité *Il Colbertismo* (1791), du Comte Francesco Mengotti est une vigoureuse protestation contre la politique outrée de prohibition et de protection. On le lit encore avec intérêt, Mengotti écrivit aussi (1791) un traité *Del commercio de'Romani* qui, dirigé surtout contre les exagérations de Huet, et son *Histoire du commerce et de la navigation des anciens* (1716), est utile, car il indique la grande différence qui sépare la civilisation antique de la moderne.

Enfin, mentionnons ici un autre penseur italien. Eminemment original et souvent excentrique, il ne peut aisément se classer avec ses contemporains, bien que des écrivains du Continent aient, au xix° siècle, exposé des idées analogues. Il s'agit de Giammaria Ortes (1713-1790). C'est un adversaire décidé des libéralistes de son temps ; mais il n'épouse pas les doctrines du système mercantile. Il rejette la théorie de la balance du commerce et demande la liberté commerciale. C'est au Moyen-Age qu'il emprunte son type social économique. Il plaide le maintien de la propriété ecclésiastique, combat la puissance ascendante de l'argent, et ressent le mépris médiéval pour l'intérêt sur prêt. Il a cette idée singulière que la richesse sociale est toujours et partout en raison fixe de la population, et, qui plus est, la détermine. En conséquence, la pauvreté guette nécessairement la richesse ; et le riche, en devenant riche, ne gagne que ce que perd le pauvre. Ceux qu'intéresse l'amélioration de la condition du peuple travaillent en vain tant qu'ils s'efforcent d'accroître la somme des richesses nationales — ce qui dépasse leur pouvoir de modification — au lieu de mieux répartir cette richesse : ce qui est possible. Le vrai remède contre la pauvreté consiste à réfrener la cupidité du riche et de l'homme d'affaire. Ortes, dans un ouvrage distinct, étudie la question de la population qu'il dit s'accroître en raison « géométrique », bien qu'il reconnaisse une limite à cet accroissement : chez les animaux inférieurs, par leur mutuelle destruction ; dans l'espèce humaine, par la « raison », par la « réserve prudente » qui va devenir chère à Malthus. Il regarde le célibat comme non moins nécessaire et avantageux que le mariage ; puis signale le fait connu depuis sous le nom de « loi de décroissement des fermages ». Ortes ne prit aucun soin à répandre ses écrits. Aussi restèrent-ils plutôt inconnus, jusqu'à leur insertion dans la collection Custodi des économistes italiens. Ils attirèrent alors beaucoup l'attention par la combinaison de sagacité et de persévérance qui distingue le caractère de leur auteur.

Espagne.

Ce souffle d'une ère nouvelle qui agitait l'air du reste de l'Europe se fit aussi sentir en Espagne.

Dans la première moitié du XVIIIe siècle, Geronimo Ustariz écrit sa *Teorica y Practica del Comercio y Marina* (1724 ; publiée en 1740 ; trad. angl. de John Kippax, 1751 ; trad. franç. de Forbonnais, 1753), et y pousse les principes mercantiles à l'extrême.

L'esprit de réforme de la dernière moitié du siècle s'incarne, dans ce pays, en Pedro Rodriguez ; comte de Compomanes (1723-1802), qui poursuivit avec ardeur les mêmes études, et, en quelque mesure, la même politique que son illustre contemporain Turgot, sans toutefois parvenir aussi loin. Il est l'auteur des *Respuesta fiscal sobre abolir la tasa y establecer el comercio de granos* (1764) ; *Discurso sobre el fomento de industria popolar* (1774) ; et *Discurso sobre la educacion de los artesanos y su fomento* (1775). Ces écrits valent les justes éloges de Robertson (1),

(1) *History of America*, note 193.

tant à l'auteur qu'au ministre. Il chercha à établir
la liberté du commerce des blés ; à délier les entraves
industrielles provenant des survivances médiévales ; à
donner un large développement aux manufactures et à
libérer l'agriculture des odieuses charges qui l'opprimaient. Il vit que, malgré l'administration éclairée de
Charles III, l'Espagne souffrait toujours des mauvais
effets de l'aveugle foi du peuple dans les mines d'or ;
et il en retire cette forte leçon qu'il faut chercher les
sources réelles de la richesse et de la puissance de l'Espagne non en Amérique, mais dans l'industrie, seule.

Aussi bien en Italie qu'en Espagne, suivant la bonne
observation de Comte (1), la poussée vers un changement
social prit surtout la voie de la réforme économique,
parce que l'oppression gouvernementale y prévenait,
dans une large mesure, cette liberté de discussion, en
philosophie et en politique générale, qui, en France était
possible. On ajoutera qu'en Italie les grandes traditions
du passé industriel des villes du nord de ce pays repor-
taient aussi l'attention principale sur le côté économique
de la politique et de la législation publiques.

Allemagne.

Nous avons vu qu'en Italie et en Angleterre l'économie
politique naquit de l'étude des questions pratiques relatives à l'argent ou au commerce extérieur En Allemagne,
elle surgit, ainsi que Roscher l'a montré, des soi-disant
sciences caméralistiques. Dès la fin du Moyen-Age, il se
forme, dans plusieurs pays allemands, un conseil, appelé
la Kammer(Lat. *camera*), qui s'occupe de l'administration
du domaine public et à la garde des droits régaliens.

(1) *Philosophie positive*, vol. V ; p. 759.

L'Empereur Maximilien avait trouvé cette institution en Bourgogne : il établit, à son imitation, des cours auliques à Inspruck et à Vienne, en 1498 et 1501. Non seulement les finances et les impôts, mais aussi les questions de politique économique furent du ressort de ces cours. Une préparation spéciale devenant nécessaire à leurs membres, des chaires de science caméralistique se fondèrent dans les universités pour enseigner cet ensemble de spécialités. Une partie des cours ainsi institués empruntait ses matériaux aux sciences naturelles ; car on devait traiter des forêts, des mines, de technologie générale ; et ainsi de suite. L'autre partie se rapportait aux conditions de la prospérité nationale dans ses rapports avec les liens humains et les institutions ; et c'est de cette dernière partie que l'économie politique allemande prit son premier développement.

Dans aucun pays, les idées mercantilistes n'eurent plus de force qu'en Allemagne ; bien que, nulle part, dans la période que nous considérons présentement, le système de la balance du commerce ne reçut une application pratique moins étendue. Tous les économistes allemands remarquables du xviie siècle, — Bornitz, Besold, Klock, Becher, Horneck, Seckendorf, et Schroder — prennent pour commune base la doctrine mercantile. On en peut dire généralement autant des écrivains de la première moitié du xviiie siècle : notamment de Justi (1720-1771), auteur du premier traité systématique allemand sur l'économie politique. Son manuel, qui eut une grande vogue, contribua à former l'opinion. Chez Zincke (1692-1769) seul, nous trouvons accidentellement des traces d'un genre d'idées qui s'écarte du système dominant, et qui vise à la liberté industrielle. Mais ces écrivains, hormis le point de vue national, sont de mince importance, et n'ont exercé aucune action sur le mouvement général de la pensée européenne.

Les principes du système physiocratique rencontrèrent une certaine faveur en Allemagne. Karl Friedrich, Margrave de Bade, écrivit pour ses fils un *Abrégé des principes d'Economie Politique*, 1772, en harmonie avec les doctrines de ce système : mais il n'a qu'une faible valeur scientifique. Schlettwein (1731-1802) et Mauvillon (1743-1794) sont de la même école. Theodor Schmalz (1764-1831), communément dénommé « le dernier des physiocrates », mérite ici une mention, bien qu'elle sorte quelque peu de l'ordre historique. Il compare le Colbertisme au système de Ptolémée ; le physiocratisme, au système copernicien. Adam Smith est le Tycho-Brahé de l'Economie politique : c'est un homme de facultés éminentes qui ne pouvait se refuser à la force de la vérité physiocratique ; mais qui, d'une part, ne sait déraciner en lui ses préjugés ; et qui, d'autre part, est ambitieux du renom d'inventeur et de conciliateur de systèmes opposés. Quoique Smith soit alors « à la mode », Schmalz ne doute point que la doctrine de Quesnay soit la seule vraie et qu'elle va bientôt triompher (1).

Peu avant l'apparition de Smith, tout comme, en Angleterre, Steuart, et, en Italie, Genovesi, en Autriche, Sonnenfels (1733-1817), le premier économiste distingué de ce pays, tente de présenter le système mercantile sous une forme rajeunie et plus claire. Son ouvrage *(Grundsätze der Policei, Handlung, und Finance*, 1765, 8ᵉ éd., 1832) jouit durant une notable partie du xixᵉ siècle d'un grand ascendant sur l'opinion et la politique autrichiennes.

Mais, le plus grand économiste allemand du xviiiᵉ siècle fut, suivant Roscher, Juster Möser (1720 1794) ; l'auteur des *Patriotische Phantasieen* (1774) : suite de fragments que Goëthe déclare pourtant former « ein wahrhaftes

<hr>

(1) Roscher : *Geschichte der N. O. in Deutschland*, p. 498.

Ganzes ». Le poète, en sa jeunesse, fut très influencé par Möser qu'il loue, dans son *Dichtund und Wahrheit* (Liv. XIII) pour son esprit, son intelligence, son caractère et sa connaissance approfondie en tout ce qui touche au monde social. Tandis que d'autres se livraient à des spéculations et à des recherches plus vastes et plus éminentes, Möser observe et retrace la vie commune quotidienne allemande et les mille « petits riens » qui composent la trame de la vie populaire. On l'a comparé à Franklin pour la familiarité, la verve et la fraîcheur de son style. Philosophiquement, il est parent de l'italien Ortes. Il combat l'esprit général de l' « Aufklärung » et la direction libérale et rationaliste dont l'œuvre de Smith va devenir l'expression. Il n'est point seulement conservateur, mais réactionnaire ; car il manifeste sa préférence pour les institutions médiévales telles que les corps de métiers ; et comme Carlyle dans notre temps, il voit même des avantages au servage dès qu'on le compare au genre de franchise dont jouit le domestique moderne. Il éprouve une antipathie marquée pour l'accroissement de la puissance de l'argent et des grandes manufactures, et pour le développement outré de la division du travail. Il est l'ennemi de l'appropriation privée absolue de la terre ; et il verrait volontiers revivre le système de restriction que, dans l'intérêt de l'Etat, de la Commune et de la Famille, le Moyen-Age imposait au propriétaire. Dans son style acrimonieux et caustique, il critique souvent avec justice l'étroitesse doctrinaire de ses contemporains, émet maintes idées frappantes : en particulier, il verse une réelle lumière sur les phénomènes économiques et les conditions sociales générales du Moyen-Age.

ADAM SMITH

ET

SES *PRÉDÉCESSEURS* ET SES *SUCCESSEURS*
IMMÉDIATS

Angleterre.

L'état de stagnation des études économiques qui se manifesta en Angleterre au début du XVIIIe siècle, ne fut troublé par aucun évènement notable avant 1735, année où, dans son *Querist*, l'évêque Berkeley émit, avec grande vigueur et à-propos, des opinions contraires à celles de l'École mercantile, sur la nature de la richesse nationale et sur les fonctions de l'argent, sans toutefois omettre d'y joindre de graves erreurs. Mais bientôt un pas plus décisif était franchi. Pendant qu'en France les physiocrates s'efforçaient, suivant leur mode propre, d'édifier un système définitif d économie politique, un penseur écossais, de l'ordre le plus éminent, élucidait, dans une série d'essais brefs, mais féconds, des conceptions scientifiques fondamentales. Ce qu'on avait écrit en anglais, à ce sujet, s'était jusque-là complètement restreint à la sphère de la pratique immédiate. Il est vrai qu'avec Locke le système général moderne de philosophie critique avait embrassé les théories économiques ; mais ce n'avait été que d'une manière partielle et vague. Chez Hume, au contraire, une forme plus avancée de cette philosophie se dessine. Son apparition sur le terrain économique marque la tendance décisive de ce nouveau genre de spéculation à tenir compte d'une p us large et plus profonde conception de la nature humaine, et de l'histoire générale de l'Humanité. La plupart des essais ci-indiqués parurent, pour la première fois, dans un ouvrage intitulé *Political Discourses*. Leur nombre se compléta dans la collection des *Essays and Treatises on Several Subjects*, publiés l'année suivante. Les sujets les plus importants sont ceux du Commerce, de l'Argent, de l'Intérêt et de la Balance du Commerce. Pourtant, ne disjoignons rien ; car, malgré le défaut de liaison de ces petits traités, il y règne une si profonde unité de vue, qu'ils composent, en vérité, une sorte de système économique. Ils mettent en pleine évidence la merveilleuse sagacité de Hume, et cette subtilité qui, quelquefois il faut bien l'avouer, l'incite au paradoxe. Ils combinent l'ampleur philosophique à l'absence des préjugés, et à ces sympathies sociales qui distinguent si éminemment Hume. De plus, ils offrent le charme d'un style aisé et naturel, et une rare puissance de lumineuse exposition.

Dans son essai sur l'argent, Hume répète l'erreur mercantiliste qui tendait à confondre le numéraire avec la richesse. « Les hommes et les commodités, dit-il, font la force vraie de toute communauté ». « Dans la quantité nationale de travail réside toute puissance réelle et toute richesse ». L'argent n'est que l'huile qui rend les mouvements du mécanisme commercial plus doux et plus aisé. Il distingue le point de vue domestique de l'international, et montre que si la quantité d'argent reste, par hypothèse, stationnaire dans un pays, il n'en résulte nul inconvénient : tandis qu'un efflux excessif, c'est-à-dir supérieur à ce qu'exige l'échange des commodités, peut être fâcheux, car il hausse les prix et chasse l'étranger du marché intérieur. Hume va plus loin. En un ou deux endroits, il affirme que la valeur de l'argent est surtout fictive et conventionnelle, opinion inadmissible, mais qu'on ne saurait lui reprocher, car il n'y rapporte rien. Il fait de très ingénieuses observations (critiquées cependant, depuis, par J. S. Mill) sur les effets de l'accroissement du

numéraire dans un pays : l'industrie serait stimulée
durant la période qui précède le temps où l'accumulation excessive s'est suffisamment diffusée pour altérer
toute l'échelle des prix. Il fait voir combien la crainte
d'une communauté industrielle, au sujet de la perte de
son argent émigré à l'extérieur, est mal fondée. Sous un
régime de liberté, la répartition des métaux précieux
s'adapte aux besoins du commerce et s'établit spontanément. « En résumé, un État a bien raison de protéger,
avec vigilance, ses sujets et ses manufactures. Quant à
son argent, il peut en toute sûreté, sans frayeur ni
jalousie, l'abandonner au cours des affaires humaines ».

Très important fut le service que rendit son traité sur
le taux de l'intérêt. Il y rappelle l'erreur, fréquemment
rééditée, sur la dépendance du taux envers le stock d'argent d'un pays. Il montre que la réduction du taux
détermine, en général, « le développement de l'industrie,
de la morale, des arts et du commerce » : c'est comme
un baromètre, et la baisse serait plutôt un signe infail-
lible de la prospérité d'un peuple. En passant, observons
que dans cet essai il découvre un mobile de la nature
humaine, trop souvent négligé par les économistes : « le
perpétuel et insatiable besoin d'exercice et d'activité
intellectuelle, qui a pour conséquence l'*ennui*, stimulant
l'action.

Quant au commerce, il cherche sa base naturelle en
ce qu'on a, depuis, appelé « la division territoriale du
travail » ; et il prouve que la prospérité d'une nation,
loin de constituer un obstacle, est un facteur de celle de
ses voisins. « Non seulement comme homme, mais comme
sujet britannique, dit-il, je forme des souhaits pour la
prospérité commerciale de l'Allemagne, de l'Espagne, de
l'Italie, et de la France elle-même ». Il condamne les
« barrières sans nombre, les restrictions, les impôts » que
toutes les nations de l'Europe, et surtout l'Angleterre,

opposent au commerce. Cependant, sur la question de la protection de l'industrie nationale, il n'est pas à ce point libre-échangiste qu'il n'approuve une taxe sur la toile allemande, afin d'encourager les manufactures nationales ; et un droit sur l'eau-de-vie, en vue d'accroître la vente du rhum et de protéger les colonies britanniques tropicales. Enfin, on a justement observé qu'il restait en lui quelques traces d'un mercantilisme raffiné, et qu'il représente un état d'esprit où la transition de l'ancienne conception à la nouvelle n'est pas encore complètement effectuée.

Nous ne pouvons que renvoyer à son essai sur les impôts. Entre autres, il y répudie l'*impôt unique* des physiocrates. Relativement au crédit public, il critique le « nouveau paradoxe de l'avantage intrinsèque des charges publiques, abstraction faite de la nécessité de les contracter ». Il s'oppose, d'une manière peut-être trop absolue, aux expédients modernes des avances financières qu'exigent les entreprises nationales : la voie des emprunts se débarrasse ainsi de nos charges sur les épaules de la postérité.

Les plus importantes caractéristiques de Hume dans l'histoire de la science économique sont : 1º Son habileté à montrer les relations des faits économiques avec tous les intérêts graves de la vie sociale et politique ; 2º Sa disposition à introduire l'esprit historique dans l'étude de ces faits. Il décrit, admirablement, tant l'action de quelques branches industrielles, que l'influence du progrès sur les arts de la production, ou celle du commerce sur la civilisation générale ; il montre les contrastes frappants entre les régimes antique et moderne (voir spécialement l'essai *On the Populousness of Ancient Nations ;* et surtout il considère en chacun des phénomènes qu'il étudie ses rapports avec le stade contemporain du développement social. Il n'est pas douteux que Hume a exercé une influence considérable sur Adam Smith qui, dans la *Wealth of Nations* (1) le dit « de beaucoup le plus illustre philosophe et historien contemporain ». Smith avait une si haute estime pour son caractère qu'après une amitié de bien des années, prolongée jusqu'à la mort de Hume, il le juge avoir « approché aussi près de l'idéal de la parfaite sagesse et de la vertu humaine que la nature faillible de l'homme parait le permettre ».

Josiah Tucker, doyen de Gloucester (mort en 1799) tient une place distinguée parmi les prédécesseurs immédiats de Smith. Beaucoup de ses nombreuses productions se rapportent directement aux questions contemporaines ; mais, bien qu'on y remarque de la sagacité et de la pénétration, elles manquent d'un intérêt permanent. Dans quelques-unes, il remontre combien impolitiques sont les règlements du commerce de l'Irlande ; il prêche l'union de ce pays à l'Angleterre et plaide pour la reconnaissance de l'indépendance des États-Unis d'Amérique. Les plus importantes théories générales économiques concernent le commerce international. C'est un ardent apôtre des doctrines libre-échangistes. Il les asseoit sur ce principe qu'il y a entre les nations non point un antagonisme nécessaire, mais bien plutôt harmonie d'intérêts ; car les privilèges de leurs milieux et la diversité de leurs aptitudes les disposent naturellement à l'échange. Il n'est cependant pas indemne de mercantilisme : sa faveur est aux primes d'exportation ; et, par la taxe sur le célibat, ses encouragements vont à la repopulation. Dupont, et, après lui, Blanqui, représentent Tucker comme un adepte des physiocrates : mais cela ne semble pas justifié par ses opinions, abstraction faite de l'adhésion de Tucker à leur École, sur la question de la liberté du commerce. Turgot a traduit en français (1755), sous le titre de *Ques-*

(1) Liv. V ; Chap. I ; Art. 3.

tions Importantes sur le Commerce, un traité de Tucker sur *The Espendiency of a Law for the Naturalisation of Foreign Protestants*.

En 1767, Sir James Steuart publia l'*Inquiry into the Principles of Political Economy*. C'est un livre des plus malheureux. Il donne la description la plus complète et la plus systématique d'un mercantilisme modéré qui ait paru en Angleterre. Steuart était un homme d'une extra-ordinaire habileté ; et il prépara son livre par une longue et sérieuse étude. Mais le temps des doctrines économiques était passé. Le système de la liberté naturelle avait pris cet ascendant intellectuel qui présage le triomphe poli-tique. Neuf ans plus tard, la W‘ ... *of Nations* était donnée au monde : œuvre bien supérieure à celle de Steuart, tant par l'attrait du style que par la solidité de sa science. Aussi, la première était-elle destinée à tomber : et, en fait, elle n'exerça jamais une influence théorique ou pratique un peu considérable. Jamais Smith n'y fait mention ou allusion. Comme il était en relation avec Steuart dont la conversation, dit-il, était préférable à la lecture, il voulait probablement se garder de toute polé-mique avec lui (1). Les économistes allemands ont com-munément examiné avec plus de soin que les écrivains anglais le traité de Steuart. Ils lui reconnaissent de hauts mérites, surtout en ce qui a rapport à la théorie de la valeur et à la population. Ils ont également aperçu que, conformément à l'esprit des meilleures recherches récentes, Steuart a insisté sur les caractères spéciaux qui distin-guent les économies propres à chaque nation et à chaque stade du progrès social.

Arrivons maintenant au grand nom d'Adam Smith

____

(1) Smith dit, dans une lettre à Pulteney (1772) : « Je pense comme vous sur le livre de Sir James Steuart. Sans jamais le nommer, je me flatte que chacun de ses faux principes a été touché par une claire et spéciale réfutation dans le mien ».

(1723-1790). Il est de la plus haute importance que nous reconnaissions avec exactitude sa situation ; et que nous estimions, avec justice, ses droits. Il est tout à fait contraire à la réalité de se représenter Smith, ainsi qu'on l'a fait, comme le créateur de l'économie politique. La question de la richesse sociale a toujours, à quelque degré, et en particulier dans les temps récents, attiré l'attention des esprits philosophiques. Son étude avait même indiscutablement trouvé un caractère systématique. D'un état d'assemblage de discussions fragmentaires sur des questions particulières d'intérêt national, elle avait revêtu la forme, notamment dans les *Réflexions* de Turgot, d'un corps défini de doctrine. La vérité est que Smith prenait la science à un moment où elle était déjà considérablement avancée ; et c'est ce qui lui permit, en donnant son traité classique, de discréditer ses prédécesseurs. Pourtant, si les travaux économiques des siècles précédents avaient préparé sa voie, ils n'avaient pas dépassé son œuvre. L'apparition de celle-ci à un stade plus ancien, ou en l'absence de ces travaux précurseurs, serait inconcevable ; mais Smith édifia sur les fondations jetées par d'autres bien des théories originales, précieuses et durables.

Ceux-là même qui ne tombent pas dans cette erreur de faire de Smith le créateur de la science, le font souvent trancher d'avec Quesnay et ses adeptes. Pour eux, l'histoire de l'Économique moderne consiste dans l'avènement et le règne successifs de trois doctrines : le mercantilisme, le physiocratisme et le smithianisme. Ces deux dernières diffèrent, il est vrai, sous des rapports souvent importants. Mais il est évident, et Smith lui-même l'a senti, que leurs ressemblances sont bien plus profondes que leurs différences : en les considérant comme des forces historiques, nous les voyons collaborer à des fins identiques. L'une et l'autre poussent la

Société à abolir cette politique industrielle qui, antérieurement, plaisait aux gouvernements européens. Les arguments de l'une et de l'autre contre cette politique se basaient essentiellement sur les mêmes idées. Cependant, lecriticisme de Smith était plus investigateur et plus complet. Mieux aussi que le physiocratisme, il analysait certains genres de phénomènes économiques : par exemple, il dissipe les illusions dans lesquelles les physiocrates étaient tombés relativement à l'improductivité radicale des manufactures et du commerce. Le physiocratisme disparut du champ scientifique, non-seulement par suite de l'échec de sa politique personnifiée par Turgot, mais aussi, nous l'avons déjà dit, parce que la *Wealth of Nations* incorporait tout ce qui avait une valeur dogmatique, tandis qu'il continuait, avec plus d'efficacité, l'impulsion déjà imprimée à l'œuvre nécessaire de démolition.

L'histoire de la doctrine économique, durant les temps modernes et jusqu'à la troisième décade du xixe siècle, est, en réalité, strictement double. Le premier pas s'accomplit grâce au système mercantile qui, nous l'avons montré, instituait plutôt une pratique politique qu'une doctrine spéculative. Ce système ne prit forme qu'en donnant spontanément corps aux conditions sociales qui agissaient sur les esprits peu familiers avec les habitudes scientifiques. Le second pas consiste dans l'essor graduel et l'ascendant final d'un autre système fondé sur le principe du droit de l'individu à exercer en pleine liberté son activité économique. A cette doctrine, au mieux désignée sous le nom de « système de liberté naturelle », nous associerons la mémoire des physiocrates avec celle de Smith, sans toutefois estimer leurs services égaux aux siens.

L'enseignement de l'économie politique dans les universités écossaises s'alliait à celui de la philosophie morale. Smith, nous l'avons dit, considérait le programme

de ses leçons publiques comme comportant quatre chapitres distincts : I. Théologie naturelle; II. Morale;
III. Jurisprudence. Enfin, dans le quatrième « il examine
ces règles politiques qui se fondent sur l'utilité, et qu'on
juge accroître la richesse, la puissance et la prospérité
d'un État ». Les deux premiers ne forment, en somme,
qu'un seul sujet, suivant le passage bien connu de la
Theory of Moral sentiments, où l'auteur promet de donner
une autre leçon ou « contribution aux principes généraux de législation et de gouvernement, ainsi que des
diverses révolutions qu'ils ont subies aux différentes
époques et périodes de la société ; non seulement en ce
qui concerne la justice, mais encore la politique, l'impôt, les armes, et tout ce qui relève de la législation. »
On voit combien il entrait peu dans les habitudes de
Smith d'exclure, sauf accessoirement, les phénomènes
économiques du reste de ses études et opinions sociales.
C'est à bon droit qu'on a vu en cette phrase « une anticipation, merveilleuse pour l'époque, sur la sociologie
générale, statique et dynamique : anticipation plus remarquable encore quand nous apprenons des exécuteurs
de son testament scientifique qu'il avait conçu le plan
d'une histoire des sciences morales et politiques et des
beaux-arts qui devait apporter aux études sociales déjà
faites une théorie du progrès intellectuel de la société ».
A la vérité, ces vastes projets ne furent jamais remplis
dans leur intégralité ; ils n'étaient pas, en effet, susceptibles alors d'une convenable réalisation. Il en résulta
que si les phénomènes économiques forment le sujet
principal de la *Wealth of Nations,* Smith n'incorpora
pas moins à cette œuvre bien d'autres conceptions
sociales, et encourut ainsi la censure de quelques-uns
de ses successeurs qui insistent, avec une étroitesse
pédantesque, sur la stricte indépendance du domaine
économique.

Bien débattue a été la question suivante : Quelle méthode scientifique Smith a-t-il suivie dans son grand ouvrage ? Les uns estiment que ce fut la simple déduction ; et cette opinion, Buckle l'a peut-être outrée. Il prétend qu'en Écosse on ignorait la méthode inductive, et que la philosophie inductive n'exerça nulle action sur les penseurs écossais. Quoique Smith eût passé la meilleure partie de sa jeunesse en Angleterre, où prédominait la méthode inductive, et tout versé qu'il fût dans la littérature philosophique générale, il avait, néanmoins, pense Buckle, adopté la méthode déductive, parce qu'on en usait habituellement en Écosse. De plus, Buckle soutient que telle est la seule méthode propre, ou même applicable, en économie politique ; ce qui serait la raison suffisante de son choix. Que l'esprit inductif n'ait aucunement agi sur les philosophes écossais n'est certainement pas vrai. Nous verrons que Montesquieu, dont la méthode est essentiellement inductive, était, au temps de Smith, étudié avec un soin tout particulier, et jouissait d'une vénération spéciale près des compatriotes de Smith. Et de Smith, ce qu'on peut justement dire, c'est que son aptitude déductive n'était certes pas le caractère dominant de son génie. Ni sa grandeur, ni son excellence ne sont dans cette « habileté dialectique » dont Buckle le gratifie. Ce qui nous frappe le plus dans son livre, c'est cette large et pénétrante compréhension des faits sociaux ; sa perpétuelle préoccupation à s'y appesantir, à en élucider la signification : et non point à puiser des conclusions dans des principes abstraits, avec une laborieuse chaine de raisonnements. Et c'est cette physionomie intellectuelle qui nous donne à la lecture un sentiment si vif et si sûr que nous sommes en contact avec les réalités de l'existence.

Cependant, Smith a employé la méthode déductive ; c'est certain. Mais cette méthode est parfaitement légi-

time, quand les prémisses d'où procèdent les déductions
sont des faits universels pris à la nature de l'homme ou
aux propriétés des objets extérieurs. Que ce mode
d'étude puisse mener bien loin, il est permis d'en douter;
mais sa validité n'est point discutable. Pourtant, il est
un autre genre de déduction dont le vice, suivant la
remarque de Leslie Cliffe, entache la philosophie de
Smith. Les premiers, en effet, ne sont plus des faits cer-
tifiés par l'observation, mais de pures assertions *a priori*,
mi-théologiques, mi-métaphysiques. Elles supposent cette
hypothétique harmonie et cet ordre de choses bienfaisant déjà admis, nous le savons, par les physiocrates, et
qui, nous l'avons vu, s'incorporèrent au nom de cette
école. D'après lui, la Nature avait pourvu au bien-être
de la société au moyen de la constitution humaine qui
incite chacun à améliorer sa condition. L'individu ne
recherche que son intérêt privé ; mais, ce faisant, il est
« conduit par une main invisible » à développer le bien
public, auquel il ne prêtait pas attention. Si, au nom de
l'intérêt public, les institutions humaines interviennent
dans le jeu de ce principe, elles font faillite à leur propre
destination. Mais, quand tous les systèmes de privilèges
ou de restrictions sont écartés, « le système évident et simple de la liberté naturelle s'établit de lui-même. » Bien
entendu, Smith ne donne pas explicitement cette théorie en base à sa doctrine économique ; celle-ci reste
néanmoins le tacite substratum sur lequel elle repose.
Cependant, quelques postulats latents tempèrent cette
notion, ou adoucissent la rigueur d'une telle méthode.
Le goût instinctif de Smith pour l'observation concrète
l'a préservé des extravagances où maint de ses successeurs ont chu. En outre, comme Leslie l'a montré, l'influence de Montesquieu tendait à compenser les préjugés
de la doctrine du *jus naturæ*. Ce grand penseur qui ne
pouvait, en son temps, posséder une méthode histo-

rique vraiment propre à l'exploration sociologique, n'en tirait pas moins ses conclusions de l'induction. Il est vrai que, suivant la remarque de Comte, son recueil de faits, empruntés aux civilisations les plus variés, et non soumis à la critique philosophique, restait, dans son ensemble, nécessairement stérile; ou, du moins, ne pouvait guère amener l'étude sociale au pied-d'œuvre de l'édifice sociologique. Son mérite, nous l'avons déjà dit, consista à reconnaitre que tous les phénomènes sociaux sont soumis à des lois naturelles; mais pas à découvrir ces lois. Or, cette départition était comprise par les philosophes du temps de Smith. Tous étaient séduits par ce système qui rapportait les faits sociaux aux circonstances spéciales, physiques ou morales, des communautés où on les observait. Leslie a montré que Lord Kaimes, Dalrymphe et Millar, contemporains de Smith — Millar fut son élève — subirent l'ascendant de Montesquieu. Il y pouvait adjoindre le nom plus éminent de Ferguson dont le respect et l'admiration pour le grand français s'expriment en termes frappants dans son *History of Civil Society* (1). Nous savons même que Smith, en personne, s'occupait, dans ses dernières années, à préparer un commentaire sur l'*Esprit des Lois* (2). Smith obéit donc à deux systèmes divers et

______

(1) « Quand je me souviens de ce que le président Montesquieu a écrit, je ne saurais dire pourquoi je traite des affaires humaines. Mais je ressens trop l'aiguillon de mes réflexions et de mes sentiments; et je les mettrai mieux à la portée des intelligences ordinaires, parce que je suis plutôt au niveau des hommes ordinaires.... Le lecteur se reportera à ce qui déjà fut dit sur ce sujet par ce profond politique et aimable moraliste » (1re partie, sect. 10). Hume parle de Montesquieu comme d' « un illustre écrivain » qui « a établi un.... système de connaissance politique riche de pensées ingénieuses et brillantes, et qui ne manque pas de solidité ». (*Principles of Morals*, sect. 3, et note).

(2) Le paragraphe suivant parut dans le *Moniteur universel* du 11 mars 1790 : « On prétend que le célèbre M. Smith, connu si avantageusement par son traité des causes de la richesse des nations,

divergents : l'un se basait sur un imaginaire code
naturel établi au bénéfice de l'homme et menant à
une conception optimiste d'une constitution économique fondée sur la clairvoyance de l'intérêt personnel ; l'autre suivait la marche inductive et s'essayait
à expliquer les divers états suivant lesquels les sociétés
humaines subsistent, et comment ils résultent de circonstances ou d'institutions toujours agissantes. Et
nous trouvons, en effet, dans son grand ouvrage, une
combinaison de ces deux méthodes : recherche inductive, d'une part ; et, d'autre part, la spéculation *a priori*,
fondée sur l'hypothèse de « la Nature ». Ce dernier procédé vicieux a subi chez quelques-uns de ses successeurs
de fortes aggravations : car ils ne les compensèrent point
par l'usage de l'induction qu'ils dédaignaient. D'ailleurs,
la nécessité ou l'utilité de toute investigation dans le
champ économique fut même quelquefois déniée.

On a dit de l'œuvre de Smith qu'elle était d'une texture
si lâche, et d'un arrangement si défectueux, qu'on la
pouvait justement considérer comme ne contenant
qu'une série de monographies. C'est là, certes, une exagération. Cet ouvrage, il est vrai, n'est pas enserré dans
un cadre rigide, et ne fait guère montre de divisions et de
subdivisions systématiques ; mais c'est ce qui le recommandait précisément aux hommes du monde et des
affaires, à l'instruction desquels il était primitivement destiné. En tant que corps d'exposé, il possédait cette réelle
et profonde unité qui résulte d'une constante et homo-

prépare et va mettre à l'impression un examen critique de l'*Esprit
des Lois ;* c'est le résultat de plusieurs années de méditation, et l'on
sait assez ce qu'on a droit d'attendre d'une tête comme celle de
M. Smith. Ce livre fera époque dans l'histoire de la politique et de
la philosophie, tel est du moins le jugement qu'en portent des gens
instruits qui en connaissent des fragments dont ils ne parlent qu'avec
un enthousiasme du plus heureux augure ».

gène conception, et de l'absence totale de ces contradictions qui sourdent d'un sujet imparfaitement assimilé.

Smith part de l'idée que le travail annuel d'une nation
est la source d'où dérive tout ce qui est nécessaire ou
convenable à son existence. Il ne considère pas, bien
entendu, le travail comme l'unique facteur de production ; mais on a supposé qu'en y insistant dès le début,
il a, d'un seul coup, frappé la note qui le distingue à la
fois des mercantilistes et des physiocrates. L'accroissement de la productivité du travail dépend grandement
de la division de celui-ci. Aussi commence-t-il par formuler son incomparable exposé de ce principe, de ses
bases et de son accommodation plus facile à la manufacture qu'à l'agriculture. Par suite, l'agriculture retarde
par rapport au cours du développement économique (1).
L'origine de la divison du travail se trouve, selon lui,
dans la tendance de la nature humaine « à troquer, vendre ou échanger une chose pour une autre ». Il montre
qu'une certaine réserve de capitaux est une condition
préalable de cette division : le degré auquel on la peut
pousser dépend de l'étendue du marché. Quand la division du travail s'est établie, chaque membre de la société
aura recours aux autres pour satisfaire à la majeure partie de ses désirs. Un intermédiaire d'échange se crée
ainsi nécessaire ; et l'argent trouve un usage. L'échange
des biens soit contre d'autres, soit contre de l'argent, engendre la notion de valeur. Ce mot de valeur a deux sens :
utilité et puissance d'achat. L'utilité peut être dite valeur
d'usage ; et la puissance d'achat, valeur d'échange. Smith
ne fait que mention de la valeur d'usage ; puis il passe à
l'étude de la valeur d'échange. Quelle est la mesure de
cette valeur, dit-il ? Qu'est-ce qui règle la quantité d'une

(1) Smith n'y tient pas compte des *maux* qu'engendre la division
excessive du travail. Mais, voyez : Liv. V ; chap. I.

chose dans son échange contre une autre ? Smith répond : « le travail est la mesure réelle de la valeur d'échange de toutes les commodités ». « En tout temps et tout lieu, des quantités égales de travail sont des valeurs égales pour le travailleur » (1). « Dès lors, seul le travail ne variant jamais, en valeur propre, ce travail constitue l'unique, l'ultime, le réel module à l'aide duquel les valeurs de toutes les commodités peuvent, toujours et partout, s'estimer et se comparer. Il est leur prix vrai ; l'argent n'est que leur prix nominal ». Toutefois, le numéraire est, dans les transactions actuelles, la mesure de la valeur, et le véhicule de l'échange. Les métaux précieux sont les mieux adaptés à cette fonction ; car ils varient peu intrinsèquement pour des périodes de longueur modérée. Pour des temps lointains, le blé est un meilleur étalon de comparaison. Relativement au stade social le plus ancien, nous n'avons rien d'autre à considérer que le travail employé à produire tel article pour déterminer sa valeur d'échange ; mais aux périodes plus avancées, le prix est complexe, et se compose, dans le cas le plus général, de trois éléments : gages, profit et rente. Les gages sont la récompense du travail. Le profit naît, alors qu'un capital concentré entre les mains d'une seule personne, est employé par elle à procurer à d'autres du travail, et les fournit de matériaux et de vivres, de manière à opérer un gain sur leur production. La rente apparaît dès que la terre d'un pays est, en totalité, passée à l'état de propriété privée ; « les propriétaires du sol, comme les autres hommes, aiment à moissonner là où ils n'ont jamais semé ; et demandent une rente même pour un pro-

---

(1) Cette sentence, qui à l'examen serré ne possède aucun sens intelligible défini, fournit un bon exemple de la manière dont l'esprit métaphysique obscurcit les idées économiques. Qu'est-ce qu'une « quantité de travail », quand la nature du travail reste indéterminée ? Et que signifie le terme « d'égale valeur » ?

duit naturel ». Ainsi, en chaque société cultivée, ces trois
éléments entrent plus ou moins dans le prix de la plupart
des commodités. Il y a, dans chaque société, et dans son
voisinage, un taux ordinaire ou normal des salaires et du
profit, pour chaque emploi différent du travail et du
capital : il est régi par des principes qui seront exposés
plus loin ; et il en est de même du taux ordinaire ou normal de la rente. Les taux peuvent être dits taux naturels
pour le temps et pour le lieu où ils prévalent. Le prix
naturel d'une commodité est le prix qui suffit à payer
le fermage de la terre (1) ; les salaires, du travail ; et le
profit, du capital nécessaire pour amener la commodité
sur le marché. Le prix marchand peut monter au-dessus,
ou tomber au-dessous, de la somme ainsi fixée ; car il
est déterminé par le rapport de la quantité jetée sur le
marché à la demande de ceux qui ne veulent payer que
le prix naturel. Autour de ce prix naturel central oscille
constamment le prix marchand qui règle la concurrence.
Cependant, certaines commodités sont assujetties à un
monopole de production, provenant soit de particularités
locales, soit d'un privilège légal. Leur prix est toujours
le plus haut qu'on puisse atteindre. Le prix naturel des
autres commodités est le plus bas qu'il puisse être pour
un certain temps. Les trois parties composantes ou les
facteurs du prix varient d'après les circonstances sociales.
Le taux des salaires se détermine par un « débat », ou
lutte d'intérêts opposés entre l'employeur et l'ouvrier. Un
taux minimum s'établit ; sa valeur doit être au moins
suffisante pour permettre à un homme et à sa femme de
s'entretenir, et, en général, d'élever une famille. Le surplus dépendra de l'état du pays, et conséquemment, de
la demande de travail. Les salaires sont hauts quand la

---

(1) Les expressions de Smith sur ce point sont vagues, ainsi que
nous le verrons quand nous en viendrons à examiner la Théorie de
la Rente (soi-disant) ricardienne.

richesse nationale croît ; bas, quand elle décline. Les
mêmes circonstances déterminent, mais en sens opposé,
la variation des profits. L'accroissement des capitaux
élève les salaires, et, par la concurrence entre les capitalistes, tend à abaisser le profit. « L'ensemble des avantages et des inconvénients des divers emplois du travail
et du c .pital, dans une même région, doivent être parfaitement constants, ou tendre continuellement à la cons-
tance ». Si l'un a de grands avantages sur les autres, on
voudra le posséder, et le niveau sera bientôt rétabli.
Cependant, salaires et profits en espèces diffèrent beaucoup suivant les emplois : soit du fait de certaines circonstances qui les affectent pour les recommander ou les
discréditer dans l'esprit des hommes ; soit du fait de la
politique nationale « qui, nulle part, ne laisse les choses
en parfaite liberté ». Ici, Smith donne cette admirable
exposition, déjà rapportée, des causes qui produisent les
inégalités des salaires et des profits. Ce passage met en
pleine évidence son habitude d'observer finement les
traits les moins perceptibles de la nature humaine, et
leur action sur les institutions sociales et les faits économiques. Il considère ensuite le fermage de la terre ; puis,
finalement, les trois éléments du prix. La rente est un
prix de monopole égal, non à ce que le propriétaire
pourrait prélever, mais à ce que le fermier peut céder.
« Seule, est communément amenée au marché la portion
du produit de la terre dont le prix normal suffit à dédom-
mager des frais faits pour les y apporter, frais augmentés
des profits ordinaires. Si le prix normal est supérieur à
ce cours, le surplus ira naturellement au fermage. S'il
n'est qu'égal à ce cours, la commodité n'ajoutera rien,
bien qu'apportée au marché, à la rente du propriétaire.
Ainsi, le prix ne dépend que de la demande ». « Donc la
rente entre dans le prix des commodités par une voie
différente de celle des salaires et des profits. L'élévation

ou la dépression des salaires et des profits sont les causes de la hausse et de la baisse des prix ; la hausse ou la baisse des fermages en résulte ».

Rentes, salaires, profits, tels sont les éléments du prix ; et aussi les composantes du revenu. De plus, les trois principaux ordres de toute société civilisée, des revenus desquels ceux des autres ordres dérivent en dernier ressort, sont ceux des propriétaires, des travailleurs et des capitalistes. Les rapports d'intérêts de chacune de ces trois classes à ceux de la société sont, en général, différents. L'intérêt du propriétaire se confond toujours avec l'intérêt général : tout ce qui l'excite ou l'embarrasse retentit sur les autres. Semblable est le cas du travailleur : si la richesse de la nation progresse, ses salaires s'élèvent ; ils s'abaissent dès qu'elle est stationnaire ou regressive. « Les intérêts du troisième ordre n'ont pas les mêmes rapports, avec l'intérêt général de la société, que les deux autres... ils sont toujours, en quelque sorte, différents ou adverses de ceux du public ».

Le second livre a pour objet « la nature, l'accumulation et l'amélioration du capital. » Le capital de tout homme comprend deux parts : l'une réservée à la consommation immédiate ; l'autre, utilisée, et frappée du revenu du propriétaire. Cette dernière part, ou « capital » proprement dit, se divise en deux portions : l'une « fixe », et l'autre « circulante. » La première est telle qu'elle procure profit sans changer de mains. La seconde consiste en objets utiles, bruts, fabriqués ou achetés, qu'on revend avec profit et qu'on remplace par d'autres valeurs ; cette sorte de capital est donc constamment en mouvement de sortie et de rentrée entre les mains de son propriétaire. Le fonds social se subdivise également sous deux titres. Le capital fixe consiste principalement en : 1º Machines ; 2º Constructions susceptibles de procurer revenu ; 3º Établissements agricoles ; et 4º Talents acquis et développés de tous les membres de la société (désigné quelquefois, depuis, sous le nom de « capital personnel »). Le capital circulant se compose encore de quatre parties : 1° l'argent ; 2° les provisions entre les mains des contractants ; 3° les matériaux ; 4° le travail du manufacturier et du négociant. Suit la distinction entre le revenu national brut et le revenu net. Le revenu brut est la somme du produit de la terre et du travail du pays ; le revenu net est ce qui en reste, déduction faite des dépenses d'entretien du capital national fixe et de cette portion du capital circulant qui consiste en argent. L'argent, « gouvernail de la circulation », est entièrement distinct des objets utiles, grâce à lui, transportés. C'est un instrument coûteux à l'aide duquel chaque individu reçoit sa répartition. La dépense qu'exige d'abord son acquisition, puis son entretien, vient en déduction du revenu social net. En développant cette théorie, Smith en arrive à expliquer comment la communauté gagne à substituer le papier-monnaie aux métaux précieux. Et voici cette image curieuse où il compare l'usage de la monnaie d'or et d'argent à une grand'route sur terre ; et, celui du papier-monnaie, à une large et sûre voie aérienne. Continuant à considérer la capitalisation, il est amené à distinguer le travail productif du travail improductif : productif est celui qui est fixé ou réalisé dans un objet particulier ou un article marchand ; improductif est celui qui n'est pas matériellement réalisé. Le premier a pour exemple le travail de l'ouvrier de manufacture ; le dernier, celui du service domestique. Une ligne de démarcation tranchée est ainsi tirée entre le travail qui crée les commodités, ou ajoute de la valeur aux commodités, et celui qui ne fait rien de plus que rendre des services : l'un est productif ; l'autre, improductif. « Productif » n'est nullement synonyme d' « utile » : les travaux du magistrat, du soldat, du prêtre, du légiste et du médecin sont, au sens de Smith, improductifs. Seuls les travailleurs productifs vivent du capital. Les travailleurs improductifs, ou ceux qui ne donnent aucun travail, sont entièrement entretenus par le revenu. Dans les communautés industrielles progressives, la por'ion du produit annuel capitalisée est en rapport croissant avec celle qui va immédiatement constituer revenu, rente ou profit. L'épargne est la source du progrès du capital. En accroissant le fond destiné à l'entretien des mains ouvrières, l'épargne surexcite l'intensité du mouvement industriel, et surajoute ainsi de la valeur au produit annuel. Le lot annuellement réservé est consommé d'une manière aussi régulière que la partie dépensée ; mais il est consommé par un genre autre de personnes : par des travailleurs productifs, au lieu de l'être par des oisifs ou par des travailleurs improductifs ; et les producteurs reproduisent avec profit la valeur de leur consommation. En entamant son capital, le prodigue diminue, autant qu'il est en son pouvoir, la réserve de travail productif ; et, par conséquent, la richesse du pays. D'ailleurs, le résultat est le même, qu'il fasse porter sa dépense sur des commodités fabriquées dans le pays ou à l'étranger. Chaque prodigue est donc un ennemi public ; chaque homme économe, un bienfaiteur public. Ainsi, le seul mode d'accroître le produit annuel de la terre et du travail est d'augmenter le nombre des travailleurs productifs, ou la puissance productive des travailleurs. Chaque progrès exige habituellement un capital additionnel : l'ancien entretient les travailleurs nouveaux ; le nouveau renouvelle ou améliore le machinisme, ou facilite à l'employeur l'introduction d'une division plus complète du travail. En ce qu'on nomme communément le prêt d'argent, ce n'est pas tant l'argent que la valeur de l'argent qui manque à l'emprunteur. En réalité, le prêteur concède à celui-ci le droit à une certaine part du produit annuel de la terre et du travail du pays. Si le capital général du pays croît, il doit en être de même d'une région particulière, et les possesseurs cherchent à en drainer un revenu sans prendre soin de travailler par eux-mêmes. Et comme la quantité des fonds ainsi disponibles pour les prêts s'est accrue, l'intérêt diminue, non seulement « par suite des causes générales qui font diminuer communément le prix marchand des objets en raison de leur nombre » ; mais encore parce qu'avec l'accroissement du capital « il devient de plus en plus difficile de trouver dans le pays un moyen de faire fructifier un nouveau capital. » De là sort la concurrence entre les divers capitaux et cette baisse des profits qui diminue la redevance de l'emploi de l'argent, ou, en d'autres termes, le taux de l'intérêt. Tout d'abord, et faussement — Locke et Montesquieu eux-mêmes n'avaient pas échappé à cette erreur — on avait supposé que la dépréciation des métaux précieux qui suivit la découverte des mines américaines était la véritable cause de la baisse permanente du taux de l'intérêt en Europe. Mais une telle opinion, déjà réfutée par Hume, est visiblement erronée. « En certains pays, l'intérêt de l'argent a été prohibé par la loi. Mais, comme partout on peut faire quelque chose avec de l'argent, partout on devra payer pour s'en servir », et, en fait, on payera. La prohibition n'aura pour effet que d'accroître le mal de l'usure, car elle accroît le risque du bailleur. Le taux légal doit être un peu plus haut que le taux marchand le plus bas ; les emprunteurs économes seraient alors préférés aux prodigues et aux spéculateurs qui, avec un taux légal plus élevé, prennent avantage sur eux, car ils acceptent un taux supérieur.

Quant aux divers emplois du capital, la quantité de travail productif développée varie extrêmement, pour une même mise de fonds, suivant que celle-ci est

employée : 1° à exploiter des terres, mines ou pêcheries ;
2° dans la manufacture ; 3° dans la grosse commission ;
ou, 4° dans le commerce de détail. En agriculture « la
Nature travaille avec l'homme ». Non seulement le
capital du fermier s'y reproduit, et avec profits, mais,
avec eux, la rente du propriétaire foncier. Voilà donc,
pour un capital donné, l'emploi le plus avantageux à la
société. Suivent dans l'ordre : la manufacture ; le commerce en gros, — d'abord le commerce intérieur, puis
le commerce extérieur de consommation — enfin l'industrie des transports. Donc, tous ces emplois du capital sont non seulement avantageux, mais encore nécessaires ; et ils s'introduiront, en juste mesure, s'ils sont
abandonnés à l'action spontanée de l'initiative individuelle.

Ces deux premiers livres contiennent le plan économique général de Smith. Nous l'avons retracé aussi complètement que le comportait la nécessité d'être bref ; car
c'est cet exposé doctrinal qui engendra l'Ecole classique
anglaise ; et autour duquel la discussion, aux temps plus
récents, et en divers pays, en grande partie, a roulé
Quant aux successeurs de Smith, leurs critiques, leurs
variantes doctrinaires seront mentionnées au cours qui
va suivre.

Les philosophes critiques du dix-huitième siècle furent
souvent dénués de l'esprit historique, qui ne faisait pas
partie de l'acquit nécessaire à leur principal office social.
Mais, quelques-uns des plus éminents, surtout en Ecosse,
manifestèrent une aptitude et une prédilection remarquables pour les études historiques Smith était de ceux-ci.
Knies et d'autres discernent avec clairvoyance des traces
magistrales de cet esprit qui se révèlent dans la
Wealth of Nations. La plus longue et la mieux finie
zèbre le troisième livre ; c'est un aperçu du cours qu'ont
suivi les nations de l'Europe moderne dans le dévelop-

pement successif des différentes formes industrielles. Elle offre un curieux exemple de l'efficacité des préjugés doctrinaires à obscurcir les résultats de l'observation historique. Bien que Smith décrive avec exactitude le mouvement industriel européen, et l'explique également par le jeu des causes sociales, cependant, conformément aux principes absolus qui entachaient sa philosophie, il proteste contre lui ; car ce mouvement réalise une complète inversion de l'« ordre naturel des choses ». D'abord l'agriculture, puis la manufacture, enfin le commerce extérieur : tout autre ordre est, d'après lui « artificiel et rétrograde ». Hume, penseur d'une positivité plus pure, ne voit que les faits, les accueille et les classe sous une loi générale. « C'est un procédé violent, dit Smith, et, en bien des cas, impraticable, que d'obliger le travailleur à peiner et à extraire du sol plus qu'il ne faut à lui et à sa famille. Fournissez-le de manufactures et de commodités, et il peinera volontiers ». « Si nous consultons l'histoire, nous trouverons que, chez maintes nations, le commerce étranger a précédé le progrès des manufactures nationales, et donné naissance au luxe domestique ».

Le quatrième livre est principalement consacré à élaborer et à engager une polémique contre le système mercantile qu'elle chasse finalement du domaine économique. Elle exerça une puissante influence sur la législation économique. Quand, maintenant, on plaide pour la protection, on s'en tient habituellement à des sujets différents de ceux qu'on débattait avant le siècle de Smith. Il regardait la croyance en une restauration de la liberté du commerce extérieur, en Grande-Bretagne, comme « aussi absurde que l'attente d'une instauration d'une Oceana ou d'une Utopia ». Cependant, c'est principalement grâce à ses travaux que cet objet a été complètement atteint. Récemment, on a même judicieusement dit que la liberté commerciale eût été plus généralement acceptée par d'autres nations si la patiente raison de Smith n'avait laissé place au dogmatisme. Sa théorie sur ce sujet n'est pas tout-à-fait injustifiée, mais, en somme, en ce qui concerne des échanges quelconques où entrent seuls des motifs économiques, sa voix est acquise à la liberté. Toutefois, il se préoccupait aussi bien des intérêts politiques que des intérêts économiques. Se basant sur ce que « défense importe beaucoup plus qu'opulence », il estime que l'Acte de Navigation fut « peut-être le plus sage de tous les règlements commerciaux de l'Angleterre ». Tout en s'efforçant de prévenir l'exportation de la laine, il propose de taxer cette exportation ; mesure, à ses yeux, moins préjudiciable aux producteurs que la prohibition, parce qu'au manufacturier national elle « donnait un suffisant avantage » sur le manufacturier étranger. Telle est, peut-être, sa déviation la plus marquée à la rigueur du principe. C'était, sans doute, une concession à l'opinion populaire, afin d'arriver à une réforme pratique. La sagesse des mesures de réciprocité destinées à provoquer le rappel des droits élevés ou des prohibitions édictées par les gouvernements étrangers dépend, dit-il, complètement de l'apparente efficacité de celle-ci à réaliser le but poursuivi ; mais il ne cèle pas son mépris pour la pratique d'un tel expédient. Le rétablissement de la liberté industrielle devait, pense-t-il, dès que la manufacture a pris une extension considérable, à l'aide de droits élevés, s'opérer, par raison d'humanité, peu à peu et avec circonspection ; bien que la grandeur des maux causés par l'abolition immédiate des droits soit, à son avis, habituellement exagérée. Le cas où J. S. Mill tolère la protection — c'est-à-dire, celui où une industrie bien appropriée à une contrée est en butte au monopole acquis par des producteurs étrangers — est étudié par Smith qui, toutefois, rejette cette exception

pour des raisons qui ne paraissent pas concluantes (1).
Peut-être reste-il à peine conséquent avec lui-même quand
il approuve la concession de monopoles temporaires à
des compagnies à fonds collectifs qui soutiennent des
entreprises hasardeuses « dont le public récoltera ensuite
le bénéfice » (2).

Il est moins absolu dans sa doctrine de la non-inter-
vention gouvernementale, quand il vient à considérer,
dans son cinquième livre, « les dépenses du souverain ou
de la république ». Il reconnait qu'il est du ressort de
l'État d'ériger et de conserver ces institutions générales
et ces travaux publics dont l'utilité sociale ne suffit pas à
payer les débours, et qui, par conséquent, ne sauraient
incomber à des individus, ou à de petits groupes d'individus. Avec un sens historique juste, il remarque
combien l'accomplissement de ces fonctions exige de
dépenses bien différentes suivant les diverses époques
sociales. Au lieu des institutions et des œuvres de
défense publique, d'administration judiciaire et de
celles qu. exige la facilité des échanges sociaux, il considère celles que nécessite le progrès de l'instruction populaire. Il pense, qu'en général, il appartient au public,
non seulement de faciliter et d'encourager, mais d'impo-
poser même, presqu'à tout le monde, l'acquisition, dans
la jeunesse, des éléments les plus essentiels de l'éduca-

(1) Il faut cependant avoir toujours à l'esprit que l'adoption, par
un État, de cette mesure de protection comporte trois dangers pratiques : 1° Encouragement donné, sous couvert politique, à des industries qui n'auraient jamais acquis de prospérité dans le pays ;
2° Encouragements continués au-delà du terme utile ; 3° Renfor-
cement de l'esprit d'exclusion chez d'autres communautés.

(2) Le professeur Bastable appelle l'attention de l'auteur sur ce fait
intéressant : la proposition d'un droit d'exportation sur la laine et
la justification d'un monopole temporaire à des compagnies à fonds
collectifs apparaissent, simultanément, pour la première fois, dans
l'édition de 1784.

tion. Pour sanctionner cette obligation, il propose d'exiger l'épreuve et le contrôle d'un examen « préalable à l'obtention d'une licence corporative, ou à la patente d'un commerce dans toute agglomération villageoise ou urbaine ». De même, il est partisan des épreuves, jusque dans les sciences les plus hautes et les plus difficiles. Avec force, il les pose en condition d'exercice d'une profession libérale, ou de brigue d'une candidature à tout office honorifique. Les frais de culte, d'enseignement religieux et d'éducation générale, il croit pouvoir les faire incomber sans injustice au trésor public. Cependant, il préférerait, semble-t-il, les voir prélever, par subside volontaire, sur ceux qui croient à l'opportunité d'une telle éducation, ou d'une telle instruction. Aussi substantiel qu'intéressant et instructif, dans ce cinquième livre, il y montre un instinct politique et une largeur de vue qui le font heureusement contraster avec l'école de Manchester. Mais, si nous pouvons ainsi parler sans manquer de respect à un si grand homme, on lui voit des traces de ce que, maintenant, on nomme le Philistinisme : d'une myopie envers le but de l'art et de la poésie, provenant peut-être d'un défaut personnel, bien qu'elle ait été commune aux esprits, jusqu'aux plus nobles, de son siècle. Il y a aussi des indices d'un certain dédain pour les aspirations sublimes et l'importance durable de la religion. Sans doute, il convient de le rapporter aux idées d'un siècle où l'esprit critique accomplissait une œuvre indispensable, sans la réalisation de laquelle la transition était susceptible de se confondre avec la stabilité.

Afin de considérer, dans son intégralité, la théorie de Smith sur les fonctions gouvernementales, citons encore l'exposé du système physiocratique qui prend une partie du quatrième livre. Smith fut en relations avec Quesnay, Turgot et d'autres membres de leur groupe, pendant son séjour en France, en 1765. Suivant Dugald Stewart, il eût dédié au patriarche de l'École, si celui-ci eût vécu plus longtemps, la *Wealth of Nations*. Smith déclare que le système de Quesnay, malgré toutes ses imperfections, est « peut-être l'approximation la plus approchante de la vérité qui soit encore apparue en économie politique ». Cependant, il ne semble pas avoir une claire conscience de la mesure dont se rapprochent sa doctrine propre et celle des physiocrates. Dupont de Nemours se plaint qu'il n'ait point rendu à Quesnay la justice de le reconnaître pour son père spirituel. Toutefois, on a allégué ailleurs, qu'avant 1753, Smith avait enseigné, comme professeur, un système de doctrine économique semblable, dans ses grandes lignes, à celui de son grand ouvrage. A la vérité, ce n'est qu'un dire de Stewart ; mais, bien que non justifié, il est possible qu'il soit tout-à-fait vrai. S'il en est ainsi, la filiation doctrinale de Smith provient plutôt de Hume que de l'école française. L'erreur principale de celle-ci, c'est-à-dire, la conception du travail agricole regardé comme seul productif, il la réfute dans le quatrième livre, quoique d'une manière qu'on n'a pas toujours jugée effective. Des vestiges de leur méprise paraissent subsister dans son propre ouvrage : par exemple, son assertion qu'en agriculture la nature collabore avec l'homme, tandis que dans la manufacture la nature ne fait rien et que l'homme fait tout ; ou bien encore sa distinction entre le travail productif et le travail improductif, qui lui fut sans doute suggérée par l'accoutumance à ces épithètes, et qui est à peine compatible avec sa reconnaissance de ce qu'on nomme maintenant le « capital personnel ». A la même source, M'Culloch et d'autres font remonter l'origine de cette idée de Smith qu'ils taxent d'erreur grossière : l'intérêt individuel n'est pas toujours le vrai critère de l'intérêt public dans les divers offices. Mais cette opinion est, en vérité fort juste, comme le professeur Nicholson l'a clairement montré (1). Que la forme revêtue par l'emploi du capital, pour un profit donné, ne soit pas indifférente à l'ensemble des classes laborieuses, Ricardo lui-même l'admet, et Cairnes, nous le verrons, bâtit là-dessus des conclusions, de la plus haute portée, dans ses *Leading Principles*.

Sur la théorie de l'impôt de Smith, au cinquième livre, il ne nous est pas nécessaire d'insister. Les règles canoniques bien connues qu'il fixe en dispositions essentielles d'un bon système sont généralement acceptées. Elles ont récemment subi la sévère critique du Professeur Walker dont, cependant, une seule objection paraît bien fondée. Smith semble partager l'opinion que la contribution de l'individu aux dépenses publiques peut être regardée comme le paiement des services que lui rend l'État ; et elle sera proportionnée au prix de ces services. S'il soutenait cette théorie qu'impliquent certains passages, il s'écartait certes ainsi de ses principes.

On ne nous accusera pas d'anticipation illégitime, si nous remarquons ici comment l'opinion, révoltée par les aberrations des successeurs de Smith, a tendu à se détourner des disciples pour s'en prendre au maître. Un sens énergique de son affranchissement relatif envers les vicieuses tendances de Ricardo et de ses successeurs a récemment inspiré l'idée d'en revenir désormais à Smith, et de reprendre, une fois de plus, chez lui, la tradition de la succession économique. Mais, malgré son indiscutable supériorité, et tout en reconnaissant pleinement les grands services rendus par son œuvre immortelle, nous ne devons pas oublier, comme nous l'avons déjà dit, que celle-ci, en somme, était un produit tout exceptionnel, très éminent, il est vrai, de la philosophie négative du siècle dernier. En fin de compte, elle reposait presqu'exclu-

---

(1) Dans l'*Introductory Essay* à son édition de la *Wealth of Nations*.

sivement sur des bases métaphysiques. L'esprit de Smith se préoccupa surtout de l'œuvre critique si urgente de son siècle.

Sa mission principale fut de discréditer et de renverser le système économique dominant à l'époque, et de démontrer l'incapacité des gouvernements européens d'alors à diriger le mouvement industriel. Cet office se raccordait et contribuait au travail général de démolition entrepris par les penseurs qui donnèrent au xviiie siècle son allure caractéristique. Il est à son honneur qu'à cette œuvre de destruction il ait adjoint de précieux matériaux propres à la formation d'un système organique intellectuel et moral. Dans sa spécialité, il a non seulement étouffé maintes erreurs et maints préjugés, et illuminé ainsi le champ de la vérité, mais il nous a mis, à perpétuité, en possession de judicieuses analyses, de faits et d'idées économiques, de suggestions pratiques et sages et des lumineuses indications de tous genres dont son ouvrage abonde. Adepte de la meilleure école philosophique de son âge, de celle-là à qui les noms de Hume et de Diderot s'associent, il tendit énergiquement à la positivité. Mais il ne lui était point possible de l'atteindre. L'établissement final et pleinement normal de l'existence sociale économique s'élèvera sur des fondements autres et plus durables que ceux qui supportent son imposante construction.

On a dit des doctrines philosophiques : « Aux fruits, vous les jugerez. » Cet adage est bien vrai. S'il n'est point douteux que les germes des vicieuses méthodes et des théories fausses ou exagérées des successeurs de Smith sont observables dans l'œuvre du maître, du moins son bon sens et son instinct l'empêchaient de pousser ses principes à leurs conséquences extrêmes. Les objections d'Hildebrand et autres contre la capacité d'évolution historique de la doctrine dénommée, par les

Allemands, « Smithianisme » s'appliquent, suivant ces critiques, non seulement à l'ensemble de son école, mais aussi, et à un moindre degré cependant, à lui-même. Voici les plus importants de ces arguments : 1º la conception smithienne de l'économie sociale est essentiellement individualiste. On y retrouve le caractère général de la philosophie négative du siècle. Dans sa forme la plus typique, cette philosophie niait l'existence naturelle des affections désintéressées. Pour elle, les sentiments altruistes dérivent secondairement de l'égoïsme. Cependant, Smith, comme Hume, rejetait ces théories outrées. Par suite, il lui fallut, dans la *Wealth of Nations* faire consciencieusement abstration, bien que tacitement, des instincts bienveillants de la nature humaine. En artifice logique, il a supposé un « homme économique » mû par des motifs purement égoïstes. Et conséquemment, il se place d'habitude au point de vue de l'individu. Il y voit une force purement égoïste ne travaillant que dans le but du gain personnel, sans nulle préoccupation du bien des autres ou de celui de l'ensemble de la communauté. 2º Smith justifie cette conduite individuelle par les conséquences. Il croit, avec optimisme, que le bien de la communauté ressort mieux du libre jeu des cupidités individuelles, pourvu que la loi prenne soin d'empêcher l'intervention d'un membre de la société dans l'exercice de l'égoïsme d'un autre.

Il admet, avec l'ensemble de l'école négativiste — bien qu'il y ait des passages qui ne s'accordent pas avec ces propositions — que chacun connaît son véritable intérêt, le poursuit, et que l'avantage économique de l'individu concourt avec celui de la société.

A cette dernière conclusion, il est secrètement amené, nous l'avons vu, par des idées théologiques *a priori*, jointes à des conceptions métaphysiques d'un prétendu système naturel; du droit naturel et de la liberté naturelle.

3°, par cette réduction de presque toute question à la notion du gain individuel, il en vient à considérer trop exclusivement la valeur d'échange en tant que distincte de la richesse proprement dite. Si ce procédé facilite mécaniquement l'acheminement aux conclusions, il imprime aussi un caractère de superficialité aux recherches économiques, et crée le divorce entre les sciences physiques et les sciences biologiques.

Smith exclut les questions d'utilité sociale réelle, ne laisse pas de place à la critique de la production, et en vient à réprouver, après J. S. Mill, toute doctrine économique qui s'intéresse à la consommatio . ı, en d'autres mots, à l'emploi de la richesse. 4° En ⸱ ndamnant la politique industrielle contemporaine, il s'efforce, sans mesure, de glorifier l'abstentionnisme gouvernemental et de répudier toute intervention sociale dans le règlement de la vie économique. 5° Il fait abstraction de la mission morale de notre race, et ne voit pas dans la richesse l'accès aux fins morales plus nobles. Aussi encourt-il, non sans excès d'injustice, l'accusation de matérialiste, au sens philosophique du mot. Enfin, 6° tout son système est d'un absolutisme caractérisé. Il ne voit pas suffisamment le fait qu'exprime ainsi Hildebrand : l'homme, membre de la société est le fils de la civilisation et un produit de l'histoire.

Il faut tenir compte des différentes étapes du développement social ; car elles impliquent des conditions économiques autres ; exigent une activité économique autre ; et par réaction modifient le travailleur. Sans doute, de tous les reproches ici mentionnés, il en est certes, et notamment le dernier, dont Smith est plus excusable que la plupart des économistes anglais plus récents. Mais on admettra, pensons-nous, que les principes généraux et fondamentaux de sa doctrine ont pour corollaire ces tendances pernicieuses.

De grands espoirs avaient été entretenus par l'œuvre de Smith, chez des juges compétents, antérieurement à sa publication. C'est ce que prouve le langage de Ferguson dans l'*History of Civil Society* (1). Que ses mérites furent vite reconnus, voilà ce que montre la demande de six éditions dans les quinze années de son apparition (2). Depuis l'année 1783, il fut plus ou moins cité au Parlement. Pitt fut fort impressionné de son argumentation. Smith déclarait, dit-on, que ce ministre comprenait cette œuvre aussi bien que lui-même. Pulteney disait en 1787 : Smith va convertir la génération actuelle; il gouvernera la suivante (3).

Les premiers critiques de Smith sont Bentham et Lauderdale. D'accord avec lui en général, ils en diffèrent sur des points spéciaux. Jeremy Bentham est l'auteur d'un petit traité intitulé *A Manual of Political Economy*, et de

(1) « Le public aura probablement bientôt une théorie d'économie nationale qui égalera, vraiment, tout ce qui jamais parut sur cette science ».

(2) Cinq éditions de la *Wealth of Nations* parurent durant la vie de l'auteur : la première, en 1776 ; la seconde, en 1779 ; la troisième, en 1784 ; la quatrième, en 1786 ; et la cinquième, en 1789. Après la troisième édition, Smith n'apporta plus de changement au texte. Les principales éditions qui renferment des additions d'autres économistes sont celles de : William Playfair, avec notes, 1805 ; David Buchanan, avec notes, 1814 ; J. R. M'Culloch, avec biographie de l'auteur, discours d'introduction, notes et dissertations supplémentaires, 1828 (puis, avec de nombreuses additions, 1839; depuis lors réimprimée de temps à autre avec de nouvelles additions); l'auteur de *England and America* (Edward Gibbon Wakefield) avec un commentaire qui, toutefois, ne s'étend pas au-delà du second livre, 1835-9 ; James E. Thorold Rogers, Professeur d'Économie Politique à Oxford, avec Préface biographique et une méticuleuse vérification de toutes les notes et références de Smith, 1869 (2ᵉ éd. 1880) ; J. S. Nicholson, professeur à Edinbourg, avec notes de renvoi aux originaux de travaux plus récents sur divers points du texte, 1884. Il existe un soigneux Abrégé *(Abridgment)*, par W. P. Emerton (2ᵉ éd. 1881), d'après la première Analyse *(Analysis)* de Jeremiah Joyce (3ᵉ éd., 1821).

(3) *Parl. Hist.* vol. XXXIII. p. 778.

diverses monographies économiques dont la plus célèbre est la *Defence of Usury* (1787). Celle-ci contient (Lettre xiii) une critique minutieuse de ce passage de la *Wealth of Nations*, déjà cité, où Smith approuve la fixation d'un taux maximum légal de l'intérêt qui ne dépasse que de très peu l'étiage du taux marchand ; parce qu'une telle fixation tend à placer le capital national entre les mains de personnes économes, au dam des « prodigues et des spéculateurs ». Smith, dit-on, admettait cette rectification de Bentham. Certes, les arguments de celui-ci sont très habiles (1) : et il n'est pas douteux qu'en principe il est bon, dans un milieu industriel développé, d'abandonner la fixation du taux à l'entente du bailleur et du preneur ; la loi n'intervenant qu'en cas de fraude.

L'activité intellectuelle de Bentham ne s'est point enfermée dans l'étude économique. Mais ce qui, d'un côté, est connu sous le nom de Benthamisme était, indubitablement, d'après la formule de Comte (2), une « dérivation de l'économie politique », et, en particulier, du système de liberté naturelle ; de l'autre côté, cela suscitait la domination temporaire de ce système, car il étendait à l'ensemble de la théorie sociale et morale l'utilisation du principe de l'intérêt individuel et la méthode de déduction correspondante. Cette liaison de l'économie politique au système de Bentham se distingue dans le collège de penseurs qui se groupèrent autour de lui. J. S. Mill leur attribue bien maladroitement le caractère de « profonds ». Mais ils étaient certes doués de force perspicacité et logique : ils tendaient, quoique vaguement, vers la sociologie positive que, faute de culture scientifique

---

(1) On se souviendra, cependant, que cette théorie avait déjà été soutenue, avec non moins d'habileté, dès 1769, par Turgot, dans son *Mémoire sur les prêts d'argent*.

(2) Lettres d'A. Comte à J. S. Mill (20 nov. 1841).

propre, et par leur esprit absolu, ils étaient incapables de fonder.

Lord Landerdale, dans son *Inquiry into the Nature and Origin of Public Wealth* (1804), livre toujours digne d'être lu, relève des faiblesses réelles dans la théorie de Smith sur la valeur, la mesure de la valeur, et la productivité du travail. Enfin il jette une lumière nouvelle sur divers sujets ; par exemple, sur le vrai moyen d'estimer le revenu national, et sur la réaction que la distribution de la richesse opère sur la production de celle-ci.

Smith vivait juste à l'aurore d'une grande révolution industrielle. Le monde de la production et du commerce de son temps était encore, suivant la remarque de Cliffe Leslie, « très primitif » et relativemeut étroit. « La seule machine à vapeur dont il parle est celle de Newcomen » ; il ne mentionne le commerce du coton qu'une seule fois, et cela, accidentellement. « Entre les années 1760 et 1770 », dit M. Marschall, Rœbuch commence à fondre le fer à l'aide de la houille ; Brindley unit à la mer, par des canaux, les centres manufacturiers naissants ; Wedgwood découvre l'art de fabriquer, à bon marché, la belle céramique ; Hargreaves invente le métier à filer ; Arkwright applique les inventions de Wyatt et High au tissage à cylindre et utilise la force hydromotrice ; Watt trouve la machine à vapeur à condensation. Le métier à filer en fin de Crampton et le métier à tisser de Cartwrigh viennent peu après ». De cette évolution rapide sort une expansion industrielle vaste, mais d'où provinrent maints effets déplorables qui, si Smith avait pu les deviner, auraient fait de lui un adepte moins enthousiaste des bénéfices à retirer de l'économie des efforts, et un dénonciateur moins véhément d'institutions vieillies qui, à leur jour, avaient du moins protégé le travail. En face des maux de ce système industriel nouveau, le socialisme apparut comme l'expression, aussi inévitable qu'indispensable, de la protestation des classes laborieuses et de l'aspiration à un ordre de choses meilleur. Ce que nous appelons « la question sociale », cet inexorable problème de la vie moderne, prit la place qu'elle a, depuis lors, toujours gardée. Cette question fut, pour la première fois, réellement posée devant l'opinion anglaise, par Thomas Robert Malthus (1766-1834) ; non pas, cependant, sous l'impulsion de sentiments révolutionnaires, mais dans l'intérêt de la politique conservatrice.

La première édition de l'ouvrage qui accomplit cet office parut, sans nom d'auteur, en 1798, sous le titre de *An Essay on the Principle of Population, as it affects the future improvement of Society, with remarcks on the speculations of Mr. Godwin, M. Condorcet, and others writers.* Ce livre provenait de certaines controverses privées entre son auteur et le père de celui-ci, Daniel Malthus, qui avait été ami de Rousseau et qui était un ardent adepte de la doctrine du progrès humain, prêchée par Condorcet et autres penseurs français, et par leurs disciples anglais. Le plus distingué de ces derniers était William Godwin dont l'*Enquiry concerning Political Justice* avait été publiée en 1793. Les théories de cet ouvrage furent reproduites, par son auteur, dans l'*Enquirer* (1797) ; et ce fut sur un essai intitulé « Avarice et Profusion » de ce volume que s'éleva la discussion entre le père et le fils. « La question générale du progrès futur de la société » s'étant ainsi posée entre eux, Malthus père défendit les doctrines de Godwin, et Malthus fils les battit en brèche. Celui-ci « ne prend place que dans l'intention de fixer sur le papier ses pensées afin d'être plus clair que dans la conversation ». L'*Essay* sur la population en fut le résultat.

Le thème social de Godwin se basait sur ce principe que les maux de la société proviennent des vices des institutions humaines. De la richesse, il y en a plus que le nécessaire, mais elle est inégalement répartie. L'un en a beaucoup trop ; l'autre peu, ou pas. Que cette richesse et le travail qui la reproduit soient équitablement répartis, et chacun, par un travail modéré, gagnera assez pour vivre à l'aise : plus longs seront les loisirs à consacrer au perfectionnement intime intellectuel et moral ; la raison déterminera les actions humaines ; le gouvernement et toute contrainte physique seront inutiles ; et avec le temps, sous la pacifique influence de la vérité, le bien et le bonheur règneront sur la terre. A ces radieuses prédictions, Malthus oppose les faits : nécessité de vivre, et tendance de l'humanité à franchir les bornes du bien. Dans un état d'aisance physique universelle, cette tendance qui, dans la vie réelle, est neutralisée par la difficulté de se procurer de la subsistance, s'exercerait sans obstacle. La disette suivrait la progression de la population : bientôt, plus de loisir ; l'antique lutte pour l'existence reprendrait ; et l'inégalité règnerait, une fois de plus. Si donc le système idéal de Godwin s'établissait, l'empire seul du principe de population suffirait, dit Malthus, à le démolir.

On voit que cet essai fut écrit dans un but polémique. C'était un pamphlet de circonstance dirigé contre les utopies du jour ; et non un traité systématique sur la population qu'eût inspiré un intérêt purement scientifique. Comme polémique, il eut un plein succès. Ce n'était point tâche difficile que de disloquer le plan égalitaire donné par Godwin. Déjà, en 1761, le Dr Robert Wallace avait publié un ouvrage, utilisé par Malthus pour la composition de son essai, et intitulé *Various Prospects of Mankind, Nature, and Providence*. Après y avoir préconisé la communauté des biens, en remède aux maux de la société, il confesse apercevoir une fatale objection à cette organisation ; c'est-à-dire « l'excès de population qui en résulterait ». Avec la même facilité, Malthus se débarrasse des extravagances de Condorcet. Ce grand homme a écrit, pendant la tempête de la Révolution française, et dans la retraite où il se dérobait à ses ennemis, son *Esquisse d'un tableau historique de l'esprit humain*. La conception générale de ce livre fait de son apparition une époque dans l'histoire de la sociologie naissante. A l'exception de quelques essais partiels de Turgot (1), s'y trouve pour la première fois exprimée la conception d'une théorie de dynamique sociale fondée sur l'histoire. Condorcet est, sous cet aspect, regardé par Comte comme son principal prédécesseur immédiat. Mais Condorcet échoua dans l'exécution de ce grand projet. Sa métaphysique négative l'empêcha d'apprécier avec justice le passé. A la fin de son œuvre, il se complait en de vagues hypothèses sur la perfectibilité indéfinie de notre espèce, et dans les espoirs irrationnels d'une extension indéfinie de la vie humaine. Malthus semble n'avoir que médiocrement estimé la noble attitude de Condorcet, et n'avoir point compris la grandeur de son idée directrice. Quant aux espoirs chimériques du philosophe, il était de taille à en faire prompte justice. Le bon sens de Malthus, quelquefois si borné et si prosaïque, était, du moins, capable d'éventer et d'étaler ces utopies.

Le projet d'un traité formel et détaillé sur la population fut une conception subséquente de Malthus. L'essai où il scrute un avenir hypothétique le conduit à examiner les effets de son principe sur l'état passé et présent de la société. Aussi entreprend-il l'étude historique de ces résultats, et tente-t-il d'en tirer sur l'état de choses présent des inductions conformes à ce que l'observation semblait démontrer. La conséquence de ce procédé fut un tel changement dans la nature et la composition de

(1) Dans son discours à la Sorbonne (1750), *Sur les progrès successifs de l'esprit humain*.

l'essai qu'il devint, selon l'expression de Malthus, « un nouvel ouvrage ». Ainsi remanié, le livre parut en 1803, sous le titre : *An Essay on the Principle of Population, or a View of its Past and Present Effects on Human Happiness; with an Enquiry into our prospects respecting the fortune removal or mitigation of the evils which it occasions.*

Sous la forme originelle de son essai, Malthus n'avait pas parlé des arrêts de la population ; sauf de ceux qu'on rapporte au vice ou à la misère. Il introduit maintenant un nouvel élément, la prudence préventive, soutenue par ce qu'il appelle « la contrainte morale ». Il peut ainsi « adoucir bien des conclusions très pénibles » auxquelles il était précédemment arrivé. Ce traité eut cinq éditions (1) pendant sa vie ; et, dans chacune, il introduit des additions et des corrections. Celle de 1817 fut la dernière qu'il revisa entièrement : elle donne la version intégrale, telle qu'on l'a depuis réimprimée.

Malgré le grand développement de son ouvrage et l'amas de discussions presque sans précédent auquel il donna lieu, il reste un point quelque peu difficile à élucider : à savoir, la contribution utile qu'il apporta à nos connaissances. Il n'est pas plus aisé de dire avec exactitude quels préceptes pratiques qui ne fussent pas déjà familiers, il basa sur ses principes théoriques. Cette double indécision ressort bien de sa célèbre correspondance avec Senior : il y semble indiquer que sa doctrine n'est nouvelle ni en son fonds, ni en sa forme courante. Lui-même nous dit que quand, postérieurement à la publication de l'essai originel, dont il avait emprunté à Hume, Wallace, Smith et Price, le principal argument, il se mit à étudier plus attentivement son sujet, il découvrit qu'on y « avait travaillé beaucoup plus qu'il ne l'avait cru ». Il avait été « traité d'une manière telle, par des économistes français, accessoirement par Montesquieu, et,

(1) Aux dates de 1803, 1806, 1807, 1817, 1826.

parmi nos propes écrivains, par le docteur Franklin, par
Sir James Steuart, par M. Arthur Young, et par M. Townsend, que c'est un véritable miracle s'il n'a pas éveillé
davantage l'attention publique ». « Cependant, disait-il, il
reste beaucoup à faire. Le rapport entre l'accroissement
de la population et les subsistances n'a peut-être pas été
déterminé avec assez de soin et de précision ». « On a fait
peu de recherches sur les modes d'équilibre entre la
population et ses moyens d'existence ». La première de
ces questions, c'est-à-dire le manque d'une détermination soigneuse du rapport entre l'accroissement de la
population et les subsistances, Malthus suppose, sans
doute, l'avoir résolue par sa célèbre proposition : « la
population croît en progression géométrique ; les subsistances, en progression arithmétique ». Cette règle est
définitivement jugée fausse. Il n'y a pas un tel écart entre
l'accroissement des hommes et celle des êtres organisés
qui servent à sa nourriture. J. S. Mill s'indigne contre
les critiques de la formule de Malthus : elle n'est pas
fondée ; c'est une simple « remarque passagère » ; mais,
pense-t-il, toute erronée qu'elle soit, elle donne une idée
approximative de la vérité. Cependant, il importe bien de
démasquer la fausse science, et d'assurer solidement l'as-
sise des croyances. A la place de cette formule, d'autres
termes, quelque peu nébuleux, sont souvent employés ;
celle-ci, par exemple : « la population tend à croître
plus vite que les subsistances » ; expression où les deux
variables sont simultanément considérées comme assujetties à des accroissements spontanés ; et qui, en raison
de l'ambiguïté du mot « tendance », se confondent effec-
tivement avec le fait assuré. De même, pour Senior, les
subsistances tendent à se multiplier plus vite que la population. On a certes toujours bien su que la population
augmente probablement (mais non nécessairement) avec
tout accroissement des réserves de subsistance. Dans

une certaine mesure, elle y cadrera inconsidérement ; et même, pour un certain temps, excédera le taux correspondant à ses moyens. On n'a jamais douté que la guerre, la maladie, la pauvreté — ces deux derniers résultent souvent du vice — soient des causes de dépopulation. En fait, la façon dont l'abondance, le développement de la population, la disette, la mortalité se succèdent dans l'économie naturelle, quand la raison n'intervient pas, avait été largement exposée par le Rév. Joseph Townsend, dans sa *Dissertation on the Poor Laws* (1786), que connaissait Malthus. De plus, il est bien évident que les individus, soit par appréhension de la pauvreté et de ses maux, soit par sentiment de leur devoir envers leurs descendants, restreignent le développement de la population ; et, dans toutes les communautés civilisées, ils sont entrés assez largement dans cette voie. C'est seulement quand de telles évidences sont habillées de la terminologie technique « précautions positives » et « précautions préventives », qu'elles paraissent nouvelles et profondes. Voilà pourtant tout ce que semble contenir l'avertissement donné par Malthus à l'humanité. Le laborieux appareil de faits historiques et statistiques, touchant les diverses contrées du globe, se trouvent dans l'édition définitive de l'essai. S'il contient bien des choses curieuses et intéressantes, il n'établit nul résultat général qui ne fût déjà bien connu. Aussi resta-t-il ignoré de James Mill et d'autres, qui basaient la théorie sur les faits patents de l'observation universelle. En somme, nous l'avons vu, toute cette enquête historique fut une idée préconçue de Malthus. Avant de l'entreprendre, il avait déjà formulé son principe fondamental.

Il semblerait donc que ce qu'on a ambitieusement dénommé la théorie malthusienne de la population, loin d'être la grande découverte qu'on a dit, ou la pernicieuse nouveauté que d'autres y ont aperçu, ne serait

rien autre qu'une formulation de faits évidents, mais
habituellement tus. Le vocabulaire prétentieux que lui
appliquent souvent les économistes est critiquable, car
il est susceptible de nous faire oublier que tout le sujet
auquel il se rapporte est encore imparfaitement élucidé.
Les causes qui modifient l'empire de l'instinct sexuel, et
celles qui font varier la fécondité, attendent toujours
une étude complète (1).

C'est la loi de la diminution du rendement du sol,
dont nous reparlerons ci-après, qui implique — mais
seulement par hypothèse, la prévision de la difficulté,
continuellement croissante, d'obtenir les subsistances
nécessaires à tous les membres d'une société ; d'où, pour
la population, sa principale importance comme facteur
économique. C'est du fait de la convergence des idées
malthusiennes, surtout en leurs corollaires avec les doctrines de Ricardo, que celui-ci, nous le verrons, déduisit
de sa théorie du fermage, pourtant rejetée par Malthus,
ces considérations qui conduisirent à introduire la
population, comme élément de discussion, dans tant de
questions économiques de ces temps derniers.

Malthus eut sans doute le grand mérite d'appeler, d'une
manière saisissante et impressionnante, l'attention publique sur un sujet que la théorie et la pratique n'avaient
pas encore pris en considération. Mais, lui et ses disciples paraissent avoir fort exagéré l'importance, autant
que l'urgence, des dangers qu'ils signalaient (2). Dans leur
idée, une seule imperfection sociale s'enflait tant qu'elle
semblait couvrir tout le ciel, et menacer de ruine l'univers. Cela provenait sans doute de ce que Malthus per-
dait de vue son autre grande question : le pouvoir discipli-

(1) Sur ce sujet, voyez la théorie de M. Herbert Spencer, dans ses
Principles of Biology (6ᵉ part. ; chap. XII, XIII).

(2) Malthus lui-même écrit : « Il est probable qu'ayant trouvé l'arc
trop tendu d'un côté, je fus conduit, afin de le redresser, à trop le
bander de l'autre.

naire de la contrainte morale. De ce qu'il existe une force capable, sauf neutralisation, de produire certains résultats, il ne s'ensuit pas que ces résultats soient imminents, ou même possibles, objectivement parlant. Un corps, lancé à la main, et soumis à cette seule impulsion, décrirait éternellement une ligne droite ; mais il serait irrationnel de prendre acte de ce principe pour empêcher la réalisation du fait, sous prétexte qu'on ignorerait comment il serait empêché par d'autres forces entrant en jeu. Car d'autres forces existent dans le cas considéré. Si l'énergie inhérente au principe de population, supposé partout uniforme, se mesure, dans les circonstances les moins favorables, au taux de l'accroissement de la population, évidemment l'action de ces circonstances moins favorables, que produisent la prudence ou l'altruisme se mesure à la différence considérable entre ce taux maximum et celui que l'observation montre dans la plupart des pays européens. Sous un système rationnel d'institutions, l'adaptation du nombre aux moyens d'existence disponibles s'effectue, sous le sentiment ou l'empire visible des circonstances, et sous la crainte de déchéance sociale, avec et dans la mesure rationnelle d'une approximation voulue. Afin de rapprocher le résultat au plus près de sa juste limite, un plus haut degré d'instruction populaire et de plus sérieuses habitudes de réflexions morales doivent recevoir conséquemment des encouragements. Mais, c'est le devoir de l'individu envers sa postérité actuelle ou possible, et non quelque vague théorie telle que la dépendance de la population nationale par rapport aux subsistances qui sera susceptible d'influencer la conduite.

La seule obligation sur laquelle insiste Malthus est celle de l'abstention du mariage aussi longtemps que le fonds familial nécessaire n'est pas constitué, ou ne peut être raisonnablement espéré. L'idée de la continence post-nuptiale, émise depuis, par J. S. Mill et d'autres, est étrangère à ses conceptions. Malthus estime même qu'un secours prélevé sur le trésor public appartient à une famille pour tout enfant au-delà du sixième ; et donne pour raison que lorsqu'on se marie, on ne peut dire combien on aura d'enfants. Un secours provenant d'une infortune imprévue, et ainsi octroyé, ne constituerait pas un encouragement au mariage. Le devoir de prudence économique pour entrer en état de mariage est strict. Mais, dans le cas des travailleurs, trop de prévoyance relative à la sécurité ne saurait être sagement exigée. On se souviendra également que l'âge du mariage, dans une classe, dépend de la durée de la vie dans cette classe. Cependant, les mariages trop précoces ne sont certes pas rares. Ils entraînent avec eux des maux autres que la pénurie. Aussi serait-il possible de les astreindre à des prescriptions légales qui auraient l'avantage de soumettre chacun aux conditions d'âge et de pleine capacité civile. Cependant, les Malthusiens préconisent souvent par trop le célibat facultatif : ils n'aperçoivent pas assez sa nécessité déplorable. Ils n'estiment point à sa juste valeur la vie domestique, cette école de vertu civique ; ni l'importance sociale, abstraction faite même du bonheur personnel, de l'éducation mutuelle des affections qui naissent des relations entre les sexes, dans une union bien assortie.

En outre, et suivant ces principes, Malthus refuse à l'État le droit d'encourager artificiellement l'accroissement de la population ; d'édicter, par exemple, des lois d'assistance ; s'il en est, il les faut abolir. La première partie de cette proposition est inadmissible, dès qu'on la généralise pour toute phase sociale. Car il est évident que, dans un cas comme celui de l'ancienne Rome, où la conquête continuelle faisait le principal objet de l'activité nationale ; ou bien, en d'autres temps, quand des guerres perpétuelles menaçaient l'indépendance et la sécurité des nations, les hommes d'État devaient, avec sagesse, prendre en spéciale estime la théorie que repoussait Malthus. En ce qui concerne les communautés industrielles modernes, elle est, sans doute, généralement exacte ; bien que la poussée d'immigration dans les États nouveaux paraît, en principe, encourager la population. La question des lois d'assistance roule sur ces considérations. Le système anglais du temps de Malthus était vraiment vicieux ; et cependant, il agissait, jusqu'à un certain point, en correctif à d'autres maux de nos institutions sociales. Les efforts pour l'amender visent au bien public. Mais l'abolir est une de ces résolutions devant lesquelles les hommes d'État reculent, et que l'opinion générale n'a jamais acceptées. Il est difficile de croire à la permanence du système actuel. Il est trop mécanique, trop aveugle. Sur certains points il est trop énervé, souvent il se montre injustement sévère envers des pauvres dignes, victimes de l'infortune. Dans son application habituelle à la jeunesse, il est passible de critiques graves. Pourtant, il serait bien imprudent de l'abolir. C'est une de ces institutions qu'il est sage de conserver, tant que l'ensemble de la question de l'existence des classes ouvrières n'aura pas été plus complètement et plus sympathiquement étudiée. L'arrêt de Malthus pour l'abolition est susceptible d'une critique générale. Il est allé si loin qu'il a reculé devant les conséquences de sa propre logique. Il résulte de ses arguments, et Malthus reconnaît très explicitement en un passage célèbre de son essai original que celui qui met au monde des enfants, sans avoir pourvu au nécessaire, doit être abandonné au châtiment de la nature ; car « c'est une misérable ambition que de vouloir arracher les verges de sa main » ; c'est fausser l'action de ses lois qui sont de Dieu, et qui « le condamnent, lui et sa famille, à la souffrance ». Bien que sa théorie le conduise à cette conclusion, Malthus ne peut, en pasteur chrétien, soutenir cette thèse que, notre frère dans le besoin, nous

devons fermer notre cœur à la compassion. Ramené
ainsi à une inconséquence radicale, il admet la légitimité,
sinon le devoir, de secourir les miséreux, alors même
que cet acte serait nuisible à la société. Buckle, que leurra
plus d'une des exagérations des économistes, accepte la
conséquence que Malthus élude. Il argue que la seule
raison justifiable de secourir l'infortune est essentiellement d'ordre privé : en restant sourds aux appels de la
souffrance, nous émousserions probablement le fil de
nos sentiments les plus délicats et les plus intimes.

Il n'est guère douteux que la faveur dont furent accueil-
lies les théories Malthusiennes, dans un certain monde,
fut en partie due à l'impression, vivement ressentie dans
les rangs les plus élevés de la Société, qu'elles tendaient
à décharger les riches et les puissants de leurs responsa-
bilités envers les classes laborieuses ; car elles faisaient
retomber le blâme sur celles-ci, surtout, et disculpaient
de négligence les chefs ou les institutions du pays. Aussi
l'application de ses doctrines, par quelques-uns de ses
successeurs, eut pour effet de décourager toute action
énergique vers le progrès social. Chalmers, entre autres,
« récapitule successivement, et rejette gravement tous les
plans qu'on propose habituellement pour améliorer la
condition économique du peuple » : il prétexte que le
progrès du bien-être conduirait à un accroissement de
la population ; et ainsi le nouvel état de choses serait
pire que l'ancien.

Dans ces derniers temps, Malthus a joui du certain
lustre que lui projetait l'éclat triomphal de l'hypothèse
darwinienne. Et Darwin lui-même, traçant sa filiation,
montre que le terme « lutte pour l'existence » fut appliqué par Malthus à la concurrence sociale. Darwin estime
que l'homme s'est élevé à sa haute situation actuelle,
par cette lutte : conséquence de sa rapide multiplication. Il est vrai que, pour lui, le jeu de ce facteur du

progrès de notre race est largement compensée par les influences morales des stades sociaux plus avancés. Encore est-il qu'en ces stades mêmes, il voit une telle importance finale que, nonobstant la souffrance individuelle qu'engendre la lutte pour l'existence, il désapprouve toute forte réduction de son taux naturel ; c'est-à-dire, vraisemblablement, du taux ordinaire de l'accroissement.

Dernièrement, d'un certain côté, on a manifesté la velléité d'appliquer la doctrine Spencerienne de la « survivance du plus apte » à la société humaine ; et, d'une telle façon qu'on y renforçait les lignes les plus dures de la théorie de Malthus. On y a proclamé que celui qui ne peut se protéger soi-même est et doit être condamné à périr. Mais ce qui répugne en une telle théorie se rachète par une conception plus noble : l'intervention de l'Humanité, providence des êtres animés et des sociétés. De même que, dans le monde animal, la suprématie de l'homme introduit une force nouvelle qui contrôle sciemment et qui dirige finalement les destinées des espèces subordonnées : ainsi, la providence humaire intervient dans la vie sociale pour protéger le faible, et modifier, par une action réfléchie, ce qui, autrement, serait un heurt de forces équivalentes, le jeu des instincts égoïstes (1).

<u>David Ricardo</u> (1772-1823) appartient radicalement à l'École de Smith dont il accepte les principes généraux ; mais dont il cherche à développer et à corriger certains

---

(1) *L'Essay on Population* et l'*Inquisy into the Nature and Progress of Rent* (1815), ci-après mentionné, sont, de beaucoup, la plus importante contribution scientifique de Malthus. On lui doit aussi les *Principles of Political Economy* (1820), les *Definitions in Political Economy* (1827) et d'autres opuscules. Sur ces écrits secondaires de Malthus, et sur sa biographie, voyez *Malthus and his Work* (1885), par James Bonar, qui a également édité (1888) les *Letters of Ricardo to Malthus.*

détails. Cependant sa manière est bien différente. Smith s'efforce de s'enfermer dans le monde de l'action et de l'observation ; de décrire avec exactitude les situations et les relations des hommes et des choses. Dès le début, Hume remarquait, à la lecture de son grand ouvrage, que ses principes sont partout illustrés d'exemples et de faits curieux. Tout autre est le procédé de Ricardo. Il flotte dans un monde d'abstractions. Il pose des prémisses plus ou moins arbitraires, procède déductivement, et fonde des conclusions sans les avoir purgées des faits imaginaires auxquels il a eu recours, et sans les confronter avec l'expérience. Quand il cite des cas pour étayer ses doctrines, ils sont hypothétiques. Son goût favori est d'imaginer le commerce de deux sauvages, et d'en rechercher les résultats probables. Il n'explique pas, faute sans doute d'examen systématique — et peut-être n'avait-il pas la compétence pour ce faire — la méthode propre à l'économie politique. Quant à la justification de sa manière, elle fut prise en charge par J. S. Mill et Cairnes. Mais son exemple eut le grand effet de déterminer la pratique de ses successeurs. Il y avait pour les théories ambitieuses quelque chose de fort attrayant dans cette marche entrainante d'une logique qui semblait, chez Ricardo, provoquer la certitude et la conclsion d'une preuve mathématique. Ses formules concises et frappantes, si faciles à se rappeler, donnaient une solution prompte, bien souvent plus apparente que réelle, aux problèmes difficiles. Tout ce qui, chez Smith, était faux et étroit, dans les principes fondamentaux, y avait été en grande partie compensé par le sens pratique et le puissant instinct de réalité de leur auteur. Mais ces erreurs furent développées amplement, et souvent exagérées, dans les théorèmes abstraits de Ricardo et de ses successeurs.

Les dangers inhérents à la méthode de cet économiste s'aggravèrent du relâchement extrême de son style. Senior l'appelle « l'écrivain le plus incorrect qui ait jamais atteint à la renommée philosophique ». Ses plus ardents admirateurs le trouvent fluctuant et imprécis dans l'emploi de ses expressions. D'une façon générale, ils rapportent ses erreurs à la confusion entre l'acception vulgaire d'un terme et l'acception spéciale qu'il lui donne.

L'exposé le plus complet de son système se trouve dans ses *Principles of Political Economy and Taxation* (1817). Ce n'est pas un traité complet d'Economie politique ; mais plutôt une série décousue de recherches sur la valeur et le prix, sur le fermage, sur les salaires et les gains, sur les impôts, le commerce, l'argent et la banque. Cependant, si le lien des parties est lâche, les mêmes idées fondamentales reviennent continuellement, et déterminent le caractère du thème tout entier.

Le principal problème auquel s'attaque cet ouvrage est celui de la distribution ; c'est-à-dire de la répartition de la totalité du produit d'un pays, ou son allotissement entre propriétaire du sol, capitaliste et travailleur (1). De plus, il est important d'observer que ce sont spécialement les variations de ces parts respectives au cours du progrès social, qui fait l'objet de son étude. Ainsi, l'un des écrivains les moins imbus de l'esprit historique manifeste le sentiment de la nécessité d'une doctrine de dynamique économique : doctrine que, de son point de vue, il lui est impossible de fournir.

Son premier principe et sa clef maîtresse est le suivant : la valeur d'échange de toute commodité dont le stock est susceptible d'accroissement se réglera, sous un régime de libre concurrence, sur le travail exigé pour sa produc-

---

(1) « L'Économie politique, pensez-vous, est une enquête sur la nature et les causes de la richesse. Pour moi, il la vaudrait mieux définir : la recherche des lois présidant à la division du produit industriel entre les classes qui collaborent à sa formation ». *Letters of Ricardo to Malthus*, Ed. par J. Bonar (1889).

tion. Des propositions semblables se trouvent dans la
Wealth of Nations; sans parler des écrits anglais plus
anciens. Smith disait que : « dans l'état primitif et
barbare qui précéda à la fois l'accumulation des
capitaux et l'appropriation du sol, le rapport entre les
quantités de travail nécessaire à l'obtention des divers
objets semble l'unique étalon qui serve au mutuel
échange de ces objets ». Mais il varie d'opinion, et prend
pour mesure de la valeur tantôt la quantité de travail
nécessaire à la production de l'objet, tantôt la quantité
de travail que l'objet commande sur le marché ; quantité
seulement constante pour un temps et un lieu donnés.
Cette proposition exige une correction dans une civilisation avancée. L'introduction de la notion de capital lui
imprime la forme sous laquelle elle est, ailleurs, citée par
Malthus et par Ricardo : le prix réel d'une commodité
« dépend de la plus ou moins grande quantité de capital
et de travail employé à sa production ». (L'expression
« quantité de travail » est vague, car l'élément temps se
trouve omis ; mais l'idée est claire). Cependant Ricardo
ne tient pas toujours compte du capital. Seul le travail
figure dans l'établissement de son principe. Il cherche à
justifier son procédé en appelant le capital : du « travail
accumulé ». Mais ce moyen artificiel d'envisager les faits
obscurcit la conception du rôle du capital dans la production ; car on perd de vue la nécessité de ce rôle, et on
encourage les erreurs socialistes. Ricardo ne distingue
pas assez entre la cause ou le déterminisme de la valeur
et sa mesure. Il ne découvre pas, dans le principe du
coût de production, le régulateur de la valeur ; et ne
voit pas son rôle dans l'efficacité du prix et dans la
limitation de l'offre. C'est le « prix naturel » d'une commodité qui fixe le théorème établi. Le prix marchand est
assujetti aux variations accidentelles et temporaires de
ce type, et dépend des rapports entre la demande et

l'offre. Mais le prix dépendra, d'une façon permanente, et pour une grande part, du prix de production défini comme ci-dessus. D'après ce principe, Ricardo commence par expliquer les lois suivant lesquelles le produit de la terre et le travail du pays se répartit entre les différentes classes productrices.

La théorie du fermage fait introduction. Bien qu'associée habituellement à son nom, et tout en formant, certes, la partie la plus vivace de son œuvre générale économique, elle n'est pas, en réalité, sienne ; et il ne la revendique pas. Il établit distinctement dans la préface aux *Principles* qu' « en 1815, Mr. Malthus, dans son *Inquiry into the Nature and Progress of Rent*, ainsi qu'un membre de l'University College d'Oxford, dans son *Essay on the Application of Capital to Land*, ont, presqu'au même moment, donné au monde la vraie théorie du fermage ». Le second écrivain ici mentionné est Sir Edward West, depuis lors juge à la Cour Suprême de Bombay. Avant Malthus et avant West, indique M'Culloch, cette théorie avait été clairement élucidée et bien exposée par le Dr James Anderson, dans son *Enquiry into the Nature of Corn-Laws*, publiée à Edimbourg, en 1777 (1). Que ce traité ait été inconnu de Malthus et de West, nous avons quelque raison de le croire. Mais cette théorie y est certes aussi distinctement énoncée, et s'y trouve soutenue d'une façon aussi intéressante que dans leurs traités. Enfin, la façon générale dont elle est énoncée par Anderson ressemble, d'une manière frappante, à la forme sous laquelle Ricardo la présente.

Voici le principe de cette théorie : le fermage étant la redevance payée par le cultivateur au propriétaire foncier, pour l'utilisation des forces productives du sol, est

(1) La théorie d'Anderson sur l'origine du fermage est réimprimée dans la *Select Collection of Scarce and valuable Economical Tracts*, éditée pour Lord Overstone par J. R. M'Culloch, 1859.

égale à l'excès du prix du produit de la terre sur le coût de la production de ce produit. Avec l'accroissement de la population, et, par conséquent, de la demande des subsistances, des sols de qualités inférieures sont livrés à la culture ; et le prix de l'approvisionnement global nécessaire à la communauté se réglera sur le coût de la production de cette portion de l'approvisionnement qui est produite à plus hauts dépens. Mais la terre qui ne rembourse que maigrement les frais de culture ne paie pas de fermage. Ainsi le fermage de tout sol sera égal à la différence entre le coût de la production sur ce sol et le coût de la production de ce produit créé à plus grand frais.

Cette théorie sera peut-être mieux saisie en supposant ici la coexistence, dans une contrée, d'une suite de terrains de divers degrés de fertilité, et qui sont mis en culture au fur et à mesure que la population croît. Mais ce serait une erreur de penser, bien que Ricardo ait semblé quelquefois l'insinuer, qu'une telle différence est une condition nécessaire de l'existence du fermage. Si le territoire d'un pays était partout d'égale fertilité, il porterait fermage dès qu'il serait approprié et que le prix du produit deviendrait plus qu'équivalent au travail et au capital employé à sa production. Toutefois, ce cas théorique, après avoir servi à éclaircir nos idées, doit être désormais écarté.

Le prix du produit étant, nous l'avons dit, réglé sur le coût de production de ce qui ne paierait pas fermage, il est évident que « le blé n'est pas cher parce quon paie fermage ; mais on paie fermage parce que le blé est cher », et qu'« aucune réduction sur le prix du blé ne s'opèrerait quand même les propriétaires fonciers renonceraient entièrement à leur fermage ». En réalité, le fermage n'est pas un élément déterminant du prix : il se paye bien sur le prix ; mais le prix serait le même alors

qu'on ne pairait pas de fermage, et que tout le prix serait
gardé par le cultivateur.

On a souvent mis en doute si oui ou non Adam Smith
a soutenu cette théorie du fermage. Quelquefois le sens
de ses termes semble l'impliquer ; et il établit des propositions dont le développement y mènerait infailliblement.
C'est ainsi qu'il dit, en un passage déjà cité : « Seuls ces
partis du produit de la terre paraissent communément
au marché dont le prix courant suffit à rembourser les
frais à faire pour les y amener ; frais augmentés des profits ordinaires. Si le prix habituel le dépasse, le surplus
ira naturellement au fermage. S'il est moindre, et bien
que la commodité vienne au marché, elle ne contribuera
en rien à la rente du propriétaire. Ainsi le prix, élevé ou
bas, dépend de la demande ». De plus, dans l'application que Smith fait de ces considérations aux mines, « le
principe général du fermage », de l'aveu de Ricardo,
« est admirablement et finement expliqué ». Mais Smith
pensait qu'il n'y a pas, en réalité, de terre qui ne contribue à la rente du propriétaire. Il est étrange qu'il n'ait
vraisemblablement pas vu que cette apparence provient
de l'agrégat dans le groupe économique, des parcelles de
terre dont les uns pouvaient, et les autres non, payer
fermage. D'ailleurs, il est vrai que si, en fait, tout sol d'un
pays payait fermage, ce serait encore là un argument
sans valeur contre la théorie d'Anderson ; car, au fond,
tout se passerait de même si, sur le sol déjà cultivé, restait quelque capital employé qui ne donnerait un rendement égal, tout au plus, aux profits ordinaires. Un capital nouvellement employé ne peut donner fermage, au
taux actuel des profits, à moins que le prix du produit
ne s'élève.

Croire, comme l'ont fait quelques-uns, d'après certaines expressions vagues et confuses, que Smith parta-
geait réellement la théorie Andersonnienne n'est guère

raisonnable. Souvenons-nous de ce que Hume lui écrivait, dès sa première lecture de la *Wealth of Nations.* Tout en lui exprimant son adhésion, il dit (vraisemblablement au sujet du Liv. I; ch. VII) : « Je ne puis admettre que le fermage figure pour une part dans le prix du produit. Le prix est entièrement déterminé par la quantité et la demande ». Notons encore que l'institution de la théorie du fermage parut dans ce volume, publié en 1777, qui contient la critique d'Anderson contre l'opposition de Smith à la prime sur l'exportation des blés. Ce volume ne peut que difficilement avoir échappé à la connaissance de Smith. Et cependant, ni sa teneur, ni la lettre de Hume, n'ont conduit Smith à modifier sa théorie du fermage de la première édition.

Rappelons-nous que non-seulement les fertilités inégales des divers terrains déterminent la diversité des fermages ; mais que la situation plus ou moins avantageuse d'une ferme par rapport aux marchés, et, par suite, aux routes et aux voies ferrées, produisent le même résultat. La baisse relative du coût du transport permet au produit de venir au marché à moindres frais ; et ainsi augmente le surplus qui constitue le fermage. Cette considération, Ricardo l'indique ; mais il lui refuse la prépo.. dérance, et insiste surtout sur la productivité comparée des terrains.

Le fermage est ainsi défini par Ricardo : redevance pour jouissance de « la puissance primitive et irréductible du sol ». C'est là une acception nouvelle du mot fermage, et différente de ce qu'on désigne vulgairement sous ce nom. Au sens de Ricardo, le fermage est souvent dit « vrai » ou « économique ». Une partie de la rente du propriétaire est fréquemment un profit réel pour sa dépense à aménager la ferme que cultivera le fermier. Mais c'est partout une idée ruinée que de telles améliorations sont « incorporées à la terre » et « accroissent d'une façon permanente ses forces productrices ». Leur loyer suit les lois, non du produit, mais du fermage. D'où la difficulté, sinon l'impossibilité pratique, de distinguer, avec quelqu'exactitude, la part reçue par le propriétaire « pour la jouissance de la puissance primitive du sol » d'avec la part qu'il reçoit en rémunération des amendements apportés par lui et par ses prédécesseurs. Ces améliorations ont converti la ferme en instrument de production de subsistances ; l'ont élevée d'une certaine classe de productivité à une plus haute ; et tout se passe comme si la nature avait, dès l'origine, placé cette terre dans une classe plus élevée.

Smith voit là un privilège de l'agriculture sur les autres formes de la production. Ici, « la nature collabore avec l'homme ». Alors donc que les ouvriers de manufacture ne parviennent à reproduire que le capital engagé, augmenté des profits du capitaliste, le travailleur agricole arrive à reproduire, non seulement la mise du fermier et son profit, mais aussi le fermage du propriétaire foncier. Cette part est à ses yeux le libéral don que la nature, offre « après défalcation ou compensation de tout ce qu'on peut regarder comme le travail de l'homme ». Ricardo observe justement, et répond qu' « il n'est pas de manufacture où l'on puisse dire que la nature refuse son assistance à l'homme ». Puis il cite cette remarque de Buchanan : « Cette idée que l'agriculture donne un produit et, conséquemment, un fermage, parce que la nature concourt avec l'industrie au progrès de la culture, est pure fantaisie. Ce n'est point des produits, mais du prix marchand des produits que le fermage dérive : et ce prix s'établit, non du fait que la nature facilite la production, mais parce que ce prix règle la consommation d'après l'offre » (1). La société ne gagne rien à l'élévation des

(1) Cependant, Senior justifie Smith, en partie, s'il est vrai que le fermage résulte de ce que les forces productrices sont limitées, et

fermages : elle n'est avantageuse qu'aux propriétaires, dont les intérêts sont ainsi perpétuellement opposés à ceux des autres classes. La hausse des fermages peut être entravée ou arrêtée ; elle peut même temporairement faire place à la baisse, grâce aux progrès agricoles : soit par l'introduction de procédés nouveaux, ou de machines ; soit par une meilleure organisation du travail (bien qu'il n'y ait pas ici pour elle autant de place que dans les autres branches de la production) ; soit par l'ouverture de nouveaux débouchés vers les pays étrangers. Mais la tendance à la hausse dure tant que la population croît.

La grande importance de la théorie du fermage, dans le système de Ricardo, vient de ce que le milieu économique général d'une société dépend entièrement de la place qu'y tient l'exploitation agricole. Cela résulte de la détermination suivante de la théorie des salaires et des profits. Le produit de toute fourniture de travail et de capital se partageant entre le travailleur et le capitaliste, si l'un obtient plus, l'autre, nécessairement, obtient moins. Pour une productivité du travail donnée, rien d'autre ne peut diminuer le profit, que la hausse des salaires. Dès lors, le prix du travail étant celui du coût de sa production a pour mesure le prix des commodités nécessaires à l'entretien du travailleur. Or, dit Ricardo, le prix des articles manufacturés tend continuellement à baisser ; surtout en raison de l'application progressive de la division du travail producteur. Mais le coût de l'entretien du travailleur dépend essentiellement non du prix de ces articles, mais de celui de sa subsistance ; et comme la production des subsistances

de ce qu'une population croissante exige une rémunération moindre pour d'obtenir son nécessaire. C'est aussi la capacité que possèdent la plupart des terres de produire des vivres pour plus de personnes que n'en exige sa culture qui alimente la caisse du fermage.

requiert, au cours du développement social et démographique une rançon croissante de travail, le prix de cet entretien augmente ; par suite, les salaires s'élèvent, et, par conséquent, font tomber les profits. Donc, c'est à la nécessité de recourir graduellement aux terrains de qualité inférieure, c'est-à-dire à ces sols où les dépenses sont moins rémunératrices qu'il faut attribuer la décroissance historique du taux du profit (Smith attribuait cette décroissance à la concurrence des capitalistes ; cependant, en un passage, Livre I, chap. IX (1), ils pressent la théorie ricardienne). Cette chute des profits vers un minimum est heureusement retardée quelque temps par le progrès de l'outillage voué à la production ; et, en particulier, par les améliorations agricoles, et par d'autres causes telles que la réduction du coût de la prime indispensable au travailleur. Mais, malgré tout, cette tendance à la baisse est constante. Et si le capitaliste perd, le travailleur n'y gagne pas : son salaire accru ne lui permet de payer que le prix grandissant des nécessités : de celles-ci, il n'aura point des quantités plus grandes ; mais elles seront probablement moindres qu'auparavant. En réalité, le travailleur ne gagnera jamais longtemps plus qu'il n'est nécessaire dans sa classe ; soit pour subsister au degré de confort que la coutume a rendu indispensable ; soit pour perpétuer la race, sans augmentation ni diminution. Tel est le prix « naturel du travail ». Si le taux marchand le dépasse temporairement, il favorisera la population ; et le taux des salaires retombera. Donc, si le fermage tend continuellement à monter et le profit à tomber, hausse et baisse des salaires dépendront du taux de l'accroisse-

(1) « Si la colonie croît, les profits du capital diminuent graduellement. Quand les terres les plus fertiles et les mieux situées sont toutes occupées, on retire des profits moindres de la culture des terrains défectueux par la qualité ou par la situation ; et un intérêt moindre revient au capital ainsi employé ». Pareille théorie avait été émise par West.

ment des classes ouvrières. Pour ce qui est de l'amélioration de la condition de celles-ci, Ricardo en revient ainsi au remède malthusien ; mais, du résultat de son application, il ne semble pas, cependant, attendre grand'chose. Les précautions qu'il préconise contre la surabondance de population sont l'abolition graduelle des lois d'assistance — les amender ne lui suffit pas — et le développement, dans les classes ouvrières, du goût du confort et des jouissances meilleures.

On voit que les socialistes ont quelque peu exagéré en taxant de « loi de fer » la loi ricardienne des salaires : ou, absolue égalité des salaires à l'indemnité d'entretien du travailleur nécessaire à sa subsistance et à la perpé-tuité de sa lignée. Il reconnait l'importance d'un « idéal de vie » pour limiter l'accroissement de la population de la classe ouvrière ; aussi alloue-t-il des salaires au-dessus de l'étiage. De plus, il croit que, dans les pays d'antique constitution, au train ordinaire des affaires humaines, et en l'absence de mesures spéciales restreignant l'accrois-sement de la population, la condition du travailleur décline aussi sûrement, et par les mêmes causes qui font prospérer les propriétaires fonciers.

L'on nous demandera si cette doctrine du fermage, et les conséquences que Ricardo en déduit, sont vraies : nous répondrons qu'elles le sont inductivement dans les com-munautés industrielles les plus avancées; et là seulement bien qu'on les ait inconsidérément appliquées au cas de l'Inde et de l'Irlande. Mais, dans nos communautés mêmes, nous n'y pouvons rapporter ni une sage inter-vention, ni une pleine action. Comme nous le verrons ci-après, la portée de bien des théorèmes de l'Économie classique est, en grande partie, réduite ; car on y sup-pose, d'habitude, que nous avons affaire à des « hommes économiques » mus par un principe unique. La coutume s'efface devant la concurrence ; point de combinaison ;

équilibre des avantages entre les contractants dans une
même transaction; il s'établit un taux universel et défini
du profit et du salaire, en toute communauté. Ce dernier
postulat implique : 1°, que le capital aventuré dans une
entreprise passe immédiatement à celle qui, pour un
temps, lui assure de plus larges profits ; 2°, qu'un travailleur, quels que soient ses liens d'affections locale,
familiale, morale, ou autres, partira de suite là un emploi
sera, pour un temps, mieux rétribué que ceux qu'il a
antérieurement remplis (1) ; et, 3°, que capitalistes et
travailleurs possèdent une parfaite connaissance de la
situation et de l'avenir de l'industrie dans tout pays, soit
en leur métier, soit dans les autres. Mais les théories de
Ricardo sur le fermage et ses résultats ne sont guère plus
abstraits. L'émigration, dont le rôle a pris une si grande
importance depuis lors, est laissée en-dehors de son étude.
La superficie des terrains dont dispose une communauté
est hypothétiquement limitée à son propre territoire ; et
cependant l'Europe contemporaine est en réalité largement alimentée par les États occidentaux de l'Amérique.
Il n'apprécie pas à sa juste valeur la mesure suivant
laquelle la productivité croissante du travail, résultat du
progrès intellectuel, du perfectionnement de l'organisation, de l'introduction du machinisme, ou de l'accéléra-
tion et de la moindre cherté des communications abaisse
considérablement le coût de la production. A ces facteurs, ajoutons les réformes légales du louage, et l'amélioration des conditions contractuelles qui s'opèrent dans
le même sens. En résultat de toutes ces causes, l'oppression prévue par Ricardo n'offense point : les plaintes
viennent des propriétaires dont les rentes baissent ; et
non des consommateurs sur l'augmentation des prix.

(1) Adam Smith dit : « Il semble résulter de l'observation que
l'homme est, de tout bagage, le plus difficile à transporter », (*Wealth
of Nations*, liv. I ; chap. VIII).

Toutes les conditions sont, en effet, si changées que le professeur Nicholson, nullement ennemi des économistes orthodoxes, proclamait récemment, en faisant une enquête sur l'état actuel de la question agricole (1), que la soi-disant théorie ricardienne du fermage est « trop abstraite pour être d'utilité pratique ».

Un sujet économique spécial que Ricardo a bien mis en lumière est celui de la nature des avantages que procure le commerce extérieur, et des conditions dans lesquelles ce commerce se développe. Tandis que les écrivains antérieurs voyaient en ces bénéfices des moyens propres à écouler la surproduction, ou à permettre à une portion du capital national de se reproduire avec profit, il les fait consister « simplement et seulement en leur pouvoir de rendre chaque nation capable d'obtenir, avec une mise donnée de travail et de capitaux, une quantité supérieure de tous genres de commodités ». Tel est, sans doute, le point de vue auquel nous devrions habituellement nous placer. Pourtant, d'autres expressions employées par ses prédécesseurs, y compris Adam Smith, sont quelquefois utiles ; car elles peignent les conditions réelles qui affectent la production nationale : elles ne sauraient absolument tomber en désuétude. Ricardo commence par montrer que le mobile qui pousse à rechercher une commodité chez une nation étrangère ne résulte point de ce que la production s'y fait avec moins de labeur et de capital qu'à l'intérieur. Si nous avons à produire quelqu'article un avantage positif plus grand qu'à produire la commodité exotique, alors même que nous ayons avantage à produire celle-ci, il sera de notre intérêt de nous spécialiser à produire ce dont nous retirerons le plus d'avantages, et à importer ce dont nous en retirerions moins, si réel que fût cet avantage. Bref, ce n'est pas le coût absolu de la production, mais le coût

____

(1) *Tenant's Gain not Landlord's Loss* (1883) ; p. 83.

relatif qui détermine l'échange. Remarque juste et intéressante ; bien que gratifiée d'une importance vraisemblablement indue, par J. S. Mill et par Cairnes. Cairnes la formule avec grandiloquence : elle « sonde les profondeurs » du problème des échanges internationaux. Cependant, comme nous le verrons ci-après, il la modifie en y introduisant certaines considérations relatives aux conditions de la production intérieure.

Dans l'ensemble de la nation, ce n'est pas, selon Ricardo, le produit brut de la terre et du travail, contrairement à l'opinion déclarée de Smith, qui a de l'importance ; c'est le revenu net : ou le boni de ce produit sur le coût de la production ; en d'autres termes, le montant des rentes et profits nationaux. Quant aux salaires du travail, ils n'excèdent pas notablement l'entretien des travailleurs ; et il ne les considère que comme une fraction des « dépenses inhérentes à la production ». Il en résulte, il le dit lui-même, en un passage caractéristique souvent cité, que « un revenu national net étant donné, il est sans importance que la nation soit de dix ou de douze millions d'habitants. Si cinq millions d'hommes produisaient assez de subsistances et de vêtements qu'il en faut à dix millions, la subsistance et le couvert de cinq millions d'individus formeraient le revenu net. Le pays aurait-il avantage à produire ce même revenu net avec sept millions d'hommes — autrement dit, sept millions de travailleurs produiraient-ils assez d'aliments et de vêtements pour douze millions ? L'entretien de cinq millions de personnes constituerait encore le revenu net. L'emploi d'un plus grand nombre d'hommes pourrait-il ajouter un homme à notre armée ou à notre marine, ou verser une guinée au Trésor public ». L'industrie apparaît ici sous un jour purement mercantiliste ; dans sa relation avec la puissance militaire et politique de l'État ; non plus dans son office normal et digne de conservation et de progrès de la population humaine. Le travailleur, suivant la remarque de Held (1), n'est pas considéré comme un membre de la société : il n'est que l'instrument de fins sociales. Son entretien absorbe une partie du revenu brut d'une façon analogue à celle de l'entretien des chevaux. Répétons donc la demande qu'adressa Sismondi à Ricardo dans une entrevue personnelle : « Quoi ! la richesse est-elle donc tout ; et les hommes ne sont-ils rien ? »

En somme, ce qui paraît juste de dire de Ricardo, c'est que ses remarquables facultés n'étaient pas dons bien appropriés à l'investigation sociologique. La Nature en fit plutôt un mathématicien secondaire qu'un sociologiste. Il n'était pas assez préparé aux études sociales. Nous déclinerons, en effet, l'opinion de Bagehot : si Ricardo, dit-il, « n'était pas, au sens élevé du mot, un homme instruit, il avait des aptitudes spéciales, il était entraîné à de telles études par son métier ; car c'était un spéculateur éminent et un coulissier heureux. Et cet écrivain note bien l' « attentive pénétration avec laquelle il poursuit les moindres minuties ». Mais Ricardo manquait d'ampleur intellectuelle ; de compréhension de la nature et de l'existence humaines, et de ces vigoureuses sympathies sociales qui, comme les plus grands esprits l'ont reconnu, sont des adjuvants si précieux en ce genre d'étude. Sur un sujet tel que celui du numéraire, où un petit nombre de propositions élémentaires, sans aucune notion morale, entrent seuls en jeu, il était bien armé pour réussir ; mais, dans le champ social, plus étendu, il a failli. Il possédait grandement le talent et l'habileté de déduction : bien que sa précision logique, comme M. Sidgwick le remarque, ait été fort exagérée. Dans les affaires humaines, en effet, les phénomènes sont si complexes ; les principes, ordinairement si limités, et même compensés par d'autres ; que la promptitude et la har-

(1) *Zwei Bücher zur Sozialen Geschichte Englands ;* p. 194.

dlesse dans la déduction présentent les plus grands dangers, s'ils divorcent d'avec l'appréciation sage et pondérée des faits. L'habileté dialectique est, évidemment, faculté précieuse ; mais la première condition du succès dans l'investigation sociale est de voir les choses telles qu'elles sont.

Une sorte de mythe ricardien régna, un temps, sur le monde économique. On ne saurait douter que l'estime outrée des mérites de Ricardo provient, en partie, du sentiment de valeur que son système donnait aux manufacturiers et aux autres capitalistes dans leur antagonisme croissant contre la vieille aristocratie des propriétaires fonciers. Le même sens, joint à l'affinité de ce système pour les théories trop abstraites, peu historiques, et pour les doctrines eudémonistiques le recommandaient au groupe Benthamiste ; et, en général, aux soi-disants Radicaux philosophes. Brongham dit qu'il semblait tombé du ciel : singulier avatar, il faut l'avouer. Ses services pratiques relatifs aux questions du cours et de la banque prédisposaient naturellement en faveur de ses théories les plus abstraites. Mais, à part ces sujets spéciaux, il n'apparaît pas que, soit sous forme d'un bon traité théorique, soit en dirigeant une pratique heureuse, Ricardo ait réellement fait beaucoup pour le monde ; alors qu'il avoue lui-même avoir embrouillé l'opinion sur d'importantes questions. De Quincey le proclame l'apôtre de la vérité : cette épithète n'est plus qu'une extravagance. J. S. Mill, et d'autres, parlent de ses « lumières supérieures », en comparaison d'Adam Smith. Or, l'œuvre ricardienne, ou sa part de contribution à la connaissance de la société humaine, ne supporte pas un instant la comparaison avec la *Wealth of Nations*.

Il est intéressant d'observer que Malthus, malgré cette combinaison de sa doctrine sur la population avec les principes de Ricardo, alliance qui composa la profession de foi temporaire de tous les économistes « orthodoxes », n'acceptait pas personnellement la théorie de Ricardo. Il prévit que « la maîtresse-œuvre de l'édifice ne tiendrait pas ». « Cette théorie, dit-il, ne voit, comme le système des économistes français, qu'une partie du sujet ; et comme ce système, après avoir entraîné dans son tourbillon un grand nombre de gens fort experts, elle deviendra incapable de se soutenir contre le témoignage des faits évidents, et contre la masse de ces théories qui, ,moins simples assurément, et moins captivantes, sont plus justes, car elles embrassent plus de causes actuellement agissantes sur tous les phénomènes économiques ».

Nous avons vu combien les fondations de la doctrine de Smith en philosophie générale sont fragiles. Le caractère éthique de son thème en est fâcheusement affecté. Mais sa méthode qui consiste en une judicieuse combinaison d'induction et de déduction, nous l'avons trouvée aussi loin que l'étude statique des lois économiques nous a menés, peu sujettes à la critique. C'est surtout l'influence de Ricardo qui pervertit la méthode économique. La science fit fausse route et tourna le dos à l'observation : elle chercha à renverser les lois des phénomènes ; à les tirer, par un jeu de logique, d'un petit nombre de généralisations hâtives. Les vices principaux que, dans les temps récents, on a, sans injustice, attribués aux disciples de l'école « orthodoxe », furent tous encouragés par l'exemple de Ricardo ; savoir : 1°, le caractère abstrait faussé des notions dont ils traitent ; 2°, l'abusive prépondérance de la déduction comme procédé de recherches ; et, 3°, la forme trop absolue dans laquelle leurs conclusions sont comprises et énoncées.

Les œuvres de Ricardo ont été réunies en un volume, avec notice biographique(1), par J. R. M'Culloch (1846).

---

(1) Une esquisse biographique sur Ricardo, et un résumé de ses écrits sur les questions monétaires, figurent à son nom dans l'*Ency-clopœdia Britannica*, 9ᵉ édition.

A Malthus qui fixa irrésistiblement l'attention publique
sur certains faits sociaux, et à Ricardo qui aiguilla la
recherche économique sur des nouveautés si contestables succédèrent des écrivains moindres, qui furent
surtout leurs propagateurs et leurs commentateurs : aussi
les Allemands, par allusion à la mythologie grecque, les
désignent-ils sous le nom d'Epigones. Grâce à eux, les
doctrines de Smith et de ses premiers successeurs se
groupèrent dans un ordre plus systématique ; se défini-
rent et se fixèrent de façon à moins prêter le flanc à la
critique ; revêtirent une meilleure terminologie ; se modi-
fièrent en des points particuliers ; ou s'appliquèrent à
solutionner les questions pratiques du jour.

Les *Éléments* de James Mill (1773-1836), publiés en
1821, méritent une mention spéciale. Ils exposent le système de Ricardo avec une vigueur extrême, sous une
forme si condensée, et avec une telle habileté dans la
disposition des matières, qu'ils lui donnent, dans une
certaine mesure, le caractère d'œuvre d'art. L'économie
politique *a priori* y est réduite à sa plus simple expression. J. R. M' Culloch (1770-1864), auteur d'une masse de
statistiques laborieuses et autres compilations, critiquait
dans l'*Edinburg Review*, du point de vue de la doctrine
ricardienne, la législation économique journalière. Il
occupait, en somme, la même situation théorique qui fut
défendue, à une période ultérieure, par l'École de Manchester. Il manque totalement d'originalité ; et n'a jamais
révélé ni élévation, ni largeur philosophique. Son dogmatisme confi répugne souvent. Il confessait, en ses derniers
jours, avoir trop chéri les idées nouvelles ; et les avoir
soutenues avec plus d'entêtement et d'acharnement
qu'elles ne le valaient. Rappelons que, malgré l'engoûment de ses contemporains, de ses partisans ou de ceux
qui, comme Sismondi, s'en distinguaient, son nom, jadis
flambeau de l'école régnante, est maintenant tacitement

écarté des écrits émanés de cette école. Si faible qu'ait été
son utilité dans les revendications de la politique du libre-
échange, il reste du moins acquis qu'aux besoins de notre
avenir social il n'a offert que le néant. Nassau William
Senior (1790-1864) était professeur d'économie politique
à l'université d'Oxford. Il a publié, outre des études sépa-
rées, un traité sur l'Économique qui d'abord parut en
article dans l'*Encyclopædia Metropolitana*. Senior fut un
écrivain de haut mérite. Il contribua beaucoup à élucider
les principes économiques ; en particulier, par son exacte
étude de la nomenclature, et par le soin scrupuleux de
ses déductions. Ses éclaircissements sur le coût de la
production, et la mesure suivant laquelle il affecte le
prix de la rente ; sur la différence entre le taux des salaires
et le prix du travail ; sur le rapport entre les profits et les
salaires — il se réfère spécialement, à ce sujet, au théorème de Ricardo, qu'il corrige en substituant le montant
proportionnel au montant absolu — ; puis sur la répartition des métaux précieux entre les divers pays, sont particulièrement remarquables. Son vocable nouveau « absti-
nence », proposé pour exprimer la conduite de celui
dont la rente est la rémunération, entra dans le vocabulaire, bien qu'il convienne peu, à cause de son acception
négative. C'est sur la théorie des salaires que Senior est
le moins satisfaisant. Il exprime leur taux moyen national — purement imaginaire, selon nous, bien que ce taux
se réalise pour un emploi et un lieu donnés -- par une
fraction dont le numérateur est le montant de la totalité
des salaires (somme imprécise et tout imaginaire, autrement que comme le total actuel des salaires payés), et le
dénominateur, le chiffre de la population ouvrière. Puis
il s'évertue à en tirer les conséquences les plus grandes
et les plus lointaines. Cependant l'équation sur laquelle
il fonde ses inductions ne réussit tout au plus qu'à devenir
un fait arithmétique : vrai pour chaque lot d'individus,

il ne renferme absolument aucun élément économique.
Le terme « fonds des gages » provient d'expressions d'A-
dam Smith (1) qui ne l'emploie qu'au figuré et qui, jamais,
ne lui attribue une acception rigoureuse. Nous verrons
que cette version de Senior est répudiée de plusieurs
membres de cette école d'économie politique dite orthodoxe. En ce qui concerne la méthode, Senior estime que
l'Économique est purement déductive ; il n'y a point de
place pour tout « fait » autre que les quatre propositions
fondamentales d'où il se fait fort de déduire toute la
vérité économique. Et il ne se voit pas arriver à des conclusions hypothétiques : ses postulats et ses résultats lui
semblent bien correspondre à des phénomènes sensi-
bles (2). Le colonel Robert Towens (1780-1864) fut un auteur prolifique tant en théories d'économie politique que,
et surtout, dans les applications de cette science à la politique financière ou commerciale. Presque tout le programme législatif de Sir Robert Peel s'exécuta d'après les
théories de Towens. Il a donné, en substance, la même
théorie du commerce extérieur que celle qu'établit
ensuite J. S. Mill, dans un de ses *Essays on Unsettled
Questions* (3). Il fut un précurseur et l'un des premiers
avocats du rappel des lois sur les blés. Mais il ne préconisait pas le système général de liberté absolue du commerce. Il soutenait qu'il est bon d'imposer les droits de
représailles pour équilibrer les droits semblables qu'im-

(1) Ainsi, dans la *Wealth of Nations* (Liv. I ; chap. VIII) nous
trouvons ces termes : « les fonds qui sont destinés au paiement des
gages » ; « les fonds destinés aux emplois industriels » ; « les fonds
destinés à l'entretien des serviteurs ».

(2) Voyez la première de ses *Four Introductory Lectures on Political Economy*, 1852.

(3) Toutefois, Mill nous avertit dans la Préface de ses *Essays* que
ses idées personnelles à ce sujet s'étaient formées et étaient écrites
avant la publication par Towens d'opinions semblables.

posent les pays étrangers ; car une baisse des droits
d'importation sur les produits des pays qui maintiennent
des tarifs hostiles occasionnerait une soustraction des
métaux précieux et un fléchissement des prix, des profits
et des gages. Les principaux écrits de caractère général
sont : *The Economist* (c'est-à-dire le Physiocrate) *Refuted*,
1808 ; *Essay on the Production of Wealth*, 1821 ; *Essay on
the External Corn-trade* (loué par Ricardo), 3ᵉ éd., 1826 ;
*The Budget, a Series of Letters on Financial, Commercial,
and Colonial Policy*, 1841-3. Harriet Martineau (1802-1876)
a popularisé les doctrines de Malthus et de Ricardo dans
ses *Illustrations of Political Economy* (1832-34), série de
contes où abondent d'excellentes descriptions. Mais l'effet
de la narration est, de ci, de là, souvent gâté de lourdes
dissertations habituellement dialoguées.

D'autres écrivains dignes de figurer dans cette histoire
économique sont : Charles Babbage, *On the Economy of
Machinery and Manufactures* (1832), surtout descriptif,
mais aussi partiellement théorique ; William Thomas
Thornton, *Overpopulation and its Remedy* (1846), *A Plea
for Peasant Proprietors* (1848), *On Labour*, 1869, 2ᵉ éd.,
1870 ; Herman Merivale, *Lectures on Colonisation and
Colonies* (1841-2 ; nouv. éd., 1861) ; T. C. Banfield, *The
organisation of Industry Explained* (1844 ; 2ᵉ éd., 1848) ;
et Edward Gibbon Wakefield, *A view of the Art of Colonisation* (1849) ; Thomas Chalmers, bien connu en d'autres champs d'études, auteur de *The Christian and livri
Economy of Large Towns* (1821-36), et *On Political Economy in Connection with the Moral State and Moral Prospects of Society* (1832). Chalmers combat vigoureusement
tout système d'assistance légale ; et, tout en insistant
justement sur l'importance primordiale de la moralité,
de l'industrie et de l'économie comme conditions du
bien-être populaire, il pousse les doctrines malthusiennes
à l'extrême. L'Irlande non plus ne fut point sans prendre

part au mouvement économique de cette période (1).
Whateley avait été le deuxième à professer dans la
chaire Drummond d'économie politique, à Oxford. Il y
succédait à Senior. Durant ses fonctions, il y donna ses
Introductory Lectures (1831). Il fonda, en 1832, en venant
en Irlande titulaire de l'archevêché de Dublin, une chaire
analogue, au Trinity College, à Dublin. Cette chaire fut
d'abord occupée par Mountifort Longfield, depuis juge
à la Cour des Biens-Fonds d'Irlande (m. en 1884). Il
publia ses conférences sur l'Économique générale (1834),
sur les *Poor Laws* (1834), et sur *Commerce and Absen-
teeism* (1835), qu'on remarqua pour l'indépendance des
idées et la sagacité des observations. Longfield est louable
pour s'être libéré de maintes exagérations de ses contemporains. Il dit, en 1835 : « En économie politique : pas trop
d'abstraction ». Il s'élève contre cette banalité : « Chacun
se conduit d'après son intérêt ». James A. Lawson
(depuis, Mr. le Juge Lawson, m. en 1887) publia également ses leçons (1844), données dans la même Chaire : on
les lira toujours avec intérêt et profit. Sa discussion sur
la question de la population est particulièrement bonne.
Lui aussi affirme, contre Senior, que la science est *avide
de faits ;* et qu'il faut raisonner sur le monde et l'humanité tels qu'ils sont dans la réalité.

Le plus systématique et le plus pénétrant des premiers
critiques du système ricardien fut Richard Jones (1790-
1855), professeur à Haileybury. Jones a reçu peu de justice
de ses successeurs. J. S. Mill, tout en usant de son œuvre,
ne rend à ses mérites qu'une maigre reconnaissance.

<hr>

(1) Samuel Crumpe, docteur en médecine, a publié, à Dublin, en
1793, un *Essay on the Best Means of Providing Employment for the
People,* qui obtint le prix offert, par l'Académie Royale d'Irlande, à
la meilleure dissertation sur ce sujet. C'est une œuvre de mérite :
elle contient un bon résumé des meilleurs principes d'Adam Smith.
Les *Commercial Restraints of Ireland* (1779), de John Hely Hutchin-
son, sont importants pour l'histoire économique de ce pays.

Roscher lui-même prétend que Jones ne parvint point à comprendre Ricardo ; mais, s'il ne donne aucune preuve d'une telle assertion, il passe sous silence que bien des faits prônés par l'école historique allemande sont très distinctement énoncés dans les écrits de Jones. On l'a quelquefois érigé en adversaire de la théorie Andersonnienne du fermage ; mais cette opinion est fausse. Attribuant cette doctrine à Malthus, il dit : Cet économiste « a montré d'une façon satisfaisante que si la terre est cultivée par des capitalistes vivant des profits d'une mise qu'ils peuvent appliquer à d'autres exploitations, les frais de culture de la pis qualité de la terre exploitée déterminent le prix moyen du produit brut, pendant que les diverses qualités des terrains meilleurs déterminent le fermage ». En réalité, ce qu'il nie, c'est la validité de la doctrine en tous les cas qui comportent fermage. Il signale encore dans son *Essay on the distribution of Wealth and the Sources of Taxation*, 1831, qu'outre ces « loyers de fermiers » qui, par hypothèse, suivent la loi ci-dessus, il existe une « rente paysanne », payée partout, à toutes les époques historiques, et de plus payée sur la plus grande partie de la surface terrestre, qui ne suit pas cette loi. Les rentes paysannes se subdivisent en : 1° serve ; 2° métayère ; 3° cheptellière ; et 4° communale : classification depuis adoptée, au fond, par J. S. Mill. Il montre que les contrats qui en fixent le montant se basent, au moins dans les trois premières classes, plutôt sur la coutume que sur la concurrence. Passant à la théorie principale de Ricardo, à la théorie du fermage, si abusivement étendue, Jones en dérive les conclusions ricardiennes, et surtout les suivantes : l'augmentation des fermages s'accompagne toujours de la décrépitude des forces productrices de l'agriculture, et amène disette et misère ; les intérêts des propriétaires fonciers sont toujours et nécessairement opposés aux intérêts de l'État et des autres classes de la société ; la diminution du taux des profits dépend exclusivement des rendements du capital nouvellement mis en terre ; enfin, les gages ne peuvent s'élever qu'aux dépens des profits. La méthode de Jones est inductive. Les conclusions se basent sur une large observation des faits contemporains, vus à la lumière de l'histoire. » Si, dit-il, nous désirons apprendre comment l'économie et l'ordre suivant lesquels les diverses nations de la terre produisent et répartissent leurs revenus, je ne connais vraiment qu'un moyen pour y arriver : regarder et voir. Il nous fait regarder et comprendre les faits avant d'apercevoir clairement leurs vrais principes. Si nous prenons une méthode différente ; si nous nous cramponons aux principes généraux, et nous contentons d'observations étroites, deux choses nous aggriperont Premièrement, ce que nous appelons principes généraux n'a souvent aucune généralité : au début, nous proclamerons universellement vraies des propositions dont chacun de nos progrès nous forcera d'avouer la fréquente fausseté ; et, secondement, nous négligerons une foule de connaissances utiles que ceux qui marchent vers les principes avec une parfaite connaissance des faits trouvent nécessairement sur leur chemin. » Le monde qu'il dit étudier n'est pas un monde imaginaire, habité par des « hommes économiques » abstraits ; mais le monde réel, sous les formes diverses que l'appropriation et la culture de la terre, et, en général, les conditions de production et de distribution revêtent aux divers temps et lieux. Sa reconnaissance de systèmes si différents d'existence communautaire, placés aux divers étages du progrès de la civilisation, le conduit au projet de ce qu'il nomme l' « économie politique des nations ». C'était là une protestation contre l'habitude de prendre l'état exceptionnel des faits existants et qui ne se réalisent, en effet, que partiellement, et sur un petit coin de notre planète, pour représenter le type normal des sociétés humaines. Pourtant il ignorait comment les résultats de l'histoire primitive et du développement social de chaque communauté ont influencé les phénomènes économiques.

On essaie quelquefois d'éluder la nécessité de plus vastes et de plus hautes études. On allègue la tendance universelle du monde social à prendre toute forme nouvelle et exceptionnelle comme constitution nouvelle et définitive. Et cette tendance serait-elle réelle (ce qui n'est qu'en partie vrai, car l'ordre existant ici ne saurait être entièrement considéré comme définitif), il n'en résulterait pas que les faits manifestés au sein de notre civilisation, et ceux que révèlent les communautés moins avancées soient si voisins qu'on les puisse assembler sous une même formule.

A la vérité, Whewell a bien observé, en son édition des *Remains* (1859) de Jones, que dans le monde physique, « tout tend à prendre une forme déterminée par la force de la gravité : la colline à s'applanir; la chute d'eau à ronger son lit et à disparaître; la rivière, à égrener des lacs le long de la vallée; le glacier, à se précipiter en avalanches ». Mais, faut-il considérer ces résultats comme achevés, parce que les forces agissantes les détermineront finalement ?

Toutes les questions humaines dépendent grandement du temps. Les phénomènes économiques, qui, en effet, se relient aux divers stades du progrès humain, doivent être étudiés tels qu'ils sont ; autrement, nous tomberions fatalement dans de graves erreurs, soit en théorie, soit dans la solutions des problèmes qu'ils évoquent.

Jones est remarquable par l'absence de toute exagération et de toute étroitesse intellectuelle. Ainsi, tout en professant pour Malthus une estime peut-être trop grande, il se refuse à accepter sa proposition : un

accroissement de subsistance est nécessairement suivi
d'un accroissement de population. Il semble, maintient-
il, que dans tous les États bien gouvernés et prospères,
avec l'accroissement de la population, la quantité des
subsistances, loin de diminuer, croît.

Bien des travaux qu'il nous a laissés, dont, malheureusement, une grande partie à l'état fragmentaire, ressem-
blent à ceux de Cliffe Leslie à une période subséquente.
Et, cependant, Leslie avait l'avantage de connaître cette
sociologie de Comte qui l'aida par sa méthode plus ferme
et sa conception plus large du mouvement général de la
société. Alors que la voix de Jones s'entendait bien peu
dans l'applaudissement général dont Ricardo fut salué
par le monde économique de son temps, Leslie écrivait
quand la désillusion venait, et que le vent commençait à
tourner, en Angleterre, contre l'*a priori* économiste.

Comte parle, quelque part, de la « prédilection passagère » pour l'économie politique qui s'est manifestée
dans toute l'Europe occidentale. Cet engoûment est particulièrement sensible en Angleterre, de la troisième à la
cinquième décade du dix-neuvième siècle. Jusqu'en
1818, dit un écrivain de la *Westminster Review,* cette
science ne fut guère connue ou citée, en dehors d'un
petit cercle de philosophes; et la législation, loin de
suivre ses avis, s'en éloignait journellement de plus en
plus ». Mill nous apprend qu'un changement se produisit en peu d'années. « L'Économie politique, dit-il,
affirme, avec une intense rigueur, son action sur les
affaires publiques, par la pétition des marchands de
Londres pour la liberté du commerce. Celle-ci fut lancée,
en 1820, par M. Took; présentée par M. Alexander
Baring, (1) et dignement soutenue par Ricardo durant le

(1) Depuis Lord Ashburton. Pour cette pétition, voir M'Culloch :
Literature of Political Economy, p. 57; ou Senior : *Lectures on the
Transmission of the Precious Metals,* etc., 2ᵉ éd., p. 78.

peu d'années de sa vie parlementaire. Les écrits de Ricardo, après l'impulsion imprimée par la controverse sur les matières d'or et d'argent, et que suivirent, à leur tour, les exposés et les commentaires de mon père et de M'Culloch (dont les articles dans l'*Edinburg Review*, durant ces années, furent précieux) attirèrent l'attention générale sur le sujet, et opérèrent des conversions au moins partielles dans le cabinet lui-même. Huskisson, aidé par Canning, commença la démolition graduelle du système protecteur; un de leurs collègues le com- pléta virtuellement en 1846, et ses derniers vestiges furent balayés par M. Gladstone, en 1860 ». Tandis que cette science attirait et fixait ainsi l'attention des esprits actifs, son état d'instabilité était délibérément admise. Les différences d'opinion causaient parmi ses professeurs un fréquent sujet de plainte. Mais on sous-entendait que ces divergences allaient disparaître. Le colonel Torrens prédisait que, dans trente ans, c'est-à-peine s'il « existerait un doute sur un principe fondamental ». « La propriété, dit M. Sidgwick, qui suit l'abolition des lois sur les blés donnèrent aux praticiens une preuve plus palpable et plus satisfaisante de la solidité du rai- sonnement abstrait qui préconisait l'excellence du libre - échange ». Quand, en 1848, « un maître vulgarisateur de la doctrine eût publié un merveilleux tableau des prin- cipaux résultats des controverses de la génération précé- dente », avec de bonnes « explications et justifications » des opinions régnantes, on admit, durant quelques an- nées, d'une manière générale, que l'économie politique était « émergée du chaos des polémiques », du moins en ses doctrines directrices, et qu'une construction solide s'était fondée sur des bases permanentes.

Ce vulgarisateur était John Stuart Mill (1806-1873). Il a probablement exercé, dans le champ de l'Économique anglaise, une influence supérieure à celle de tout autre écrivain, depuis Ricardo. Son traité systématique a été, directement ou par les manuels, spécialement celui de Fawcet, qu'on en a tirés, la source où plusieurs de nos contemporains ont, en Angleterre, puisé leur connaissance économique. Mais il est des raisons autres et plus profondes, nous le verrons, qui firent de lui, en cette partie de la connaissance, et ailleurs, une figure d'un intérêt et d'une signification particulière.

En 1844, il publiait cinq *Essays on some Unsettled Questions of Political Economy*, écrits dès 1829 et 1830, mais qui, à l'exception du cinquième, étaient restés en manuscrit. Les uns contiennent des contributions dogmatiques dont on peut lui attribuer le mérite scientifique. Le premier traite des lois des échanges internationaux. Il montre que, si deux pays trafiquent mutuellement de deux commodités, les prix des commodités échangées sur les deux places — et Ricardo avait prouvé qu'ils ne se déterminent point d'après le coût de la production — s'ajustent spontanément, par le jeu de la demande réciproque; et de telle sorte que les quantités demandées, par chaque pays, de l'article à importer de chez le voisin, suffira exactement à s'acquitter mutuellement. Telle est la loi qui, avec quelques développements supplémentaires, figure, dans son traité systématique, sous le nom d' « équation de la demande internationale ». Il discute ensuite la répartition des gains. La conclusion pratique la plus importante, qui n'est pas pourtant à l'abri de toute critique, à laquelle parvient cet essai consiste en ce que l'adoucissement des droits sur les commodités étrangères ne retentit pas sur la production, mais soutient seulement le revenu. Elle provoque l'adoption de quelques mesures corrélatives de liberté commerciale avec l'Angleterre de la part de la nation qui importe ses commodités. Dans le second essai, traitant de l'influence de la consommation sur la production, les résultats les plus intéressants obtenus sous les propositions suivantes : « 1º l'absentéisme est un mal local, mais non national ; et 2º, s'il n'y a pas d'engorgement permanent de produits, il en est de temporaires, non seulement envers certains articles, mais pour toutes les commodités. Cependant, cet engorgement ne provient pas de la surproduction, mais d'une méfiance commerciale. Le troisième essai se rapporte à l'acception des mots « productif » et « improductif », appliqués au travail, à la consommation et à la dépense. Le quatrième traite des profits et des intérêts. En particulier, il explique et justifie ce théorème de Ricardo : « les profits dépendent des salaires ; s'élèvent quand les salaires baissent, et baissent quand les salaires montent ». Ce que Ricardo a dit c'est que les profits dépendent du coût des salaires estimés en travail. Par suite, les profits de la production des articles habituellement consommés par le travailleur accroissent les profits sans diminuer la rémunération réelle du travailleur. Le dernier essai roule sur la définition et la méthode politique : sujet ultérieurement et plus maturément traité dans le *System of Logic,* du même auteur.

En 1848, Mill publia ses *Principles of Political Economy, with some of their Applications to Social Philosophy.* Ce titre qui, nous l'avons vu, est sujet à critique, révèle chez son auteur une conception du domaine économique moins étroite et moins superficielle que chez le commun de ses prédécesseurs. Mill cherchait, en effet, à produire une œuvre susceptible de remplacer ordinairement la *Wealth of Nations,* à son avis « en maints endroits surannée ; en tous, imparfaite ». Adam Smith avait partout associé les principes généraux de son sujet à leurs applications, et, en fixant celles-ci, avait continuellement fait appel à des considérations autres, et souvent bien plus larges, que les simples données de l'économie politique. C'est dans le même esprit que Mill veut incorporer tous les résultats cueillis sur cette branche scientifique par les successeurs de Smith, et décrire la relation des phénomènes purement économiques avec les conceptions contemporaines les plus élevées sur la philosophie générale de la société, ainsi que Smith l'avait fait pour la philosophie du dix-huitième siècle (1).

Ce dessein a certainement avorté. Vraiment le livre de Mill est fort loin de réaliser l'« Adam Smith moderne ». C'est un exposé admirablement clair, et même élégant de l'économie ricardienne, au cours de laquelle s'incorpore la théorie malthusienne. Mais, malgré maintes inovations de détail, il n'est en son fonds scientifique, guère ou même rien de plus. Cliffe Leslie dit que Mill consolida et amenda si bien les doctrines de Ricardo que celui-ci s'y reconnaîtrait à peine : il va certes beaucoup trop loin. Senior a mieux réussi dans cette voie. Mill s'efforce habituellement de venger son maître des critiques d'autrui, et de pallier les négligences flagrantes de son style. Sa profonde estime pour Ricardo en Economique s'était déjà manifestée dans ses *Essays*. Il y dit, avec quelque peu d'injustice envers Smith, qu'« ayant une science à créer », Ricardo n'avait à « s'occuper que des principes directeurs ». Et il ajoute : « nul de ceux qui ont pénétré ses découvertes » n'éprouvera de difficulté à expliquer « jusqu'aux minuties de l'Economique ». James Mill, lui aussi, n'avait été, au fond, qu'un vulgarisateur de Ricardo. Le fils, tout en surpassant, de beaucoup, le père, par le charme du style et de l'exposition, reste, en ce qui

(1) Il est curieux que, dans un Abrégé des œuvres de Mill, d'ailleurs bien fait, publié aux États-Unis (1886) par J. Laurence Laughlin, tout ce qui, dans cette édition à l'usage des collèges, « appartient directement au domaine sociologique » ait été omis. La conception originale de Mill se trouve ainsi méconnue ; et son livre est réduit au type vulgaire.

touche la doctrine économique, au même point de vue
essentiel. C'est en leurs conceptions philosophiques générales, et en leur intelligence des destinées sociales et de
l'idéal, que les Mill occupent des plans bien différents
sur le chemin du progrès. Le fils, par exemple, ne pouvait, dans son âge adulte, ériger en théorie de gouvernement les piètres sophismes que le bon sens simple de
Macaulay a étalés assez dans les écrits du père. La no-
blesse de ses sentiments sur les plus hautes questions
sociales, l'élève bien au-dessus de l'ordinaire utilitarisme
grossier des Benthamistes.

L'ampleur intellectuelle et philosophique avec laquelle
Mill traita des sujets sociaux est, sans contredit, attribuable, dans une large mesure, à l'influence de Comte.
Mill lui doit, suivant la juste remarque de M. Bain, de bien
plus grandes obligations qu'il n'était en lui-même dis-
posé à le reconnaître. Et s'il eût subi davantage cette
influence, nous sommes tentés de croire qu'il eût pu travailler à la réforme économique qui reste à accomplir : il
eût émancipé la science du système *a priori*, et fondé la
théorie originale de l'existence industrielle sur l'observation la plus vaste. Probablement le temps n'était
pas mûr pour une telle construction. Il est encore
possible que les défauts intellectuels de Mill le rendaient
impropre à cette tâche. Roscher dit de lui : « Ein histo-
rischer Kopf war er nicht » (1). Toutefois, il a dû se faire
que les habitudes de sa première éducation, dans laquelle
les éléments positifs et métaphysiques étaient fort mêlés,
ont suffi pour l'empêcher d'atteindre un équilibre men-
tal parfaitement normal. Jamais il ne rectifia entièrement la direction vicieuse que lui avaient donnée l'éducation paternelle et l'influence du groupe Benthamiste au
sein duquel il avait grandi. Il en résulta que, selon la

(1) « Pour une tête historique, il n'en avait pas ».

forte expression de Roscher, l'ensemble de sa vie fut « zu wenig aus Einem Gusse » (1). Le mélange incongru des dogmes étroits de sa jeunesse avec les idées plus larges de son âge mûr prête un caractère fluctuant et flou à toute sa philosophie. Il reste partout éminemment « inconclusif ». Il incarne les tendances aux formes naissantes de l'opinion, et ouvre de nouvelles perspectives sur des horizons variés. Mais il ne fonda guère vraiment. Si large qu'on juge son rôle personnel, on ne le trouve pas seulement incomplet, mais, de plus, incohérent (2). Pourtant, c'est précisément cette situation équivoque qui nous paraît donner une éducation spéciale à sa carrière : elle la qualifie tout particulièrement à préparer et faciliter la transition.

Personnellement, il voyait « le principal mérite de son traité » dans la démarcation qu'il y faisait entre la population et la distribution. Les lois de population sont basées sur des faits naturels, inaltérables ; tandis que le cours de la distribution se modifie de temps à autre par les changements des dispositions sociales. Cette distinction, remarquons-le, ne doit pas être prise d'une façon trop absolue ; car l'organisation de la production varie en raison de la masse sociale ; et, Landerdale l'a montré depuis longtemps, le mode de distribution, dans une communauté, réagit sur la production. Pourtant, cette distinction contient une vérité féconde ; sa connaissance tend à concentrer l'attention sur la question suivante : Comment pouvons-nous améliorer la distribution actuelle de la richesse ? L'étude de ce problème amène Mill, à mesure qu'il avance en âge dans le sillage

(1) « Trop peu d'une seule coulée ».

(2) M. John Morley (« *Mill on Religion* », in *Critical Miscellanes*, 2ᵉ série, 1877) trahit une sorte de consternation en rencontrant dans les écrits posthumes de Mill des théories bien différentes des doctrines philosophiques soutenues énergiquement par lui durant toute sa vie.

du socialisme. Et sur la fin de sa vie, alors que son livre, cependant bien transformé, continue à tirer les doctrines ricardiennes du principe de l'égoïsme éclairé, il en vient à percevoir les germes d'un ordre où la synergie s'appuirait sur la sympathie.

La marche graduelle de ses idées sur la constitution économique de la société se trouve dans son *Autobiography*. Il nous y dit que, dans sa jeunesse, il « n'avait guère vu rien au-delà de la *vieille école* » (notez ce titre significatif) « d'économie politique, dans les possibilités des perfectionnements fondamentaux des arrangements sociaux. La propriété privée, telle qu'actuellement nous la comprenons, et l'héritage paraissaient le *dernier mot* de la législation ». L'idée de procéder radicalement à tout redressement de l'injustice « résultant du fait que bien peu naissent riches et que la grande majorité est vouée à la pauvreté », il la taxait de chimérique. Mais maintenant, ses vues sont telles qu'il « se classerait décidément sous la dénomination générale de socialiste ». Il s'est trouvé conduit à croire que toute la structure contemporaine de l'existence économique n'est que provisoire et préparatoire. Le temps viendra où « la répartition des produits du travail, au lieu de dépendre, dans une mesure aussi large que maintenant, du hasard de la naissance, s'opérera en s'harmonisant avec le principe de justice ». « Le problème social de l'avenir » est d'après lui le suivant : « Comment unir la liberté maxima d'initiative individuelle », souvent compromise dans les plans socialistes, « avec la propriété communautaire des matières terrestres brutes, et la participation égalitaire à tous les bénéfices du travail coordonné ». Ces conceptions, avoue-t-il, sont à peine tracées dans la première édition de la *Political Economy* ; elles le sont plus clairement et plus complètement dans la seconde ; et enfin sont exposées sans équivoque dans la troisième. La Révolution française de 1848 avait préparé le public à recevoir des notions nouvelles.

Tout en apercevant ainsi, dans l'avenir, un ordre économique nouveau, il juge toujours son avènement très éloigné ; et les mobiles de l'intérêt privé lui paraissent momentanément indispensables (1). Sous l'aspect spirituel, il s'en tient à une semblable réserve. Il prévoit la disparition finale du théisme, et la substitution d'une religion purement humaine ; mais la foi actuelle sera longtemps nécessaire, croit-il, au zèle et à la discipline. Il sape ainsi les fondements existants et ne prévoit rien pour les remplacer, et soutient de conserver pour une durée indéfinie ce qu'il vient de discréditer radicalement. Il fait plus. Tout en semant les germes d'évolution vers l'organisation socialiste de la société, il préconise dans le présent, et pour un avenir prochain, des mesures qui pousseraient le monde industriel vers d'autres issues. Le système de l'appropriation paysanne de la terre tend, en somme, distinctement à l'individualisme ; pourtant il le prise, avec extravagance, dans la première partie de son livre. Il ne revient sur ses louanges qu'au chapitre sur les classes laborieuses. Le soi-disant système coopératif de production, recommandé si chaleureusement dans les dernières éditions de son livre qu'il a conduit certains de ses disciples à le donner comme une nécessité salutaire, fortifierait inévitablement le principe de la propriété individuelle. Prêchant tout au plus la substitution de la concurrence des associations à celle des individus, il n'exclurait nullement la concurrence.

L'élévation des classes ouvrières fut trop exclusivement liée par lui à la morale malthusienne dont il partage les idées si extravagantes. Pourtant suivant la

____

(1) Voir aussi ses *Chapters on Socialism*, in *Fortnihtly Review*, 1879.

remarque de M. Bain, il n'est pas facile de dégager exactement ses opinions, ni celles de son père, à ce sujet. Nous n'avons pas de raison de croire qu'il change d'avis sur la nécessité de restreindre la population. Cependant, cet élément reste étranger à la conception socialiste vers laquelle, de plus en plus, il penchait. Il est au moins difficile de voir comment, en dehors de la responsabilité individuelle de l'entretien d'une famille, ce que Malthus appelait la restriction morale serait égalitairement appliqué. Cette difficulté est, en effet la paille fatale qui, suivant Malthus même, viciait la théorie de Godwin.

Mill s'était ouvert aux idées nouvelles. Son enthousiasme pour le progrès ne saurait recueillir trop d'admiration. Mais il semble s'être allié aux beaux traits de sa constitution mentale un certain manque de sens pratique ; une ignorance des conditions nécessaires d'adaptation de l'existence humaine, et un appétit pour « un pain meilleur que la fleur de froment ». Il entretient des idées étranges, outrées, ou plutôt perverses, sur « l'assujettissement », les capacités et les droits de la femme. Il encourage l'esprit de révolte chez les ouvriers contre leur perpétuelle condamnation en tant que classe, à leur existence salariée. Il n'en donne nulle raison satisfaisante, si ce n'est que cet état de choses est susceptible de changer. Il omet de prouver qu'un tel sort, dûment réglé par la loi et la morale, est incompatible avec le bonheur réel. Puis il insiste sur « l'indépendance de la classe ouvrière qui, selon lui, farà da sè. Il en arrive à embrouiller, sinon à nier, ce fait que la supériorité du rang et de la richesse donne une naturelle investiture au pouvoir social qui, corrélativement, doit s'exercer au bénéfice de la communauté tout entière, et, en particulier de ceux de ses membres les moins fortunés. Enfin, il prête une importance tout à fait indue à des expédients machinaux et vraiment illusoires, tels que la limitation du pouvoir de tester et la confiscation des « excès injustifiés » de revenu.

Quant à la méthode économique, il change également de point de vue. Sur la fin, sa situation restait encore indécise. Dans le cinquième de ses premiers essais, il affirme que la méthode *a priori* est l'unique mode d'investigation dans les sciences sociales ; et que la méthode *a posteriori* « y est tout à fait incapable de parvenir à quelque système notable de vérités précieuses ». Quand il écrivit sa *Logic,* il avait appris de Comte que la méthode *a posteriori* — il nommait de préférence cette forme la « déduction inverse » — est le seul mode d'arriver à la vérité, en sociologie générale, et son ralliement final rend son essai suranné. Mais, sans délaisser la méthode *a priori* de sa jeunesse, il cherche à établir une distinction de deux sortes de recherche économique, dont l'une, et non l'autre relève peut-être de cette méthode. Tantôt il dit de l'économie politique que c'est un membre « découpé du corps général de la science sociale », tantôt, par contre, le titre de son ouvrage systématique implique un doute : à savoir, si l'économie politique est une partie du tout qu'est la « philosophie sociale », ou si elle n'est pas plutôt une étude préparatoire et auxiliaire. Ainsi, tant au point de vue logique que dogmatique, il fait halte entre deux opinions. Malgré ses maldonnes et même ses rétractations, il reste toujours, comme méthode, membre de la vieille école ; et jamais il ne vint à la nouvelle école « historique » à qui l'avenir appartient.

La question de la méthode économique fut reprise par son meilleur disciple, John Elliott Cairnes (1824-1875), qui y consacra un volume : *Logical Method of Political Economy,* 1857 ; 2ᵉ éd. 1875. Le professeur Walcker a dit de la méthode préconisée par Cairnes qu'elle est différente de celle de Mill ; il croit même celle de Cairnes semblable, sinon identique, à celle de l'école historique allemande. Mais c'est là, certes, une erreur. Cairnes, malgré de visibles oscillations théoriques, et certaines concessions plus apparentes que réelles, défend, avec la plus extrême vigueur, la méthode déductive. Il affirme nettement qu'en économie politique, il n'y a même point place pour l'induction, car, « l'économiste partant de la connaissance des causes ultimes » est ainsi « dès le début de son entreprise, dans la situation que le naturaliste n'atteint qu'après des siècles de recherches laborieuses ». Il ne semble pas, vraiment, dépasser le niveau de Senior, qui déclarait déduire toute la vérité économique de quatre propositions élémentaires. Dans sa *Logic*, Mill représentait la vérification comme partie essentielle des processus de démonstration des lois économiques. Puisque, soutient Cairnes, « il n'y a pas de principe relatif au caractère de sequence des phénomènes » (Qu'est-ce donc alors qu'une loi scientifique?) « ces lois ne peuvent ni s'établir ni se réfuter par la statistique ou par le sens des documents ». Une proposition qui n'affirme rien relativement aux phénomènes ne peut subir le contrôle d'une confrontation avec les phénomènes. Malgré son incontestable habileté, son livre parait en quelque sorte marquer une rétrogradation méthodologique, et ne garde pour l'avenir qu'un intérêt historique.

Sous cet aspect les recherches de Mill et de Cairnes sur la méthode de l'Économique, bien qu'en elles-mêmes incomplètes, eurent un résultat négatif important. Ils descendirent la vieille économie politique de sa position traditionnelle, et réduisirent ses extraordinaires prétentions par deux considérations spéciales communément acceptées. Premièrement, tandis que Ricardo n'avait jamais douté que tous ses raisonnements se rapportaient à des êtres humains actuellement existants, ils montrèrent que l'Économique est purement conjecturale. Les déductions se basent sur des prémisses fausses ou, tout au moins, simplistes. La principale est celle du soi-disant « homme économique », qui n'a que deux buts : s'enrichir et esquiver le travail. Ce n'est que dans la mesure où les prémisses issues de cette abstraction correspondent aux faits que les conclusions dépendent en réalité. Senior protesta en vain contre une telle conception de l'Économique, dont il vit qu'elle compromettait l'efficacité sociale. Au contraire, Torrens, qui avait, au début, combattu les doctrines de Ricardo, proclamait cette nouvelle formule de l'économie politique de Mill susceptible de l'y rallier en partie à ces doctrines, bien qu'il les rejetât sous un autre aspect. Secondement, outre la science économique, il y a, on l'a dit souvent, un art économique. La science établit les vérités ou les lois des phénomènes économiques. L'art prescrit avec exactitude la nature de l'activité économique. Bien des gens estiment que, la science donnée, nous sommes maîtres de l'art ; qu'il suffit de convertir le théorèmes en règles pour exécuter l'œuvre. Or, Mill et Cairnes mirent en évidence qu'un tel cas n'est pas admissible. Pas plus dans le domaine économique que sous tout autre mode d'existence, l'action ne se règle sur des considérations abstraites d'un aspect unique de la réalité. L'Économique révèle les connaissances indispensables, mais insuffisantes par elles-mêmes pour guider la conduite. Cette direction exige une conception plus vaste des affaires humaines. C'est ce qu'on voit mieux quand on se reporte à la classification de Comte ; c'est-à-dire à l'arrangement hiérarchique des sciences. Nous débutons par la moins complexe, la mathématique ; d'où nous nous élevons successivement à l'astronomie, la physique, à la chimie ; puis à la biologie, et enfin à la sociologie. Au cours de cette ascension, nous découvrons toutes les grandes lois qui règlent les phénomènes du monde inorganique, des êtres organisés et de la société. Un pas de plus, cependant, reste à franchir : la morale. A cette hauteur, les zônes de la théorie et de la pratique tendent à coïncider ; car toute conduite doit se rapporter au bien général. Dans la synthèse finale, chaque analyse préparatoire sert d'instrument pour déterminer comment chaque phénomène réel, matériel ou humain converge au bien de l'Humanité.

La publication économique de Cairnes la plus importante est sa dernière. Elle a pour titre *Some Leading Principles of Political Economy newly Expounded*, 1874. Cet ouvrage n'a pas la prétention de constituer un traité complet d'Économique. Il critique et corrige les théories que les écrivains précédents avaient émises sur quelques-unes des principales doctrines ; et s'applique à y définir leurs limites exactes ainsi que les exceptions qu'y apportent des circonstances spéciales. Tout en se faisant remarquer par sa grande habileté, il rend évident la juste observation qu'on a fait de la débile constitution mentale de Cairnes : de son défaut de sympathie intellectuelle, et de sa fréquente incapacité correlative d'apercevoir la vérité sous des aspects multiples.

Les trois parties de ce livre se rapportent respectivement à : 1° la valeur ; 2° le travail et le capital ; et, 3° le commerce international. La première commence par élucider le sens du mot « valeur ». Cairnes y controuve cette vue de Jevons pour qui toute valeur d'échange dépend entièrement de son utilité. Cairnes n'a peut-être pas clairement saisi la proposition de Jevons. En ce qui touche l'offre et la demande, il montre, à la suite de Say, que, dans leur système cet équilibre n'est nullement libre : ces facteurs sont des phénomènes bien connexes et indépendants. Identifiés, en effet, dans le troc, on les trouve, sous le système monétaire, bien différenciés. L'offre et la demande concernant les commodités particulières doi-

vent s'entendre de l'offre et de la demande à prix donné ;
et nous sommes ainsi ram nés aux idées de prix marchand et de prix normal (dont la confusion, suivant
Cherbulliez, se nommait, avec moins de bonheur, chez
Smith, prix naturel). Le prix normal l'amène à considérer le coût de production. Et à ce sujet, contre Mill et
autres, il nie que les profits et les salaires entrent dans
le coût de production. En d'autres termes, il affirme que
Senior (qu'il ne nomme pas) a déjà dit — mais il omet
logiquement de mentionner le passage — que le coût de
production est la somme du travail et du capital nécessaire à la production. Les gages et les profits sont la
rémunération de la peine, et non les éléments du coût.
Mais, se demandera-t-on, comment une quantité de travail peut-elle s'ajouter au capital ? Salaires et profit ne
peuvent-ils « mesurer le coût » ? En adhérant à la conception de « sacrifice » Cairnes expose combien vaine est
l'assertion que « la cherté du travail est le grand obstacle
à l'extension du commerce de la Grande-Bretagne » :
phrase où « commerce de la Grande-Bretagne » signifie
profits des capitalistes. Voici, pour la première fois,
qu'apparaît une doctrine nouvelle. Cependant, on rencontre chez Mill des indices d'où cette théorie des valeurs
internationales découle. Dans le commerce extérieur, le
coût de production, au sens de Cairnes, ne règle point les
valeurs ; car il ne saurait accomplir cette fonction en
dehors d'un régime de concurrence effective. Or, entre
les divers pays, la concurrence n'existe pas. Mais Cairnes
se demande jusqu'où elle va dans les industries territoriales. Pour ce qui est des capitaux, il estime que la condition est partout suffisamment remplie : opinion, soit
dit en passant, qui ne semble point tenir un compte suffisant, dès que nous considérons l'immobilisation réelle
de la majeure partie des capitaux, des disponibilités.
Mais, dans le cas du travail, la concurrence exigible,

n'agit qu'au sein de certaines couches sociales, ou plutôt industrielles. Le monde industriel se répartit en une série de groupes superposés ; et ces groupes demeurent, en réalité, « sans compétition ». Le travail disponible en l'un quelconque d'entre eux a rarement la faculté de choisir son champ d'application dans un groupe plus élevé (1). La loi qui veut que le coût de production détermine le prix ne peut donc s'appliquer davantage aux échanges régionaux qu'aux échanges internationaux.

Universellement insuffisante pour les derniers, elle l'est de même pour les premiers ; et envers les groupes sans concurrence. La loi qui régit ceux-ci est semblable à celle qui commande aux valeurs internationales, et qu'on appelle l'équation de la valeur réciproque. Cette détermination des prix correspondants s'opère d'elle-même d'après les profits de ces groupes. Ces prix sont tels que le lot des produits de chaque groupe réservés à la demande de produits à tous les autres groupes, acquittera tous engagements envers ces autres groupes. La demande réciproque des groupes détermine le « niveau moyen relatif » des prix à l'intérieur de chaque groupe ; tandis que le coût de production régularise la distribution de prix parmi les produits individuels de chaque groupe. Ce théorème n'a peut-être pas une grande valeur pratique ; mais le résultat de l'ensemble de cette recherche est d'atténuer l'importance du coût de production en tant que régulateur du prix normal ; et de montrer en

______

(1) Les Économistes aiment à comparer le taux du profit et des salaires à l'intérieur d'une *nation* (terme pris dans son sens économique) à une surface liquide perpétuellement agitée par les influences étrangères, et qui tend continuellement à reprendre son niveau. Nous comparerons ces taux chez diverses nations à des vases non-communiquants ayant tous des niveaux différents et variables. Cette dernière comparaison s'applique aussi au taux des salaires, tout au moins, à l'intérieur des différents « groupes », ou couches, économiques, dans une même communauté.

même temps qu'une autre des doctrines reçues de l'Économique avait été présentée sous une forme trop rigide et trop absolue. Quant au prix marchand, en la formule où Mill voit le prix d'égalisation entre la demande et l'offre, Cairnes découvre une simple pétition de principe. Pour lui, le prix marchand est celui qui ajuste au mieux l'offre réelle à la demande dite, durant l'attente d'une offre nouvelle de la part des centres de production.

La seconde partie est surtout remarquable par sa défense de ce qu'on est convenu d'appeler la doctrine du fonds des salaires, dont nous avons parlé à propos de Senior. Mill rejetait cette doctrine. Thornton lui en avait montré la fausseté. Mais Cairnes refuse de suivre son maître qui, à son avis, n'aurait pas dû se laisser convaincre. Après avoir certainement mal répondu à la critique, par Longe, de l'expression « taux moyen des salaires » (1), il fait l'apologie de la question débattue. Il considère que le lot de richesse d'une nation réservée au paiement des salaires — la nature des industries nationales et des méthodes de production usitées ne variant pas — est dans un rapport fixe avec le montant total de son capital. L'un donné, l'autre est déterminé. Passant aux applications, il s'arrête sur le principe (vrai, en théorie, mais formulé sous une forme trop absolue par Mill) que « demande de commodités n'est pas demande de travail ». Il n'est pas ici nécessaire de poursuivre sa recherche ; car son raisonnement ne satisfait pas ses successeurs, sauf Fawcet. La question des gages se traite d'ordinaire, aujourd'hui, sans considérer l'hypothèse d'un fonds de salaire déterminé. Puis Cairnes étudie

____

(1) Jevons dit, d'une façon étrange, dans la Préface à sa *Theory of Political Economy*, 2ᵉ édit., que la doctrine du fonds des salaires « a été abandonnée de la plupart des économistes anglais, grâce aux attaques de, entre autres » Cairnes. Celui-ci fut, en réalité, un défenseur de cette doctrine.

l'unionisme commercial de ses rapports avec les salaires.
Il arrive, en somme, à cette conclusion : le seul moyen
propre à en affecter le taux consiste à accélérer un progrès qui, finalement, se réaliserait sans cette intervention.
De plus, il s'empresse à réfuter la loi imaginée par
M. (depuis Lord) Brassey, sur l'uniformité du coût du
travail, dans le monde. En arrivant à considérer l'amélioration matérielle des classes ouvrières, il examine la question des changements à attendre du trésor et du partage
des fonds qui récompensent l'épargne et le travail. Il y
énonce le principe (établi cependant, avant lui, par
Ricardo et Senior) que la productivité croissante de
l'industrie n'affectera ni les profits, ni les salaires, sans
abaisser le prix des commodités que le travailleur con-
somme. Celles-ci sont, pour la plupart, des commodités
dont la valeur brute est l'élément unique ou principal.
Leur prix de revient croîtra, malgré les progrès scientifiques et techniques, si la population de la classe laborieuse n'est soigneusement réglée. Ainsi, tout progrès
dans la condition du travailleur reste confiné entre de
très étroites limites, en tant que travailleur. Pour améliorer tant soit peu son sort d'une façon durable, il lui
faudra cesser de n'être que travailleur. Des profits servi-
ront à accroître le fonds des salaires qui tend, au cours
du progrès industriel, à décroître par rapport au capital
général du pays. Aussi Cairnes abandonne l'attitude
purement théorique qu'ailleurs il déclare la seule qui
convienne à un économiste. Il préconise le sytème de la
soi-disant coopération ; c'est-à-dire, en fait, l'abolition
du grand capitaliste. Pour les classes ouvrières, c'est « le
seul moyen d'échapper à leur destinée malheureuse et
sans espoir ». Il condamne, ou plutôt dédaigne l'opposition des positivistes à cette solution. Pourtant, bien
d'autres que les positivistes, par exemple, Leslie et F. A.
Walker, voient en la coopération une chimère. La troi-

sième partie est principalement destinée à exposer la doctrine de Ricardo sur les facteurs du commerce international et sur la théorie de Mill des valeurs internationales. Cairnes modifie Ricardo en introduisant sa théorie de l'influence partielle de la demande réciproque, distincte du coût de la production, sur la régulation des prix domestiques. Puis, sur cette rectification il fonde une théorie intéressante sur les rapports qui existent entre les salaires généraux d'un pays et la nature et le cours de commerce extérieur de ce pays. Il rectifie la pensée de Mill, à l'avis de qui les produits d'un pays ne s'échangent contre ceux d'un autre pays qu'autant que leur valeur « l'exige pour que la totalité de ses exportations balance exactement la totalité des exportations ». Il insinue, dans cette dernière phrase, la clause que chaque pays se décharge par ses exportations de tous ses engagements extérieurs. En d'autres termes, il introduit la notion de la balance des dettes. Cette idée n'était pas nouvelle. John Leslie Foster l'indiquait dès 1804 (1). Mill lui-même l'avait effleurée. Mais Cairnes l'exprime correctement. C'est important, car en élucidant ce qui restait confus, on calme quelquefois des alarmes injustifiées. Passant à la question de la liberté commerciale, il use d'arguments protectionnistes banals ; et, en particulier, réfute l'allégation des Américains sur l'impuissance du travail hautement rétribué de leur pays à concurrencer le « travail indigent » d'Europe. Son succès est moindre contre « l'argument politique » basé sur l'utilité acquise pour la civilisation à développer les diverses industries nationales. Il ne rallie qu'avec des lieux communs, très contestables, certains économistes doctrinaires à cette proposition de Mill : la protection ne con-

(1) Dans son *Essay on the Principle of Commercial Exchanges.*
(2) Sur l'ensemble du sujet, voyez le Professeur C. F. Bastable : *Theory of International Trade*, 1887.

vient à de jeunes industries réellement propres à un pays
que jusqu'au moment où leur implantation leur per-
mettra de résister aux tiraillements de la concurrence
étrangère.

Nous nous sommes longtemps appesanti sur cette
œuvre de Cairnes. Non seulement, en effet, elle retrace
les formes les plus récentes des doctrines économiques
admises ; mais encore parce qu'elle reste et, croyons-
nous, restera la plus importante production de la vieille
école anglaise. Au début, l'auteur exprime l'espoir de
fortifier et de consolider l'édifice scientifique « élevé par
les travaux d'Adam Smith, de Malthus, de Ricardo et de
Mill ». Tout en reconnaissant avec lui les grands mérites
de Smith, et la réelle valeur des services de ses trois successeurs et adjoints, nous ne partagerons point l'opinion de Cairnes sur la durée de l'édifice par eux cons-
truit. Nous estimons qu'un nouvel édifice est nécessaire.
Il incorporera, certes, bien des matériaux de l'ancien ;
mais son plan sera tout autre et, en quelque sorte, destiné
à d'autres fins. Il exigera surtout des fondations philosophiques autres. Il se raccordera à l'ensemble d'une
construction mieux accessible, dont il ne sera qu'un
pavillon : à la science intégrale de la société.

Nous aurons plus loin l'occasion de rappeler les *Essays
in Political Economy*, 1873, de Cairnes. Son *Slave Power*
(1862) est le meilleur ouvrage qui parut sur le grand
conflit américain.

France.

Toutes les écoles européennes récentes présupposent,
pour la défendre ou pour la combattre, l'œuvre des éco-
mistes anglais, de Smith (1) à Ricardo et les Épigones.

(1) La première traduction française de la *Wealth of Nations*, de
Blavet, parut dans le Journal de l'Agriculture, du Commerce, des
Finances et des Arts, 1779-80. De nouvelles éditions se publièrent en
1781, 1788 et 1800. Elle s'imprima également à Amsterdam en 1784.

L'école allemande a eu, plus que toute autre, un mouvement propre. Elle a suivi, au moins dans sa période la
plus récente, une méthode originale. Les tendances lui
sont spéciales et caractéristiques. D'un autre côté, l'école
française — exception faite des socialistes que nous
n'avons point à considérer ici — reproduisit surtout les
doctrines des meilleurs penseurs anglais. Cependant,
elle se garda, en général, des exagérations de Ricardo et
de ses disciples. En matière d'exposition, les Français
n'ont pas de rivaux. Aussi, en économie politique, ont-
ils produit une série de traités systématiques, d'études
et de résumés plus ou moins remarquables ; et à leur
tête vient le célèbre ouvrage de J.-B. Say. Mais le nombre
des esprits créateurs appartenant à la littérature économique française, c'est-à-dire des écrivains à qui l'on doit
d'importantes vérités, qui ont perfectionné la méthode,
ou présenté les phénomènes sous un nouveau jour, n'est
pas grand. Sismondi, Dunoyer et Bastiat attireront notre
attention ; car ils sont les plus remaquables de ceux qui
occupent une place à part, durable ou non, dès que nous
laissons de côté la grande rénovation philosophique
d'Auguste Comte qui comprend, explicitement ou poten-
tiellement, toutes les variétés d'études sociologiques.
Mais avant d'apprécier les travaux de Bastiat, il nous
semble bon d'examiner l'œuvre de Carey, le meilleur
économiste américain. Les derniers écrits de l'ingénieux
et éloquent Français sont, jusqu'à un certain point, avec
elle, en remarquable concordance. De même, Cournot
trouvera place parmi les écrivains français de cette

Et Smith, dans sa troisième édition, prend soin d'en vanter l'excellence. En 1790, vint la traduction de Roucher, que Condorcet voulait
enrichir de notes. En 1802, le comte Germain Garnier donne la
sienne, faite durant son exil en Angleterre. On la regarde aujour-
d'hui comme la version classique. Elle est rééditée, avec notes de
Say, Sismondi, Blanqui, etc., dans la *Collection des Principaux
Economistes*.

période. Il y représentera l'introduction de la méthode mathématique en économie politique.

De Jean-Baptiste Say (1767-1832), Ricardo disait : « Ce fut le premier, ou l'un des premiers écrivains du Continent qui apprécia et appliqua judicieusement les principes de Smith. Il a plus fait que tous les autres écrivains continentaux réunis pour prêcher aux nations européennes ce système éclairé et bienfaisant ». La *Wealth of Nations*, dans son texte original, fut placée dans les mains de Say par Clarière, ministre depuis lors, mais alors directeur de la Compagnie d'Assurances où Say était employé. Ce livre fit sur ce dernier une impression profonde. Comme, longtemps après, Dupont de Nemours lui reprochait d'être injuste envers les physiocrates et lui rappelait que, par Smith, il n'en restait pas moins le petit-fils spirituel de Quesnay et le neveu de Turgot, Say répondit : J'ai appris à lire dans les écrits de l'école mercantile ; à penser, dans ceux de Quesnay et de ses successeurs : mais c'est avec Smith que j'ai appris à rechercher les causes et les effets des phénomènes sociaux dans la nature extérieure, et à y parvenir par une scrupuleuse analyse. Son *Traité d'Économie Politique* (1803) repose essentiellement sur l'ouvrage de Smith ; mais il s'efforce d'y grouper les matériaux dans un ordre (1) plus logique et plus instructif. Il avait le talent français de l'exposition facile et claire. Mais son aisance y dégénère souvent en superficialité. Aussi son livre devint-il populaire, tant en son texte original que dans ses traductions. Il eut une vaste circulation. Il propagea rapidement à travers le monde civilisé les doctrines du Maître. Say, dit Roscher, connaissait le train ordinaire de la vie autant que

---

(1) Il grossit extrêmement les fautes de méthode de Smith. C'est ainsi qu'il dit : « L'ouvrage de Smith n'est qu'un assemblage confus des principes les plus sains de l'Économie Politique…. Son livre est un vaste chaos d'idées justes ». (*Discours Préliminaire*).

Smith ; tout en lui était fort inférieur pour pénétrer le jeu des phénomènes plus étendus. Il glisse aussi, prudemment, sur les explications historiques et philosophiques. Quelquefois, il devient étrangement trivial : il prononce, par exemple, que « le meilleur impôt est le moindre ». Il ne prétend guère au titre de penseur original en économie politique. Cependant, Ricardo le gratifie de l'honneur d'avoir « enrichi la science de dissertations originales, soigneuses et profondes ». Ce que Ricardo entend spécialement ici, c'est ce qu'on nomme, peut-être assez prétentieusement, la *théorie des débouchés* de Say, que complète la négation en la possibilité d'un regorgement universel. Cette théorie revient, en substance, à ceci : acheter c'est vendre. C'est en produisant que nous acquérons la capacité d'acheter les produits d'autrui. Des économistes distingués, en particulier Malthus et Sismondi ont prétendu, par suite surtout d'une mauvaise interprétation du phénomène des crises commerciales, qu'il peut se produire une sur-offre, c'est-à-dire un excédent de toutes les commodités par rapport à la demande. Say le nie complètement. Nous admettrons bien qu'une branche spéciale de la production excède la capacité actuelle du marché. Mais si nous nous souvenons qu'offrir équivaut à demander, ces commodités représentent un pouvoir d'achat. Il nous est impossible d'admettre la théorie d'un engorgement universel, sans observer un fort excédent de chaque article. Autrement dit, « chaque homme serait si pleinement pourvu de tout ce que, précisément, il désire, qu'il n'apporterait plus au marché les objets commodes à autrui ». Cependant, si efficaces qu'aient été ses idées originales sur ce sujet, et sur d'autres, le grand mérite de Say est certainement celui du propagandiste et du vulgarisateur.

La police impériale n'autorisait la publication d'une

seconde édition de son ouvrage que sous la condition de changements. Avec une noble indépendance, Say se refusa à en apporter ; et cette édition dut attendre 1814. Trois autres éditions parurent du vivant de l'auteur — en 1817, 1819, et 1826. En 1828, Say publia un second traité, le *Cours complet d'Économie Politique pratique*, qui résume le meilleur de ses leçons au Conservatoire des Arts et Métiers et au Collège de France. Tandis qu'en son premier traité il s'était renfermé dans les limites étroites de l'Économique, il élargit, dans ce dernier ouvrage, le champ de la discussion, et innove surtout des considérations sur l'influence économique des institutions sociales.

Jean-Charles L. Sismonde de Sismondi (1773-1842), l'auteur de l'*Histoire des Républiques Italiennes du Moyen-Age,* incarne, dans le champ économique, la protestation qui, reposant sur le sentiment humanitaire, s'élève contre les doctrines dominantes. Il commença à écrire en traitant *De la Richesse Commerciale* (1803), où il suit strictement les principes d'Adam Smith. Mais il se prit bientôt à juger de l'insuffisance de ces principes et de la nécessité de les modifier. Il inséra un article sur l'économie politique dans l'*Edinburgh Encyclopædia,* où ses idées nouvelles sont partiellement indiquées. Il les développa complètement dans son principal ouvrage économique : *Nouveaux Principes d'Économie Politique, ou de la Richesse dans ses rapports avec la Population* (1819 ; 2ᵉ éd., 1827). Cet ouvrage, nous dit-il, n'obtint point la faveur des économistes ; et il en donne la cause en observant qu' « attaquer l'orthodoxie est une entreprise aussi dangereuse en philosophie qu'en religion ». En conséquence, la conception économique ordinaire est bien trop exclusivement chrématistique. Elle s'astreint trop à l'étude des moyens d'accroître la richesse, et pas assez à celle de la destination de cette richesse au bonheur général. Le régime qu'elle détermine tend, croit-il, non seulement à augmenter la richesse du riche, mais aussi à appauvrir davantage le pauvre et à accroître sa dépendance. Enfin, il cherche à fixer l'attention sur la question de la distribution, beaucoup plus importante pour le milieu social de nos temps.

La réunion dans sa personne de trois nationalités, italienne, française et suisse, et ses belles études historiques avaient doté Sismondi d'une ampleur intellectuelle particulière. Il était animé d'une noble sympathie envers les membres infortunés de la société. Il approche du socialisme plus que tout autre économiste français proprement dit ; mais c'est uniquement par le sentiment, non par les opinions, qu'il s'en rapproche. Il ne préconise aucune thèse socialiste. Au contraire, en un passage mémorable, il déclare que s'il voit où est la justice, il doit confesser son impuissance à dire comment la réaliser pratiquement. La répartition des fruits de l'industrie entre ceux qui coopèrent à leur production lui parait vicieuse. Mais, à son jugement, il est presque au-dessus de la puissance humaine de concevoir quelque système d'appropriation absolument différent de celui que l'observation nous manifeste. Sous l'obsession des grands maux qui l'entourent, il ne sait que protester contre la doctrine du *laisser faire*. Il invoque, très vaguement, l'intervention des gouvernements en vue de « régulariser le progrès de la richesse », et de protéger les membres miséreux de la communauté.

La franche confession de son impuissance, bien plus sage et bien plus honorable qu'une proposition de remèdes hâtifs et dangereux, ou d'un secours calqué sur les institutions médiévales, ne compromit pas le renom de son ouvrage. A la vérité, il fut tout d'abord mal apprécié, tant par suite de son accord partiel, mais nullement politique, nous l'avons vu, avec le socialisme qui commençait alors à manifester sa force, que par la manière i. le dont sa peinture du sytème industriel moderne, tel surtout qu'il existe en Angleterre, troublait l'optimisme complaisant de certains membres de la soi-disant école orthodoxe. Ceux-ci reçurent son livre avec un mépris non déguisé. Bastiat l'accuse de professer une « économie politique à rebours ». Pourtant Sismondi a légitimement sa place dans la littérature économique. Et même i' est aujourd'hui plus intéressant qu'au jour de sa publicat.on ; car, actuellement, il ne sied plus de nier ou de glorifier les vices de notre société industrielle. On les examine afin de les détruire ou tout au moins de les réduire. La doctrine du *laisser faire* est autant discréditée en théorie qu'abandonnée en pratique. Volontiers nous admettons l'idée de Sismondi sur le rôle de l'État, sur le Pouvoir chargé non seulement de maintenir la paix, mais aussi investi de la mission d'étendre les bénéfices de l'union sociale et du progès moderne aussi largement que possible dans toutes les classes de la communauté.

De plus, l'impression causée par son traité est le découragement ; car il considère comme des maux essentiels bien des faits qui apparaissent comme les résultats nécessaires de l'évolution industrielle. Le développement d'une riche classe capitaliste, et de la grande manufacture, l'essor d'une immense société d'ouvriers qui vivent de leur seul travail, le large emploi des machines, les grandes propriétés foncières cultivées grâce à des procédés perfectionnés — tout cela, il le réprouve et le maudit. Ces faits semblent pourtant inévitables. Le problème consiste en la manière de régler et de moraliser le système qu'ils impliquent. Quant à ce système, nous devons sûrement en accepter le principe, à moins de viser à une révolution sociale. Sismondi sera regardé comme le précurseur des économistes allemands, connus sous l'inexacte désignation de « Socialistes de la

Chaire » ; mais dont les écrits sont gros de bien plus d'espoirs et d'inspiration. Le principe de population attire surtout son attention. Il attache une grande importance au bien-être des classes ouvrières. En ce qui concerne les agriculteurs, il pense que le système connu sous le nom d'exploitation patriarcale, celui où le cultivateur est en même temps propriétaire, et que sa famille aide à cultiver la terre — la loi d'égalité des partages entre les héritiers naturels étant virtuellement supposée — est une des plus efficaces pour prévenir la surpopulation. Dans ce cas, le père a la capacité voulue pour estimer ce qui convient à ses enfants et pour fixer la limite du partage qui ferait descendre la famille de la situation matérielle et sociale qu'elle occupait antérieurement. Quand des enfants naissent et dépassent cette limite, ils ne se marient point ; ou choisissent celui d'entre eux qui doit perpétuer la race. C'est cette théorie qui, adoptée par J. S. Mill, joue un si grand rôle dans les recommandations chaleureuses que fait cet écrivain du système des paysans propriétaires.

Il n'est pas d'économiste français plus grand par la force ou par la valeur générale de ses théories que Charles Dunoyer (1786-1862), auteur de la *Liberté du Travail* (1845). La teneur du premier volume avait paru, sous un titre différent, en 1825. Dunoyer est honorablement connu pour son intégrité et son indépendance sous le régime de la Restauration. Ce qui lui donne une importance spéciale dans l'histoire scientifique est sa théorie de la constitution philosophique et de la méthode économique. En ce qui touche la méthode, il en donne la mesure dès le début par cette formule « recherche expémentale » ; et il se propose de l'édifier sur « les données de l'observation et de l'expérience ». Il manifeste une tendance marquée à convertir l'Économique en une science générale de la société ; car il dit expressément de l'économie politique qu'elle a pour objet tout ce qui provient du jeu et du développement des forces sociales. Cette science plus vaste est, évidemment, mieux caractérisée par le nom de sociologie : les théories économiques sont, à plus juste titre, regardées comme l'un de ses départements. Mais l'essentiel est que, dans ce grand tableau théorique de Dunoyer, les considérations politiques les plus larges, intellectuelles et morales, sont inséparablement unies aux conceptions purement économiques. On ne saurait supposer que la liberté, inscrite au frontispice de l'ouvrage, ne vise que l'affranchissement des entraves légales ou de l'intervention administrative. Dunoyer s'en sert pour exprimer tout ce qui favorise l'efficacité croissante du travail. Et c'est ainsi qu'il est amené à étudier chacune des causes du progrès humain, et à en démontrer le rôle historique.

Dans la première partie, il discute l'influence des conditions externes de race et de culture sur la liberté, au sens large du mot. Il commence par diviser toute l'activité productrice en deux grandes classes, selon que l'activité s'exerce sur les choses ou sur les hommes. Il critique les économistes qui restreignent leur étude à l'activité matérielle. Dans sa seconde et sa troisième partie, il examine les conditions respectives de l'efficacité de ces deux formes sur l'activité humaine. Quant à l'existence économique proprement dite, il introduit une quadruple subdivision de l'industrie matérielle que, partiellement, adopta J. S. Mill : l'industrie : « 1º, extractive ; 2º, voiturière ; 3º manufacturière ; 4º, agricole ». Cette subdivision est utile en économie physique ; mais, chaque fois qu'on embrassera un plus vaste horizon, elle le cédera à celle-ci, plus communément acceptée : l'agriculture suivie des industries manufacturière et commerciale. La banque les couronne subjectivement, et les règle. Dunoyer ne considérait que l'action immédiate sur les objets

matériels. Il relègue tant la banque que le commerce
ordinaire sous une rubrique unique, l'échange. Et il les
associe à la transmission gratuite (*inter vivos* ou *mortis
causa*). Il en fait une classe distincte qui ne relève plus
des industries semblables à celles que nous venons de
citer : ce sont des fonctions irréductibles de l'économie
sociale. Quant aux industries qui agissent sur l'homme,
Dunoyer les subdivise selon qu'elles s'occupent de :
1°, l'amélioration de notre nature physique ; 2°, la culture de notre imagination et de nos sentiments ; 3°, l'éducation de notre intelligence ; 4°, l'amélioration de nos
habitudes morales. En conséquence, il commence par
étudier la spécialité du médecin, de l'artiste, de l'éducateur et du prêtre. Nous trouvons en Dunoyer les idées
que, depuis, a si puissamment exprimées Bastiat : le véritable sujet de l'échange humain, c'est le service ; toute
valeur est fruit de l'activité humaine ; les forces naturelles
assistent toujours les efforts spontanés de l'individu qui
améliore sa conditi... t use de prévoyance, d'énergie et
de persévérance : tels sont les plus puissants moyens
d'éducation sociale. Mais Dunoyer dépasse certainement
le but en sa conception de l'office gouvernemental, pour
lui, toujours normalement repressif et jamais directif. Il
fut, sans doute, conduit à ces exagérations par son opposition à l'organisation artificielle du travail que proposaient tant de ses contemporains. Contre eux, il avait
à venger le principe de la concurrence. Mais la critique
de ces plans revêt, suivant la remarque de Comte, un
caractère trop absolu. Elle tendrait à proscrire à perpétuité la vraie systématisation industrielle.

Amérique.

Ici, il convient de considérer à part et d'étudier les
théories de l'économiste américain Carey. Minime était,
avant lui, la contribution économique des États-Unis.

Benjamin Franklin, de l'univers connu, avait bien composé quelques traités. Mais ils n'énoncent pour la plupart que des leçons pratiques d'industriosité et d'économie. Certains émettent cependant des théories intéressantes. Ainsi, cinquante ans avant Smith, il saisit, après Petty toutefois, que le travail humain est le vrai module de la valeur (*Modest Inquiry into the Nature and Necessity of a Paper Currency*, 1721). En ses *Observations concerning the Increase of Mankind* (1751) il formule des opinions voisines de celles de Malthus. En 1701, Alexander Hamilton, secrétaire de la Trésorerie, présente à la Chambre des Représentants des États-Unis, en sa qualité officielle, un Rapport (1) sur les moyens de développer les manufactures nationales. Sur ce sujet, sa théorie est toute critique. Il ne croit à la possibilité pratique du système smithien que si toutes les nations l'adoptent simultanément. Pour lui, la manufacture est plus productive que l'agriculture. Il s'escrime à réfuter les objections qu'on présente contre le développement de l'industrie en Amérique : objections basées sur le manque de capitaux, sur le haut taux des salaires, sur le bon marché de la terre. Voici sa conclusion : pour créer des manufactures en Amérique, un système de droits protecteurs modérés est nécessaire ; et il prend soin de le tracer. On a quelque raison de croire que l'économiste allemand List, dont nous parlerons bientôt, subit l'influence de cette œuvre d'Hamilton. Durant son exil, il avait s'éjourné, en effet, aux États-Unis.

Henry Charles Carey (1703-1879), fils d'un citoyen américain émigré d'Irlande, représente la réaction contre le caractère décourageant que les doctrines smithiennes avaient prises entre les mains de Malthus et de Ricardo. Il avait un but. Adepte de l'économie individualiste, il voulait l'élever sur des bases plus sûres, et la fortifier

____

(1) *Hamilton's Works*, édités par H. C. Lodge : vol. III ; p. 291.

contre les assauts du socialisme auxquels les dogmes ricardiens la laissaient exposée. Son exposé le plus clair et le plus mûri fait l'objet de ses *Principles of Social Science* (1859). Inspiré par le sentiment optimiste naturel à une jeune et vigoureuse nation, aux ressources riches et vierges ouvertes aux libres espoirs, **Carey** cherche à montrer qu'il y a, indépendamment des volontés humaines, un système naturel de lois économiques, essentiellement bienfaisant. La prospérité croissante de l'ensemble de la population, et, en particulier, des classes ouvrières, est son résultat spontané. Il ne peut être neutralisé que par l'ignorance ou par la perversité de l'homme qui lui lui résiste ou qui entrave son action. **Carey** repousse la doctrine malthusienne sur la population. Il soutient que la démoticité se régularise automatiquement d'une façon satisfaisante, dans toute société bien gouvernée ; et que la pression des moyens de subsistance caractérise les époques les plus attardées, et non les plus avancées en civilisation. Il nie, avec raison, l'universalité pour tout stade de civilisation, de la loi de .diminution des revenus fonciers. Son mérite théorique principal est d'avoir distingué entre la richesse et la valeur.

La richesse a été confondue, par la plupart des économistes, avec le montant des valeurs d'échange. Et Smith, après les avoir tout d'abord distinguées, s'est laissé choir dans cette erreur. Ricardo en avait bien fait ressortir la différence, mais seulement sur la fin de son travail, dont le fond ne considère que la seule valeur. Les récents économistes anglais ont essayé de concentrer exclusivement leurs études sur l'échange ; si bien que Whateley propose d'attribuer à cette science le nom de Catallactique. Dès que la richesse est prise pour ce qu'elle est réellement, c'est-à-dire une qualité de produits utiles, on comprend qu'elle provient du concours de la nature extérieure, qui apporte ses matériaux et ses forces brutes, avec le travail humain qui approprie et adapte ces matériaux et ces forces naturelles. La nature donne gratuitement son concours. Le travail est l'unique base de la valeur. Moins nous approprions, ou employons, les forces naturelles à notre industrie, et plus grande est la valeur du produit ; par contre, moindre est le rapport de la richesse créée au travail dépensé. La richesse, dans sa vraie acception de chose utile, mesure notre pouvoir d'action sur la nature ; tandis que la valeur d'un objet dit la résistance naturelle que le travail a surmontée pour le produire. La richesse croît nécessairement avec le progrès social. La valeur d'échange des objets, au contraire, décroit. L'intelligence de l'homme, jointe à sa sociabilité, assure le progrès de sa domination sur les activités naturelles. Elle s'applique de plus en plus à la production. Une quantité moindre de travail est dépensée pour obtenir un résultat. Conséquemment, la valeur du produit diminue. La valeur d'un article ne dépend pas du coût de sa production dans le passé. En réalité, ce qui le détermine, c'est le coût qu'exige sa reproduction dans les conditions actuelles de la science et de la technique. Cette conception de la dépendance de la valeur envers le coût est considérée par Carey comme toujours vraie. Pourtant Ricardo ne l'acceptait que pour les objets susceptibles de multiplication indéfinie ; et, en particulier, ne la croyait pas applicable à la terre. Ricardo voit dans la productivité du sol un bienfait naturel qu'ont accaparé un certain nombre de personnes ; et qui acquiert, en raison de la demande croissante de nourriture, une valeur de plus en plus grande entre les mains de ses possesseurs. Aussi, qu'à cette valeur qui ne résulte pas du travail, le propriétaire n'ait aucun droit est thèse licite. Le propriétaire ne saurait réclamer avec justice le paiement du travail « des forces natives et fixes du sol ». Mais, pour Carey, la terre— et il en est de même, nous l'avons vu, dans l'exis tence industrielle — est, en réalité, un instrument de production dû au labeur humain ; sa valeur vient du travail qu'y ont dépensé les générations. Cependant, elle se mesure, non point sur la grandeur de ce travail, mais sur le travail qu'exigerait, dans les conditions actuelles, l'aménagement du sol pour ce même état de productivité. Carey étudie l'occupation et l'appropriation de la terre avec l'avantage spécial d'un Américain pour qui les traditions du premier établissement sont vivantes ou récentes, et devant les yeux de qui l'évènement vient à peine de s'effacer. Les difficultés de donner à un sol primitif la propriété d'adapter les produits organiques à l'usage de l'homme ne peut être clairement aperçu que par l'habitant d'une contrée de longue culture. C'est, dans l'opinion de Carey, le mérite d'avoir surmonté ces difficultés, par un effort courageux et tenace, qui investit le premier occupant du sol de son titre de propriété. La valeur actuelle du sol n'est qu'une très petite fraction du coût de son aménagement ; car il ne représente que le prix qu'exigerait la science et la technique de notre temps pour élever le terrain de son état primitif à son état actuel. La propriété foncière n'est donc qu'une forme de capital stabilisé. C'est de la quantité de travail, ou des résultats de ce travail, incorporée d'une façon permanente au sol, dont, comme pour tout autre capital, le propriétaire est dédommagé par une part du produit. Point de récompense pour le travail des forces naturelles ; et la société n'est aucunement lésée par cette appropriation. La soi-disant théorie ricardienne du fermiage est un jeu d'esprit contraire à toute observation. La culture ne procède pas, en effet, comme la théorie le suppose. Elle ne descend pas des bons terrains aux sols plus pauvres en suivant l'ordre de leur infériorité (1). Les

(1) Toutefois ce serait une erreur de supposer que l'admission de cet ordre historique de descente est essentiel à cette théorie.

terres meubles et les moins noyées sont d'abord cultivées.
Ce n'est qu'à mesure que la densité de la population
s'élève, et que le capital s'accumule ; qu'on attaque les
terres basses, en commençant par les plus fertiles. Enfin
on gagne les marais et les marécages miasmatiques. Le
fermage, considéré comme part du produit, diminue au
cours des temps, en tant qu'intérêt de capital, tandis
qu'il croit en chiffre absolu. La part du travailleur augmente en valeur relative et en valeur absolue. Et c'est
ainsi que s'harmonisent les intérêts des diverses classes
sociales.

Puis Carey déclare qu'afin de réaliser ce progrès harmonieux, il faut rendre à la terre ce qui lui fut emprunté.
Tout ce qui en provient, au fond lui appartient. On la
lui restituera, ou on l'épuisera. Par conséquent, producteur et consommateur sont liés l'un à l'autre. Les produits ne tolèrent ni leur exportation, ni leur échange
contre des articles manufacturés étrangers ; car ils y
enrichiraient, comme un engrais, la terre étrangère.
Quant à la valeur d'échange immédiate, le propriétaire
peut bien profiter d'une telle exportation ; mais les activités productives du sol en souffriront. Voilà donc Carey
qui, après avoir débuté en avocat dissert de la liberté
commerciale, se rallie à la thèse protectionniste. Le « pouvoir coordinateur de la société doit intervenir pour empêcher l'intérêt particulier d'engendrer l'infortune publique » (1). Il attribue sa conversion à ce sujet à sa comparaison des résultats des tarifs libéraux et protecteurs sur

(1) Cet argument ne semble guère avoir frappé le professeur F. A.
Walcker, *Political Economy*, 50-52... Mais peut-être a-t-on le droit
de penser que Carey s'exagère l'importance des considérations fondamentales. Mill et Leslie remarquent que le transport des produits
agricoles des États de l'Occident aux États de l'Atlantique produit
le même effet que leur transport à l'intérieur de l'Europe ; du moins,
relativement au soi-disant « meurtre de la terre ». De plus, on retire
des engrais de l'Étranger.

la prospérité américaine. Cette observation, dit-il, confrontée avec la théorie, lui fit voir que l'intervention administrative peut être nécessaire pour déplacer — suivant son mot — les obstacles au progrès des jeunes communautés que crée l'action de nations plus vieilles et plus riches. Mais il est vraisemblable que l'influence des écrits de List, jointe à sa jalousie propre, radicale et héréditaire, et à son aversion pour la suprématie anglaise, a quelque peu contribué à son changement d'attitude.

La conclusion pratique à laquelle il arrive ainsi ne contredit point la doctrine de l'existence des lois économiques naturelles ; mais elle s'accorde mal avec la thèse naturaliste. Tout économiste qui acceptera ses idées fondamentales s'efforcera de les dégager de leur déformation exotique, et de préconiser la théorie sociale de la spontanéité pratique de la liberté commerciale, son véritable corollaire (1).

France (*Suite*).

Frédéric Bastiat (1801-1850) n'est point un penseur profond. Il ne fut qu'un écrivain populaire et brillant sur les questions économiques. Il eut toujours une prédilection pour ces études. Cependant, il fut, à l'origine, poussé à propager, activement, ses opinions par sa sympathie passionnée pour l'agitation anglaise contre la loi céréale. D'un tempérament naturellement ardent, il se jeta, plein de feu, dans la controverse sur le libre-échange. Il espérait ainsi influencer la politique économique française. Il publia, en 1845, un récit de cette lutte, sous le titre *Cobden et la Ligue*. En 1845-48, paraissent ses *Sophismes Économiques* (trad. angl. par P. S. Stirling,

---

(1) Les écrits de Carey, en dehors de sa *Social Science,* sont *l'Essay on the Rate of Wages* (1835) ; *Principles of Political Economy* (1838-1840) ; *Past, Present, and Future* (1848) ; *Unity of Law* (1872).

1873), où il revèle toutes les ressources de son esprit. Si Cairnes va trop loin en comparant cette œuvre aux *Lettres Provinciales*, elle n'en brille pas moins par la verve, le piquant et la vigueur. Cependant, étaler les absurdités du protectionnisme vulgaire n'était point tâche difficile. Ce n'est que sous la forme politique définie par List, et à titre purement provisoire et préparatoire, que le protectionnisme mérite et exige considération. Après la révolution de 1848, qui suspendit le mouvement de la liberté commerciale en France, les efforts de Bastiat se tournèrent contre les socialistes. Au lieu de ses pamphlets qui ont la même sorte de mérite que les *Sophismes*, il donna, pour les besoins de sa controverse, son ouvrage plus ambitieux et plus caractéristique : les *Harmonies Économiques* (trad. angl. par P. S. Stirling, 1860). Seul le premier volume fut publié. Il parut en 1850 ; et l'auteur mourut cette même année. Depuis, les notes et les esquisses amassées pour servir de matériaux à son second volume ont été livrées au public, dans l'édition complète de ses œuvres (par Paillottet, avec biographie, par Fontenay ; 7 vol.). Nous pouvons ainsi nous faire une idée de ce qu'eurent été l'esprit et la teneur des dernières parties de son ouvrage.

Bastiat restera toujours intéressant au point de vue historique ; car il résume, car il incarne l'optimisme économique outré. Cet optimisme, rapporté à sa première source, provient de la conception théologique. Bastiat reçoit les éloges de son traducteur anglais pour avoir enseigné l'économie politique « dans ses rapports avec les causes finales ». L'esprit de son œuvre est de montrer que « tous les principes, tous les motifs, tous les mobiles d'action, tous les intérêts concourent vers ce grand résultat final que, jamais, l'humanité n'atteindra, mais dont, toujours, elle se rapprochera, à savoir : l'ascension perpétuelle de toutes les classes vers un niveau chaque jour plus haut ; en d'autres termes, l'égalisation des individus dans le progrès général ».

Ce qui pouvait être neuf et original dans sa thèse, c'était surtout sa théorie de la valeur. Bastiat insiste sur l'idée que la valeur n'apparaît point comme une qualité inhérente aux objets auxquels on la prête. Il s'efforce de montrer qu'elle ne signifie jamais que le rapport entre deux « services ». Cette idée, il la développe avec luxe et d'heureux exemples. Seulement, les services mutuels des hommes ont, à son avis, une valeur qui réclame rétribution. L'assistance fournie par la nature au travail producteur est toujours purement gratuite, et ne figure jamais dans le prix. Le progrès économique, et, par exemple, le perfectionnement ou le développement de la machinerie, tend à transférer toujours, et de plus en plus, les facteurs de l'utilité, du domaine de la propriété, et, par conséquent, de la valeur, à celui de la communauté, ou de la jouissance universelle et gratuite. Observons que cette conception est essentiellement semblable à celle que Carey avait déjà émise. Aussi cet auteur déclare-t-il formellement qu'on la lui a prise sans le dire. Peut-être n'a-t-il pas été remarqué que des idées analogues se trouvent chez Dunoyer, dont le livre de Bastiat proclame la puissante influence sur « la restauration de la science ». Et Fontenay, le biographe de Bastiat, nous dit que celui-ci avouait Dunoyer pour l'un de ses maîtres. Charles Comte (1) était l'autre.

Suivant cette explication, le mode de concevoir l'activité et le progrès industriels est intéressant et instructif, autant qu'il est réellement applicable ; mais il a été indûment généralisé. Cairnes a bien indiqué que la valeur

______

(1) Charles Comte (1782-1837) était gendre de J. B. Say. Il s'associa à Dunoyer dans ses campagnes politiques, et, comme lui, se distingua par son honorable indépendance. Il est l'auteur d'un *Traité de Législation* : œuvre méritoire et utile ; mais peu profonde.

théorique de Bastiat est malheureusement entachée de parti-pris. Celui-ci cherchait dans la théorie des armes pour les controverses sociales et politiques contemporaines. Il inclinait à agréer les vues qui lui paraissaient aptes à sanctionner, légitimer et valider nos institutions ; et à rejeter celles qui lui semblaient mener à des conséquences dangereuses. Son idée fixe était, selon sa formule, de « briser dans leurs mains les armes des raisonneurs anti-sociaux »; et cette préoccupation alternait avec sa passion d'atteindre la vérité scientifique. Sa découverte, ou son adoption, de la théorie de la valeur s'inspirait du désir de combattre la critique socialiste de la propriété foncière. Pour les besoins de sa controverse, il avait le désir de pouvoir montrer que jamais rien ne se paie, hormis l'effort personnel. Sa conception du fermage fut donc, pour ainsi dire, extraordinaire, bien qu'elle lui ait été suggérée, ainsi que l'admettra l'éditeur de ses fragments posthumes, par les écrits de Carey. Il soutenait, avec l'auteur américain, que le fermage n'est que la récompense des peines et des dépenses que le propriétaire du fonds, ou ses prédécesseurs, ont eues à convertir le sol naturel en une *ferme*, par le défrichement, le drainage, la clôture et autres sortes d'amélioration permanente (1). Il se débarrasse ainsi de la soi-disant doctrine ricardienne qu'acceptaient les socialistes et qu'ils employaient dans le dessein de mener l'assaut contre l'institution de la propriété foncière ; ou, tout au moins, pour formuler la réclamation au nom de la communauté, de l'appropriation de la terre, par l'octroi, du « droit au travail ». Cairnes l'a dit (2) : « Il est arrivé que Bastiat, après

(1) M. Leroy-Beaulieu soutient (*Essai sur la Répartition des Richesses*, 2ᵉ éd., 1882) que ceci, sans être strictement vrai, l'est approximativement; et que l'épargne forme une très petite partie de la rente actuelle.

(2) *Essays in Political Economy*, p. 334.

avoir éprouvé des peines infinies à exclure les dons gratuits naturels des facteurs réels de la valeur, et après avoir scrupuleusement identifié, ou plutôt associé, la valeur avec « l'effort humain », sa source exclusive, a désigné l'effort humain sous le nom de « service » ; puis il s'est servi de ce terme pour transformer les facteurs de la valeur en dons naturels tout gratuits dont l'exclusion caractéristique constituait le fond de sa doctrine. La justesse de cette critique apparaîtra à celui qui considère la façon dont Bastiat traite la question de la valeur d'un diamant. Que ce qu'on paie dans la plupart des affaires humaines soit l'*effort*, personne ne le discute. Mais c'est assurément une *reductio ab absurdum* de sa théorie de la valeur, regardée comme doctrine d'application universelle, que de donner le prix d'un diamant, trouvé accidentellement, pour la rémunération de l'effort du trouveur à se l'approprier et à le transmettre. Quant à la terre, si une grande partie du fermage courant représente l'intérêt du capital, on voit pareillement, avec évidence, que les facultés originelles du sol sont susceptibles d'appropriation, et qu'une redevance peut devenir exigible. On la paiera pour disposer de cette terre.

Bastiat fut un piètre philosophe. Il est imbu des idées de la téléologie théologique ; et ces idées le conduisirent à formuler des opinions *a priori*, érigeant des faits réels en lois nécessaires. Et le *jus naturæ* qui, comme tous les principes métaphysiques, a ses racines dans la théologie, est, comme beaucoup d'autres, pour lui et pour les physiocrates, un postulat. Ainsi, dans son essai sur le *Libre-Échange*, il dit : « L'échange est droit de nature, comme la propriété. Tout citoyen qui a créé ou acquis un produit doit jouir de la liberté soit de l'employer immédiatement à son propre usage, soit de le céder à qui, sur la surface du globe, consent à lui donner en échange l'objet de ses désirs. » Quelque chose de semblable avait été dit par

Turgot; car, en ce temps, cette manière de voir était excusable, et même provisoirement utile. Mais, au milieu du xix⁰ siècle, il suffisait de la pénétrer pour la rejeter.

Bastiat éprouve un enthousiasme réel pour une science qu'il croyait destinée à rendre de grands services à l'humanité. Il semble avoir professé énergiquement les doctrines qui coloraient le mieux ces enseignements économiques. Si ses exagérations optimistes favorisaient les classes possédantes, elles ne lui étaient certainement point dictées par l'intérêt personnel ou la servilité. Pourtant *ce sont* des exagérations. Or, au milieu des conflits modernes du capital et du travail, sa perpétuelle affirmation des harmonies sociales est un cri de « paix, paix » là où il n'y a point de paix. La liberté industrielle qu'il considérait comme une panacée eut indubitablement de grands avantages ; mais une expérience suffisante a montré qu'elle est incapable de résoudre le problème social. Que répliquer aux avocats de la révolution économique? leur assurer une harmonie économique universelle ; et qu'en fait leurs vœux sont déjà réalisés ? Jusqu'à un certain point, il existe bien une harmonie spontanée. Autrement, une société ne saurait durer. Mais elle est imparfaite et précaire. En réalité, le problème se pose ainsi : comment lui donner son maximum d'intensité et de stabilité ?

Augustin Cournot (1801-1877) paraît avoir été le premier (1) qui, avec une égale compétence sur l'un et l'autre sujet, cherche à appliquer la mathématique aux questions économiques. Son livre, intitulé *Recherches sur les Principes Mathématiques de la Théorie des Richesses*, parut en 1838. Il n'y mentionne qu'une seule tenta-

---

(1) L'ouvrage de Heinrich Gossen, *Entwickelung der Gesetz des Menschlichen Verkehrs*, si hautement prisé par Jevons, *Theory of Pol. Econ.*, 2ᵐᵉ éd. avec Préf., fut publié en 1854.

livc du même genre. Il y en eut cependant d'autres : celle,
par exemple, de Nicolas-François Canard dont le livre,
publié en 1802, fut couronné par l'Institut, malgré « la
fausseté radicale et de ses principes et de ses applications ». Nonobstant la juste réputation mathématique
de Cournot, les *Recherches* font peu d'impression. La
vérité est que ses conclusions semblent, en divers cas, de
faible importance ; en d'autres, d'une exactitude contestable. Dans les abstractions auxquelles il recourt pour
la facilité de ses calculs, une partie essentielle des conditions réelles du problème est quelquefois omise. Ses
pages abondent de symboles qui représentent des fonctions inconnues dont la forme est abandonnée à la vérification expérimentale. Et cette vérification, il la
regarde comme en-dehors de sa tâche. A l'exception de
quelques principes connus, ces fonctions indéterminées
sont érigées en base de déduction. Jevons comprend
dans sa liste des ouvrages où l'appareil mathématique
est appliqué à l'Économique, un second traité que Cournot publia en 1863, sous le titre *Principe de la Théorie
des Richesses*. Mais, en réalité, cet écrit de grand talent
contient des raisons très fortes contre les exagérations
du vulgaire des économistes. L'appareil mathématique
n'y figure plus : aucune formule algébrique en ce livre.
L'auteur reconnaît que le public a toujours montré de la
répugnance pour l'emploi des symboles mathématiques,
dans les discussions économiques, et que s'il les juge
susceptibles de faciliter l'exposition, de fixer les idées
et de suggérer des idées nouvelles, il estime qu'il est
fort dangereux de les appliquer. Le danger, selon lui, gît
dans la tendance qu'on a d'attacher une valeur exagérée
à l'hypothèse abstraite d'où procède l'investigateur, et
d'où il tire ses formules. Et il conclut, qu'en pratique, il
ne faut se servir des procédés mathématiques qu'avec
une grande précaution ; ou même ne les pas employer du

tout, si l'opinion publique va à l'encontre ; car « cette
opinion, dit-il, a ses raisons sourdes presque toujours
plus vraies que celles qui déterminent les opinions des
individus ». Il est de toute évidence que l'admission de
principes abstraits incertains ou inconsidérés en prémisses de raisonnements est indépendante de l'usage de
formules mathématiques, si l'emploi de celles-ci peuvent,
par leur association, produire illusion en faveur de la
légitimité de ces prémisses. Mais, la grande objection à
l'introduction des mathématiques dans les spéculations
économiques est qu'elle reste nécessairement stérile. En
examinant les tentatives faites à ce sujet, nous trouverons que les notions fondamentales sur lesquelles repo-
sent les déductions, sont vagues, et, au fond, de nature
métaphysique. Des unités de satisfaction animale ou
morale, d'utilité et autres choses semblables sont aussi
étrangères à la science positive que l'unité de vertu dor-
mitive. Une unité de valeur, si nous n'entendons par
valeur la commodité de telle valeur échangeable, sous
des conditions données, contre telle autre, est également
un mot vide de sens. La mathématique formulera bien
les relations d'échange, quand ceux-ci auront été obser-
vés ; mais elles sont impuissantes, en elles-mêmes, à déterminer ces rapports. Des conclusions quantitatives
impliquent, en effet, des prémisses quantitatives ; or, ces
prémisses manquent. Donc, point d'avenir pour cette
sorte d'étude. C'est gaspiller les forces intellectuelles que
de le poursuivre. Mais l'importance des mathématiques
pour l'initiation et l'éducation en tous les ordres supérieurs d'étude n'est pas atteinte par une telle conclusion.
L'étude du milieu physique ambiant, siège et empire des
phénomènes économiques, exige l'outil mathématique.
Et rien ne dispensera jamais de la connaissance de cette
science ; car c'est elle qui offre le type primordial de l'investigation rationnelle ; elle donne la vive émotion de la

preuve décisive ; elle décrasse l'esprit de ses illusions et de ses sophismes. La possession de ses principes fondamentaux, tout au moins, est nécessaire à l'économiste qui en veut saisir correctement les données, et éviter d'énoncer des propositions d'une manière défectueuse. Des écrivains, même de distingués, sont, à cet égard, souvent en défaut. Tantôt ils déclarent qu'une quantité « varie en raison inverse » d'une autre, en voulant dire que la somme de ces quantités, et non leur produit, reste constant. Tantôt ils regardent comme susceptibles d'estimation numérique la réunion d'un agrégat d'éléments qui, d'espèces différentes, ne sont point réductibles à un même module. Par exemple, remarquons que la « quantité de travail » si souvent invoquée par Ricardo, et qui, en effet, constitue la base de son système, comprend une telle variété d'applications qu'elle n'admet ni sommations ni comparaisons.

Italie.

La première traduction italienne de la *Wealth of Nations* parut en 1780. L'économiste italien le plus distingué de la période ici étudiée n'était point disciple de Smith. C'est Melchiore Gioja, auteur de divers écrits statistiques et autres : et, en particulier, d'un ouvrage volumineux, intitulé *Nuovo Prospetto delle Scienze Economiche* (6 vol., 1815-17, resté inachevé). C'est une sorte d'encyclopédie de tout ce qui avait été enseigné par les théoriciens, accompli par les Gouvernements, ou effectué par les peuples, en matière d'économie publique et privée. Ce traité, d'une science bien informée, est cependant si surchargée de citations et de tableaux qu'il éloigne plus qu'il n'attire le lecteur. Gioja admire le système économique pratique de l'Angleterre, et fait ressortir les avantages des grandes propriétés territoriales, des grandes manufactures et des grandes entreprises marchandes sur les petites. Il prend la défense de la politique des restrictions, et insiste sur la nécessité de la fonction de l'État, pouvoir directeur, inspecteur et régulateur du monde industriel. Mais il sympathise pleinement avec son siècle ; en aversion contre la domination ecclésiastique et les autres survivances médiévales. Citons encore, mais très brièvement : Romagnosi (m. 1835) qui, par sa contribution à la littérature périodique, et par son enseignement personnel, influença puissamment le cours de la pensée économique en Italie ; Antonio Scialoja (*Principii d'Economia Sociale,* 1840 ; et *Carestia e Governo,* 1853), avocat dissert du libre-échange (m. 1877) ; Luigi Cibrario, auteur bien connu de l'*Economia Politica del medio evo* (1839 ; 5° éd., 1861 : trad. franç. par Barneaud, 1859), livre qui résume tout le système social de cette période ; Girolamo Boccardo (né en 1829 ; *Trattato Teorico-pratico di Economia Politica,* 1853) ; le brillant controversiste Francesco Ferrara, professeur à Turin, de 1849 à 1858. C'est à son école que, directement ou indirectement, la plupart des économistes italiens actuels ont été élevés. C'est un partisan de la doctrine du *laisser-faire* sous sa forme outrée, et un défenseur des opinions spéciales de Carey et de Bastiat sur le loyer. Enfin, le ministre napolitain Ludovico Bianchini (*Principi della Scienza del Ben Vivere Sociale,* 1845 et 1855), remarquable en ce qu'il suit, en quelque mesure, l'ordre historique ; qu'il pose le principe de la relativité et qu'il insiste également sur les rapports de l'Économie avec la Morale. C'est d'ailleurs là une attention méritoire par laquelle les économistes italiens se sont, en général, honorablement distingués.

Espagne.

La *Wealth of Nations* fut traduite en espagnol par J. A. Ortiz, en 1794. Peut-être influença-t-elle Gaspar de Jovellanos qui, en 1795, présenta au Conseil de Castille, et imprima, la même année, sa célèbre *Informe de la SocIedad Economica de Madrid en expediente de Ley Agraria :* puissant plaidoyer en faveur d'une réforme des impôts notamment, et des lois agricoles ; y compris celles qui se rapportent au système de la substitution et de la main-morte. Une version anglaise de ce mémoire se trouve dans la traduction (1809) de *Spain,* par Laborde ; vol. IV.

Allemagne.

Roscher remarque que Smith ne produisit pas d'abord une forte impression en Allemagne (1). Il ne parait pas avoir été connu de Frédéric-le-Grand. En tout cas, il n'eut sur lui aucune influence. Joseph II n'eut point davantage connaissance de son œuvre. Et, des petits princes allemands, Karl Friedrich von Baden, en physiocrate, ne voulut pas accepter ses doctrines. Il en fut autrement chez la génération dont la maturité active débute avec la première décade du xixe siècle. Les hommes d'État prussiens groupés autour de Stein procèdent de Smith, en tant qu'économistes. Il en est de même de Gentz, l'intelligence la plus remarquable du régime de Metternich en Autriche (2).

Les premiers disciples allemands de Smith, ceux qui firent plus que de reproduire simplement ses opinions furent Christian Jacob Kraus (1753-1807), Georg Sartorius (1766-1828), et August Ferdinand Lüder (1760-1819). Ils apportèrent des vues différentes de leurs situations différentes. Kraus indiqua l'action de la doctrine de Smith

(1) La première version allemande de la *Wealth of Nations* est celle que Johann Friedrich Schiller publia en 1776-78. La seconde, qui est la première des bonnes, est de Christian Garve (1794 ; puis 1799 et 1810). L'une des dernières, celle de C. W. Asher (1861), est très recommandée. Il y a encore les traductions de Stöpel (1878), et de Löwenthal (1879).

(2) Voir Roscher : *Geschichte der N. O. in Deutschland ;* p. 598.

sur la pratique gouvernementale. Sartorius éclaira l'histoire à sa lumière. Lüder considéra les rapports avec la statistique. Puis viennent Gottlieb Hufeland (1760-1817), Johann Friedrich Eusebius Lotz (1771-1838), et Ludwig Heinrich von Jakob (1759-1827), qui, tout en relevant essentiellement de l'école de Smith, s'appliquèrent à revoir les conceptions fondamentales de l'Économique. Ces auteurs exercèrent une influence nullement comparable au vaste succès de Say : en partie à cause de la forme moins attrayante de leurs écrits ; mais surtout parce que l'Allemagne n'était pas alors ce qu'était la France, la tribune européenne. Julius von Soden (1754-1831) s'en prend rudement à Smith qu'il critique avec une injuste sévérité, surtout en ce qui concerne la forme et l'ordre. La *Wealth of Nations* n'est pour lui qu'une série de précieux fragments. Il reproche à Smith le manque d'une conception claire de l'ensemble de son sujet, et de manifester des tendances trop exclusivement anglaises.

Le plein développement de la doctrine smithienne en Allemagne s'illustre de quatre noms : Karl Heinrich Rau (1792-1870), Friedrich Nebenius (1784-1857), Friedrich Benedict Wilhem Hermann (1795-1868), et Johann Heinrich von Thünen (1783-1850).

Rau se distingue par « son érudition pénétrante ». Son *Lehrbuch* (1826-32) est (1) une encyclopédie de tout ce qui, à son époque, avait paru en Allemagne, sous les divers titres de *Volkswirthishaftslehre : Volkswirthschaftspolitik*, et *Finanzwissenshaft*: travaux calqués sur l'œuvre de Smith. Son livre abonde d'observations statistiques. Il nous renseigne en particulier sur les effets économiques des différentes conditions géographiques. Il est bien propre à l'instruction des fonctionnaires publics ayant charge d'intérêts économiques ; et, en fait, il est la

(1) La dernière édition de sa main parut de 1862 à 1868.

source où le monde officiel allemand a, jusqu'à ce jour, puisé sa science économique. Au début, Rau insistait sur la nécessité d'une réforme doctrinale de l'Economique (*Ansichten der Volkswirthschaft*) (1821). Il y tendait vers la méthode relative et historique. Mais postérieurement il conçut l'idée fausse qu'une belle méthode « ne regarde que le passé, et n'a pas à s'occuper du présent ». Il ne s'intéressa plus qu'à la pratique, la plus vulgaire. On lui doit une étude spéciale estimable sur les *Unternchmergewinn*, ou « salaires d'adminis-tration ». Le prussien Nebenius, Ministre à Bade, l'un des principaux agents de la fondation du Zollve-rein, est l'auteur d'une monographie très estimée sur le crédit public (1820). Les *Staatswirthschaftliche Unter-suchungen* (1832 ; 2ᵉ éd., 1870) de Hermann ne forment pas un système régulier ; mais ils traitent d'une série de sujets particulièrement importants. La rare connaissance technologique de Hermann lui donne un grand avan-tage en certaines études économiques. Il réexamine les principales études fondamentales de ces connaissances avec beaucoup de pénétration et de finesse. Il excelle, dit Roscher, à distinguer, éclairer, séparer et à mettre en relief les éléments divers d'une conception complexe, ou les divers degrés qui composent un acte complexe ». Pour sa puissance analytique ses confrères allemands le comparent à Ricardo. Il a même rejeté quelques idées mal-heureuses de l'économiste anglais. C'est ainsi qu'il voit dans l'esprit public, comme dans l'égoïsme, un moteur économique. Pour lui, le prix ne se mesure pas sur le seul travail ; il est le produit de divers facteurs. Hermann regarde, d'habitude, la consommation du travail non plus comme une part des frais de la production du capi-taliste, mais comme le but pratique de l'Économie.

Von Thünen est surtout connu par son remarquable ouvrage intitulé *Der Isolirte Staat in Beziehung auf Land-*

wirthschaft und Nationalökonomie (1826 ; 3ᵉ éd., 1875). Ce traité, classique en Économie politique agricole, joint à une rare puissance d'observation exacte l'imagination créatrice. Pour montrer le développement naturel de l'agriculture, il imagine un État, isolé du reste du monde, de forme circulaire et d'uniforme fertilité ; sans rivières ni canaux navigables. Il n'a qu'une seule grande cité, au centre, riche de produits manufacturés qu'elle échange contre les produits de la terre. Thünen commence par étudier l'effet que la distance du marché central exerce sur l'économie agricole des diverses couronnes concentriques formant le territoire. Sa méthode, on le voit, est très abstraite ; mais, si elle n'est guère fructueuse, elle est très légitime. L'auteur ne s'illusionne, ni ne s'aveugle sur l'irréalité de son hypothèse. Sa supposition est, à son sens, nécessaire, pour séparer et considérer à part une condition essentielle : c'est-à dire le rôle de la situation par rapport au marché. Il avait l'intention, qu'il ne réalisa qu'imparfaitement cependant, d'instituer ensuite d'autres hypothèses sur son État isolé, afin d'étudier de la même façon d'autres conditions qui, dans la vie réelle, s'allient ou se combattent. L'objection à cette méthode consiste dans la difficulté de repasser de l'étude abstraite aux faits actuels ; car c'est là probablement une tâche insurmontable, dans la plupart des cas. Cependant cette recherche mène à des conclusions dignes d'attention ; par exemple, aux conditions de succession des divers systèmes d'économie foncière. Son livre abonde de calculs sur les frais et les revenus agricoles. S'ils en diminuent l'intérêt pour le lecteur ordinaire, ils n'en sont pas moins d'une valeur considérable pour le spécialiste. L'ouvrage donne les résultats de l'expérience acquise par son auteur sur le domaine de Tellow, en Mecklenburg-Schwerin. Von Thünen redoutait vivement un conflit violent entre la classe moyenne et le prolétariat. Il étudia particulièrement la question des salaires. Il fut l'un des premiers à regarder normalement le salaire non seulement comme le prix marchand du travail, mais comme le moyen d'existence de la masse de la communauté. Il arrive par des raisonnements mathématiques, un peu compliqués, à une formule qui donne le montant du salaire naturel. Elle a pour expression $\sqrt{ap}$: où a est la dépense nécessaire à la vie du travailleur ; et p, le produit de son travail. A cette formule, il attribuait une telle importance qu'il voulut qu'on la gravât sur sa tombe. Elle implique que les salaires doivent croître avec le prix du produit. Il est ainsi conduit à conclure à l'établissement dans son État d'un système de participation des travailleurs aux profits de l'exploitation. On trouvera des détails dans le *Profit-sharing between Capital and Labour* (1884) de M. Sedley Taylor. Von Thünen mérite plus d'attention qu'il n'en a reçu en Angleterre. L'homme et l'écrivain sont également intéressants et originaux. Et il y a dans *Der Isorlite Staat*, et ses autres œuvres, bien des vues instructives et suggestives.

Roscher reconnaît ce qu'il nomme une école germano-russe, « deutsch-russisch », d'économie politique, représentée surtout par Heinrich Storch (1766-1825). Les principes mercantilistes avaient été prônés par un économiste indigène (autochthonen), Ivan Possoschkoff ; au temps de Pierre le Grand. Les idées nouvelles du système smithien furent introduites en Russie par Christian von Schlözer (1774-1831), avec ses leçons professorales et son *Anfangsgründe der Staatswirthschaft, oder die Lehre vom National-reichthume* (1805-1807). Storch fut précepteur, en science économique, du futur empereur Nicolas et de son frère le grand-duc Michel ; et c'est le meilleur des leçons qu'il leur donna que contient son *Cours d'Economie Politique* (1815). La traduction de ce traité en russe

fut interdite par la censure. Rau en publia une version
allemande, avec notes, en 1819. C'est un ouvrage de très
grand mérite. L'étiquette « deutsch-russisch » semble peu
convenir pour Storch. Ainsi que Roscher lui-même le
dit, Storch suivit principalement les écrivains français
et anglais : Say, Sismondi, Turgot, Bentham, Steuart et
Hume, et surtout Adam Smith. Sa situation personnelle,
et il en est de même pour Schlözer, l'amena à juger des
doctrines économiques relativement à un stade de civilisation différent de celui des populations occidentales
qui les avaient formulées. Cette diversité du point de
vue ouvrait la porte à la positivité, et facilitait l'avènement de la Méthode historique. L'étude de Storch sur les
effets économiques et moraux du servage passe pour
avoir quelque valeur. Les sujets généraux auxquels il a
particulièrement attaché son nom sont: 1º la théorie des
valeurs immatérielles, éléments de la prospérité nationale : tels, la santé, le talent, la moralité, etc. ; 2º la
question du « productif» et de l'« improductif» rapportés
au travail et à la consommation, au sujet desquels il
désavoue Smith ; ils ont probablement fourni des indications à Dunoyer ; et, 3º, la distinction entre le revenu
des nations et celui des individus ; il y suit Landerdale
et combat Say. Celui-ci ayant publié à Paris (1823) une
édition nouvelle du *Cours* de Storch, et y ayant joint des
critiques d'un ton souvent blessant, Storch, retorquant
des coups de Say, publia une réponse que l'on considère
comme sa meilleure œuvre scientifique. Ce sont ces *Considérations sur la nature du Revenu National* (1824), que
l'auteur lui-même traduisit en allemand, en 1825.

Un autre cri d'alarme contre l'Économie smithienne
retentit en Allemagne. Deux écrivains placés à des points
de vue un peu différents, animés de sentiments différents,
et favorisant des systèmes pratiques différents, arrivè-
rent en effet — si bien qu'on examine leurs critiques —

à des conclusions semblables. Nous voulons parler d'Adam Müller et de Friedrich List.

Adam Müller (1779-1829) fut incontestablement un homme d'un génie réel. Dans son principal ouvrage *Elemente der Staatskunst* (1809), et dans ses autres écrits, il représente une évolution de la pensée économique en correspondance avec la soi-disant littérature romantique de son temps. La réaction contre le smithianisme dont il fut le coryphée se basait sur son attachement aux principes du système social du Moyen-âge. Il est possible que les idées politiques et historiques qui l'inspirent, que sa répugnance au libéralisme contemporain, et que sa conception d'un développement organique régulier conforme au type anglais lui vinrent, en une certaine mesure, d'Edmund Burke, dont les *Reflections on the Revolution in France* avaient été traduites en allemand par Friedrich Gentz, ami et maître de Müller. La liaison de ses critiques à ses prédilections médiévales ne doit pas nous empêcher de reconnaitre les éléments de vérité que ces critiques contiennent.

Müller proteste contre la doctrine de Smith, et, en général, contre l'économie politique moderne. Il leur reproche leur conception sociale mécanique, analytique et purement physique. Elles annihilent toutes les facultés morales. Elles ignorent la nécessité d'un ordre moral. Au fond, elles ne sont rien de plus que la théorie de l'appropriation individuelle et des intérêts privés. Elles ne tiennent nul compte de l'existence populaire, de son intégralité, de sa solidarité nationale et de sa continuité historique. Il se plaint que l'on ne voue son attention qu'à la production immédiate d'objets qui possèdent une valeur d'échange, et à l'existence passagère des individus ; tandis que la conservation des intérêts collectifs pour les générations futures, du trésor intellectuel, de la puissance, des biens et des jouissances, de l'État

enfin, avec ses fonctions et ses plus nobles missions
attirent à peine l'attention. Il est bien vrai que les
nations sont des organismes spécialisés ; ils ont des
principes distincts d'existence et une individualité
définie qui déterminent le cours de leur développement
historique. Chacune d'elles forme, à travers les siècles,
un même être ; et, comme le présent hérite du passé,
cet être doit surtout et toujours choisir les avantages
perpétuels de la communauté, en vue de l'avenir.
L'existence économique d'un peuple n'est qu'un côté, un
département de son activité totale. Il la faut harmoniser
aux fins plus hautes de la société. Or, l'organe propre à
effectuer cette union, c'est l'État. Celui-ci n'est pas seulement un appareil administrant la justice ; il incarne
l'ensemble de l'existence nationale. La division du travail est, d'après Müller, imparfaitement conçue par
Smith qui l'a fait venir d'un penchant inné pour l'échange
ou le troc ; tandis que sa dépendance envers le capital —
travail et épargnes des générations défuntes — n'est pas
plus formulée que ne l'est la nécessité du contrepoids,
ou d'une division complémentaire de travail, par la
notion d'une organisation nationale de travail dignement comprise. Smith ne songe qu'au capital matériel ;
nullement au spirituel. Pourtant l'héritage spirituel
incorporé en chaque nation par la langue, comme le
trésor matériel l'est par la monnaie, constitue pour la
nation un véritable arsenal d'expérience, de sagesse, de
bon sens, de sentiments moraux qu'enrichit chaque
génération, et qu'elle transmet à la suivante. Elle permet
à chaque génération de produire infiniment plus que,
livrée à ses seules forces, elle ne pourrait le faire. Enfin
le système de Smith est vicié par son parti-pris anglais.
S'il est inoffensif dans le milieu britannique, c'est que
dans cette société les fondations anciennes qui assurent
l'édifice physique et moral de sa population sont proté-

gées par les survivances de l'esprit féodal et par les liens intimes de tout le système social : Capital national des lois, des mœurs, du renom, du crédit transmis de main en main dans son intégralité par suite de la position insulaire du pays. Sur le continent européen, un système tout différent s'impose. Ici, au lieu que la totalité des richesses individuelles privées soient considérées comme primordiales, la vraie richesse nationale et la formation de la puissance nationale prédominent. Ainsi, parallèlement à la division du travail, vont l'union et l'unité nationales ; et vont de pair capital physique et capital intellectuel. Dans ces lignes directrices de la pensée de Müller, on trouve déjà l'esquisse des formes plus récentes des doctrines économiques et sociologiques allemandes ; et, spécialement, de celles qui caractérisent l'école « Historique ».

Un autre élément d'opposition a pour représentant Friedrich List (1789-1846). C'est un homme d'une grande puissance intellectuelle et d'une forte énergie pratique. Il est remarquable pour avoir puissamment contribué par ses écrits à la formation du Zollverein allemand. Son principal ouvrage a pour titre *Das Nationale System der Politischen Oekonomie* (1841 ; 7ᵉ éd., 1883 : trad. angl. 1885). Bien que ses conclusions pratiques diffèrent de celles de Müller, il avait été grandement influencé par la philosophie de cet écrivain, et par ses critiques sur la doctrine de Smith. Ce fut particulièrement contre le principe cosmopolite du système économique moderne qu'il proteste ; aussi bien que contre l'absolutisme doctrinaire de la liberté commerciale qui en découle. Il fait prédominer l'idée *Nationale*, et appuie sur les exigences propres à chaque nation d'après les circonstances et, surtout, sur le degré de son développement.

Il refuse au système de Smith le titre d'industriel qu'il juge mieux convenir au système mercantile ; et il définit le premier « un système de l'échange de la valeur». Il nie la similitude affirmée par Smith entre la conduite économique d'un individu et celle d'une nation ; et soutient que l'intérêt privé immédiat des divers membres de la communauté ne conduit pas au plus grand bien public. La nation constitue un être intermédiaire à l'individu et à l'Humanité. Elle est une par sa langue, ses mœurs, son développement historique, sa culture et sa constitution. Cette unité est la première condition de sa sécurité, de son bien-être, de son progrès, et de la civilisation de l'individu. Les intérêts économiques privés, comme tous autres, doivent se subordonner au maintien, à l'union et à la puissance de la nationalité. La nation jouissant d'une vie perpétuelle, sa vraie richesse consiste — et ceci fait la base de la doctrine de List — non pas dans la quantité des valeurs d'échange qu'elle possède, mais dans le plein développement de ses facultés productives. Son éducation économique, pouvons-nous dire, importe davantage que sa production actuelle de valeurs. Bien serait, si la génération présente sacrifiait ses gains et les jouissances à assurer la puissance et l'industrie de l'avenir. Dans le plein état normal d'une nation qui a atteint la maturité économique, les trois forces productives, l'agriculture, l'industrie et le commerce, se développent parallèlement. Mais ces deux derniers facteurs sont les plus importants ; car ils exercent une action réelle heureuse et noble sur la culture générale de la nation, et sur son indépendance. Navigation, chemins de fer, tous les arts techniques supérieurs se rapportent surtout à ces genres d'activité ; tandis que, dans un État purement agricole, il y a tendance à la stagnation, au défaut d'initiative, et à la survivance de préjugés vieillots. Quant au développement des formes industrielles plus hautes, tous les pays n'y sont pas propres. Il ne s'en trouve que dans les zones tempérées. Par contre, les régions torrides ont

le monopole naturel de certaines matières premières.
Ainsi, entre ces deux zônes géographiques, la division
du travail et la confédération politique se fondent
spontanément. List explique ensuite sa théorie des
séries de l'évolution économique que les nations de la
zône tempérée, après avoir satisfait à toutes les conditions fondamentales, traversent ordinairement avant de
parvenir à leur état économique normal. Ces termes
sont : 1º la vie pastorale ; 2º l'agriculture ; 3º l'agriculture
unie à la manufacture ; enfin, dans le terme ultime,
l'agriculture, la manufacture et le commerce se combinent. La mission économique du Pouvoir central consiste à réaliser cet état. Par son action législative et
administrative, il établit les conditions nécessaires
pour que la nation franchisse ces étapes. A côté de cette
théorie apparaît la conception de List sur la politique
industrielle. Chaque nation, selon lui, débute par le libre
échange ; stimule et perfectionne son agriculture par ses
contacts avec les nations plus riches et plus cultivées ;
importe les articles étrangers, et exporte les produits
naturels. Dès qu'elle est économiquement assez avancée
pour fabriquer elle-même, le système protectionniste
est indiqué : il aide l'industrie nationale à se développer
au plein, et l'empêche d'être étouffée, dès le début, par la
concurrence des industries exotiques, mieux outillées
pour le marché national. Quand l'industrie nationale est
devenue assez vigoureuse pour ne plus avoir à redouter
cette concurrence, le dernier terme du progrès est atteint.
La liberté commerciale est de règle et la nation parvient
à s'incorporer à l'union industrielle universelle. Au
temps et au sentiment de List, l'Espagne, le Portugal,
Naples étaient des pays exclusivement agricoles. L'Allemagne et les États-Unis Nord-Américains en étaient au
second terme ; car leur manufacture était en voie de
développement. La France touchait au troisième et

suprême stade que, seule, l'Angleterre avait atteint. Par conséquent, pour l'Angleterre comme pour les pays agricoles ci-dessus nommés, la liberté commerciale constitue bien la véritable politique économique. Mais, il n'en est point de même pour l'Allemagne, ou pour l'Amérique. Ce qu'une nation perd temporairement, durant la période protectionniste, en valeurs d'échange, elle le regagne largement, à la longue, en puissance productive. Son déficit temporaire correspond précisément, dans l'ensemble de la vie de cette nation, au coût de l'éducation industrielle chez l'individu. List en déduit une conclusion pratique pour sa patrie. L'Allemagne a besoin pour son évolution économique d'un territoire étendu et de frontières suffisantes ; d'un développement de ses côtes septentrionales et méridionales ; et d'une vigoureuse expansion de sa manufacture et de son commerce. Pour y parvenir, il lui faut une législation protectrice judicieuse, jointe à une union douanière qui engloberait tous les pays allemands ; ainsi qu'une marine allemande avec son Acte de Navigation. La pensée nationale allemande, tendue vers l'indépendance, la puissance, l'unité et l'activité nationales, s'éveillait alors de sa léthargie, et cherchait à recouvrer les province perdues : elle favorisa donc le succès du livre de List, qui fit grande sensation. Il représentait bien les tendances et les besoins du temps et du lieu. Cette œuvre eut pour effet d'attirer l'attention non seulement des classes spéculative et officielle, mais encore de la majeure partie des praticiens, sur la question d'Économie Politique. Sans aucun doute, il exerça une influence importante sur la politique industrielle allemande. Au point de vue scientifique, son insistance sur la relativité des études historiques des époques de la civilisation, et leur liaison aux questions économiques, jointe à sa protestation contre les formules absolues a sa valeur. La prépondérance qu'il accorde au développement national sur l'intérêt immédiat des individus est légitime en principe ; bien que sa théorie, tant au point de vue public qu'au point de vue privé, soit trop exclusivement chrématistique. Elle tendait, en effet, plutôt à instaurer une forme nouvelle de mercantilisme qu'à seconder le travail contemporain de réforme sociale.

La plupart des écrivains britanniques ou étrangers ci-dessus mentionnés suivirent les traditions de l'école de Smith. Ils ne développèrent les doctrines de l'auteur que dans des directions spéciales ; et le firent quelquefois non sans étroitesse et exagération : ils corrigeaient les erreurs minimes dans lesquelles il était tombé, ou cherchaient à donner à l'exposé de ses principes plus d'ordre et de clarté. On s'en est pris aux abstractions abusives des successeurs de Smith. On a contesté les conclusions de Ricardo et de ses élèves qui ne cadraient pas avec les faits actuels de l'existence humaine ; ou bien on a protesté contre les conséquences anti-sociales qui semblaient résulter de l'application des formules soi-disant orthodoxes. Quelques-uns combattirent les idées fondamentales de Smith. Ils insistèrent sur la nécessité de changer la base de la philosophie générale sur laquelle reposait finalement son Économie. Mais, malgré divers indices prémonitoires, rien d'essentiel, du moins rien d'efficace, ne faisait prévoir, en dehors des champs que nous venons d'inspecter, l'établissement d'une conception vraiment neuve et d'une méthode nouvelle, dans cette branche de recherches. Aussi nous reste-t-il maintenant à décrire un vaste mouvement qui va toujours s'accentuant, et qui a déjà modifié considérablement le caractère des études et des conceptions de bien des esprits ; et il promet d'exercer une influence bien plus puissante encore dans l'avenir. Nous faisons allusion à l'avènement de l'École Historique, qui marquera, pour nous, la troisième époque du développement moderne de la science économique.

CHAPITRE VI

L'École Historique.

Le mouvement négatif remplit le dix-huitième siècle. Il eut pour consigne économique de libérer le travail industriel de ses survivances féodales et de ses entraves gouvernementales. Mais, sous tous aspects, économiques et autres, le travail de démolition n'était, historiquement, qu'une nécessaire condition préliminaire de la rénovation totale à laquelle l'Europe Occidentale tendait énergiquement, quoiqu'elle n'eût qu'une conception confuse de sa nature réelle. La désorganisation de la synthèse qui soutenait le système ancien hâtait le progrès et l'établissement de principes nouveaux propres à diriger l'avenir. La philosophie critique qui avait amené la désorganisation ne savait que ressasser ses formules de liberté absolue, et restait impuissante à reconstruire. Aussi voit-on, dans tout l'Occident, après l'explosion française, le remarquable spectacle d'une oscillation continuelle entre le retour aux idées usées et la vague impulsion vers un ordre nouveau de conception et d'existence sociale. Cette impulsion revêtit souvent un caractère anarchique.

De cet état d'oscillation qui a donné à notre siècle son aspect équivoque et transitionnel, la seule issue possible était la fondation d'une doctrine sociale scientifique qui formât la base d'une convergence graduelle de l'opinion sur les questions humaines. La fondation d'une telle doctrine, voilà l'immortel service que le monde doit à Auguste Comte (1798-1857).

Les grandes lignes de sa Sociologie : 1° C'est une science qui étudie essentiellement tous les éléments de l'état social dans leurs relations et leurs actions mutuelles ; 2° Elle comprend une théorie sociale tant dynamique que statique ; 3° Elle élimine ainsi l'absolu et substitue à l'immobilité factice la conception d'un changement coordonné ; 4° Sa méthode principale, mais non exclusive, est la comparaison historique ; 5° Elle est parsemée d'idées morales, de notions de droit social, en opposition avec les droits de l'individu qui dérivent, en corollaires, du *jus naturæ* ; 6° Par son esprit et ses conséquences pratiques, elle tend à réaliser toutes les grandes fins qui constituent « la cause populaire » ; enfin, 7° Elle vise à ce but par des moyens pacifiques, et remplace la révolution par l'évolution (1). Ces diverses caractéristiques ne sont pas indépendantes. On peut montrer qu'elles sont intimement reliées entre elles. Certains de ces traits sont à décrire ici ; les autres ressortiront avant la fin de la présente revue.

Dans l'exposé magistral de la méthode sociologique, au quatrième volume de la Philosophie positive (1839) (2), Comte sépare nettement la statique d'avec la dyna-

---

(1) Ce serait une grave erreur de supposer que les phénomènes sociaux, assujettis à des lois naturelles, soient susceptibles d'encourager l'esprit de quiétisme fataliste. Bien au contraire ; c'est l'existence de telles lois qui constitue la base nécessaire de toute action systématique pour améliorer notre condition et notre nature. On 'le peut voir en considérant le cas parallèle des règles hygiéniques et thérapeutiques. Or, les divers ordres de phénomènes sont d'autant plus modifiables que croît leur complexité. Le champ social admet donc une intervention humaine plus étendue et plus efficace que le domaine vital et inorganique. Quant à la dynamique sociologique, si la direction et le caractère essentiel de l'évolution y prédominent, l'importance et les lignes secondaires sont susceptibles de modification.

(2) Dès 1822, il en avait déjà arrêté les principes fondamentaux dans un opuscule que reproduit l'Appendice à la *Philosophie Positive*.

mique sociale. La Statique étudie les lois sociales de coexistence ; la Dynamique, celles de développement social. Le principe fondamental de la Statique, c'est le consensus général entre les divers organes sociaux et leurs fonctions. Sans pousser trop loin l'analogie usuelle, on l'assimilera à celui qui existe entre les organes et les fonctions d'un animal. L'étude dynamique diffère et dépend nécessairement de la sociologie statique. Le progrès est, en effet, le développement de l'ordre. C'est ainsi que l'étude de l'évolution biologique diffère et dépend de celle des structures et des fonctions que l'évolution révèle telles quelles aux divers échelons de la série ascendante. Les lois de coexistence et de succession sociales relèvent autant de l'observation que les phénomènes correspondants chez un organisme vivant. Dans l'étude particulière du développement, la méthode comparative familière aux biologistes se modifie pour s'adapter à ce genre de recherche. Les époques sociales successives s'y comparent systématiquement pour y découvrir les lois de séquence et déterminer la filiation des lignes caractéristiques.

Nous prenons garde dans ces études, statiques ou dynamiques, d'ignorer ou de méconnaître les aptitudes fondamentales de la nature humaine. Penser en déduire les lois en dehors de toute observation serait vain. Ni la structure générale de la société humaine, ni la marche de son développement ne prêtent aux prédictions. Cela est surtout évident en ce qui regarde les lois dynamiques ; car, dans le passage d'une civilisation à une autre, le fait prépondérant est l'influence accumulée des générations défuntes. Elle est d'ailleurs beaucoup trop complexe pour qu'on la retrouve par déduction. Voilà une conclusion importante qu'il ne faut pas oublier alors que de soi-disant anthropologistes ne veulent voir dans la science sociale qu'une simple annexe, ou un à-côté de

la biologie. Les principes biologiques sont, incontestablement, à la base de la sociologie ; mais cette science a et
aura toujours son champ de recherches et sa méthode
d'exploration propres. Son champ, c'est toute l'histoire,
y compris les évènements contemporains. Sa méthode
principale, mais non pas exclusive, c'est, nous l'avons
dit, le procédé de comparaison sociologique, dénommé
fort bien « méthode historique ».

Ces principes généraux affectent l'Économique non
moins que les autres branches de la sociologie. Ils y
conduisent, en particulier, à d'importants résultats.
Ils prouvent que le dessein de construire une théorie
vraie avec le seul chapitre économique, c'est-à-dire de
l'activité sociale, sans le relier aux autres modes de
l'existence, est illusoire. L'étude de la société est, en
effet, une préparation indispensable ; car nulle théorie
rationnelle de l'organisation économique et des fonctions
sociales ne saurait s'élever si l'on fait abstraction de ses
tenants et aboutissants. En d'autres termes, une science
économique distincte est, strictement parlant, impossible, parce qu'elle ne représente qu'une fraction d'un
organisme complexe dont tous les membres et tous les
actes sont en relation constante, se correspondent et se
modifient réciproquement. Il s'ensuit que, quelqu'indications usuelles qui dérivent de notre connaissance générale de la nature humaine, la constitution économique
de la société et son mode de développement ne sauraient
s'en déduire. Leur connaissance ne résultera que d'une
investigation historique directe. Nous avons ajouté « son
mode de développement » ; car il est évident que, tout
élément social, et par conséquent le facteur économique
des affaires humaines, comporte une doctrine dynamique, ou théorie des phases successives de la vie sociale
économique. Pourtant, dans les systèmes reçus, elle
n'était qu'à l'état de desideratum. Aucune notion par-

tielle ou fragmentaire sur ce sujet n'existait encore (1).
De plus, la constitution économique variant avec l'âge
historique, il nous faut abandonner l'idée d'un système
absolu de portée universelle, et lui substituer celle de la
série des systèmes réels dont, cependant, la succession
n'est pas arbitraire, mais est aussi régie par une loi.

La mission de Comte fut d'enchaîner une telle série.
Son but fut de fonder une théorie scientifique de la
société ; et il ne pouvait dès lors point ne pas juger des
travaux de ceux qui, avant lui, avaient touché aux diverses études de la physique sociale. Les économistes,
entre autres, subirent nécessairement son jugement.
Explicitement ou implicitement, en plusieurs passages
de l'ouvrage cité, aussi bien que dans sa *Politique Positive,* il critique leurs idées générales et leurs méthodes,
dans le sens que nous avons dit à propos de Ricardo et
de ses successeurs. J. S. Mill fut très irrité de ses commentaires. Pour lui, ils prouvaient « de quelle extrême
superficialité, M. Comte » — qu'il estime cependant un
penseur en tout comparable à Descartes et à Leibnitz
— « se montre parfois ». Observation malheureuse : il se
fût bien gardé de la faire s'il avait pu prévoir le progrès
ultérieur de la pensée européenne ; jusqu'où les grands
traits de la critique de Comte allaient pénétrer, et
comment ils allaient se propager par une voie indépendante.

Allemagne.

Cette seconde phase de la régénération de la science
économique est l'apparition de l'école historique alle-

____

(1) Sous l'influence des idées de Comte, J. S. Mill tenta au liv. IV
de sa *Political Economy* de traiter de la dynamique économique.
Mais cet essai nous a toujours paru l'une des parties les moins
satisfaisantes de son œuvre.

mande. Les conceptions de cette école ne paraissent point provenir, contrairement à ce que font la théorie et la méthode sociologique de Comte, d'idées philosophiques générales ; elles semblent plutôt suggérées par l'application au champ économique des conceptions de l'école historique de jurisprudence dont Savigny est le plus éminent représentant. Le code des lois n'est point une expression sociale immuable ; il change avec le passage d'un état social à un autre ; il a des rapports vivants avec les autres facteurs sociaux coexistants. Ce qui, en droit, convient à une phase de civilisation, n'est bien souvent guère propre à une autre. Ces remarques, on s'en apercevait, s'appliquaient aussi au système économique. La notion du relatif s'introduisit ainsi : toute conception absolue devenait donc insoutenable. Le cosmopolitisme théorique, c'est-à-dire l'instauration d'un système également vrai pour tous pays, puis ce qu'on a nommé le perpétualisme, ou admission d'un système bon pour tout état social se discréditaient également. Voilà comment l'école historique allemande paraît avoir pris naissance.

Négligeant les indices préparatoires et les germes doctrinaux indéveloppés, nous retrouvons les rudiments de cette École dans Wilhelm Roscher. Ses principes fondamentaux sont établis, non sans timidité et sans une fâcheuse opposition de la méthode historique avec la méthode « philosophique » (1), dans ses *Grundriss zu Vorlesungen über die Staatswirthschaft nach geschichtlicher Methode* (1843). Voici les principaux chefs que souligne la préface de cet ouvrage :

« La méthode historique ne se présente pas seulement comme l'étude des phénomènes qui se succèdent dans

______

(1) Cette terminologie est probablement empruntée à la controverse sur la méthode de la jurisprudence entre Thibaut, d'une part ; et Savigny et l'école de Hugo, d'autre part.

l'ordre chronologique. Ses principes généraux sont les suivants : 1°, Son but est de redire ce que les nations ont pensé, voulu et découvert dans le champ économique ; ce qu'elles ont désiré, puis obtenu, et pourquoi elles l'ont obtenu. 2°, Un peuple ne se compose pas seulement de la masse des individus qui y coexistent ; il ne suffit point d'observer les faits simultanés. 3°, Tous les peuples dont nous possédons quelque connaissance sont à étudier et à comparer économiquement ; en particulier, les peuples anciens dont l'histoire tout entière s'étale à nos yeux. 4°, Il ne suffit pas de louer ou de blâmer les institutions économiques ; il en est peu qui aient été salutaires ou néfastes à tous les peuples en tous les âges de leur civilisation. Bien au contraire, il appartient à la science de montrer comment et pourquoi ce qui, à l'origine, était raisonnable et bienfaisant, devint souvent, peu à peu, irrationnel et abusif ». De ces principes et de ces commentaires de Roscher une partie du troisième point soulève seule une objection. L'économie des peuples anciens n'a pas une importance théorique supérieure à celle des peuples modernes. Au vrai, ce débat sur l'importance comparée des deux régimes économiques n'était pas en question ; car le but essentiel de toute recherche sociologique complète est d'examiner et de comparer les termes de toute la série de l'évolution la plus complète des annales historiques ; c'est-à-dire de ce groupe de nations appelé la République Occidentale, ou, plus brièvement, l'Occident. La raison du choix de cette série sociale et de la concentration provisoire sur elle du meilleur de nos études ont été données, avec un sens irréfutable, par Comte, dans sa *Philosophie Positive*. La Grèce et Rome forment bien des termes de cette série ; mais c'est l'expression intégrale et non celle de certains éléments que la Sociologie considère pour déterminer les lois du mouvement ; et il en est de même dans l'étude

de l'évolution biologique, où ce n'est point la constitution de tel organisme qui jouit de l'importance prépondérante ; c'est la succession entière des variations qui y
fait l'objet de recherche. De Roscher, nous allons dire
bientôt les éminents services. Nous ne l'avons cité ici
que par rappel des origines de l'école nouvelle.

En 1848, Bruno Hildebrand publie le premier volume
d'un ouvrage qui, bien que l'auteur vécût encore bien
des années (mort en 1878), n'eut pas de suite. Il a pour
titre *Die Nationalökonomie der Gegenwart und Zukunft.*
Hildebrand est un penseur d'un ordre vraiment élevé. Il
est douteux que, chez les économistes allemands, il y en
ait eu de doué d'une intelligence plus profonde et plus
pénétrante ; il est entièrement indemne de cette verbosité
et de cette obscurité qui trop souvent caractérisent les
écrivains allemands : il trace ses grands traits d'une
main sûre et puissante. Son livre renferme une critique
magistrale des systèmes économiques qui précédèrent
ou accompagnèrent son temps ; y compris ceux de
Smith, de Müller, de List, et des socialistes. Mais il nous
intéresse surtout maintenant par sa place historique,
par sa conception vraie de la nature de l'économie politique. Le but de ce livre, nous dit-il, est d'ouvrir dans le
domaine économique une voie vers la bonne méthode
historique, et de transformer la science en un exposé
des lois du développement économique des nations. Il
est intéressant d'observer que le type par lui considéré
dans ce projet de réforme de l'économie politique n'est
point celui de l'histoire du droit, mais celui de la linguis-
tique telle que l'a reconstruite le dix-neuvième siècle. Ce
choix indique combien Hildebrand juge de la supériorité
de la méthode comparative. Dans l'une et l'autre science,
nous sommes en présence d'une variation régulière dans
le temps ; et le relatif se substitue conséquemment à
l'absolu.

En 1853, parut l'ouvrage de Karl Knies, intitulé *Die
Politische Oekonomie vom Standpunkte der geschichtlichen Methode*. C'est un exposé soigneux et la justification
de la méthode historique dans son application à la
science économique ; c'est le manifeste le plus systématique et le plus complet de l'école nouvelle, du moins au
point de vue logique. Voici ses propositions fondamentales : D'une part, la constitution économique sociale de
tous 'es temps ; et, de l'autre, la formulation théorique
contemporaine de la science économique, résultent d'un
développement historique défini : l'une et l'autre sont
intimement en rapport avec l'ensemble de l'organisme
social de l'époque, et progressent avec lui dans les mêmes
conditions de temps, de lieu et de nationalité. Le système
économique passe donc par une succession de phases en
connexion avec les âges successifs de la civilisation. En
aucun point de ce mouvement il n'est permis de dire
qu'elle ait atteint pleinement une forme définitive. Ni
dans le présent, ni dans le passé, nulle organisation
économique de la société n'est absolument bonne et
juste ; chacune n'est qu'une phase de l'évolution historique perpétuelle. Donc, la doctrine économique actuellement dominante ne saurait être jugée complète et définitive ; car elle ne représente qu'un certain stade de l'évolution et du progrès de la science.

Le thème de ce livre est peut-être traité avec trop de
développement et de détail. L'auteur y montre autant
de sagacité que d'érudition : il révèle — et ses critiques
portent, — les erreurs, les contradictions et les exagérations de ses prédécesseurs. Mais en caractérisant et en
justifiant la méthode historique, il n'ajoute rien à Comte.
La seconde édition de ce traité parut en 1883. Knies y
fait cette singulière confession : quand, en 1852, il rédi-
geait son livre, la *Philosophie Positive*, dont les six volu-
mes avaient paru de 1830 à 1842, étaient entièrement

inconnus de lui et, probablement, de tous les économistes allemands ! Voilà qui ne fait guère honneur à l'ouverture de leur esprit non plus qu'à leur vigilance littéraire. Souvenons-nous, en effet, que Mill était en correspondance avec Comte dès 1841, et que la notice élogieuse de la *Logique* parut en 1843. Et quand Knies examine ultérieurement l'ouvrage de Comte, il fut, nous dit-il, surpris de s'y trouver très devancé en ses conclusions et d'y voir de nombreux « parallélismes ». Comme il avait raison ! tout ce qui a quelque valeur dans sa méthodologie se trouve chez Comte, avec plus d'ampleur, et y est frappé de cette puissante et grave empreinte qui distingue les *dii majores* de la philosophie.

Il est deux points dans la position prise par les économistes allemands de l'école historique qui semblent sujets à critique :

I. — Knies et d'autres écrivains, tout en soutenant le principe de la relativité des théories économiques, ne semblent pas ici garder la juste mesure. Les deux formes doctrinales de l'absolutisme, le cosmopolitisme et ce que Knies dénomme le perpétualisme, leur semblent à placer sur le même pied. Autrement dit, Knies regarde l'erreur de juger les diversités des circonstances locales et des nationalités comme tout aussi sérieuse que l'omission des diversités d'époques dans le développement historique. Il n'en est certes pas ainsi. Partout en Sociologie, cette dernière erreur est de beaucoup la plus grave, car elle vicie radicalement, où qu'on la rencontre, toutes les recherches. Si nous ignorons l'existence, ou si nous nous méprenons sur le sens du mouvement social, nous errons sur le point le plus essentiel et commun à toutes les questions. Mais ces variantes que déterminent les différences de race, et qui n'affectent que nos aptitudes physiques et mentales et la diversité du milieu, ne sont que des phénomènes secondaires. Il les faut repor-

ter après l'étude et la théorie générale du développement
social, et n'en tenir compte qu'en examinant les modifications évolutionnelles caractéristiques que déterminent
des conditions spécifiques. Si, par exemple, la constitution physique du territoire est une condition qui influence
avec une intensité particulière les phénomènes économiques, elle agit plutôt sur les formes techniques et sur
l'extension relative des diverses branches industrielles,
que sur la gestion sociale de chaque branche, ou que sur
la coordination et la correspondance de leur ensemble
qui font l'objet spécial des recherches économistes.

II. — Des membres de cette école, tout préoccupés
d'affirmer la relativité de l'Économique tombent dans
une autre erreur ; ils en viennent à nier l'existence des
lois économiques ; ou, tout au moins, ne veulent pas
entendre parler de « lois naturelles » pour le monde
économique. Partant de la conception trop étroite de la
loi dans la sphère inorganique, ils jugent que cette terminologie leur impose la notion de fixité et de système
invariable dans l'économie pratique. Si, au contraire,
nous tournons notre attention vers les sciences organiques, plus apparentées avec les sciences sociales, nous
voyons que le terme « loi naturelle » n'implique pas une
telle signification. Comme nous l'avons plus d'une fois
indiqué, une partie essentielle de l'idée de vie est celle
de développement, ou de « changement coordonné ». Or,
qu'un tel développement de la constitution et du travail
d'une société existe en tous ses éléments, c'est là un fait,
indubitable que ces écrivains eux-mêmes retracent avec
ampleur. Qu'il y ait entre les divers éléments sociaux
des relations telles que toute variation d'un élément
développe ou provoque le changement dans un autre,
c'est de toute évidence. Pourquoi, dès lors, écarter le
nom de lois naturelles pour ces rapports constants de
coexistence et de succession ? on ne le voit pas très bien.

Ces lois sont universelles et permettent de construire une théorie abstraite du développement économique. Par contre, un parti de l'école historique allemande voudrait lui substituer la description banale des diverses économies nationales, et y introduire prématurément, comme nous l'avons indiqué, le rôle du facteur géographique ou ethnologique, au lieu de le réserver pour l'examen des modifications, dans les cas concrets, des lois primordiales qui ressortent des faits généraux de l'évolution humaine.

Aux trois écrivains susnommés, Roscher, Hildebrand et Knies revient l'honneur d'avoir fondé l'école historique allemande d'économie politique. On ne voit pas que Roscher, dans ses travaux ultérieurs, ait bien suivi la méthode qu'en maints passages il avait si admirablement caractérisée. Dans son *System der Volkswirthschaft* (Vol. I., *Grundlagen der Nationalökonomie*, 1854, 16ᵉ éd., 1883; trad. angl. par J. J. Lalor, 1878; Vol. II., *N.O des Ackerbaues*, 1860; 10ᵉ éd., 1882; Vol. III, *N.O. des Handels und Gewerbfleisses*, 4ᵉ éd., 1883) les matières dogmatique et historique sont plutôt juxtaposés qu'intimement combinés. Il est vrai que Roscher applique plus souvent sa vaste érudition à des études historiques spéciales, surtout à celles de la science économique. Son traité *Ueber das Verhältniss der Nationalökonomie zum classischen Allerthume*, 1840, son *Zur Geschichte der Englischen Volkswirthschaftslehre* (Leipsig, 1851-2), et, par dessus tout, ce merveilleux monument d'érudition et de sagacité, son *Geschichte der National-Œkonomik in Deutschland* (1874), auquel, dit-on, il avait consacré qui e années d'études, sont parmi les meilleurs ouvrages de ce genre. Cependant, le dernier, par son cumul de détails, n'est guère susceptible de bonne étude en dehors de l'Allemagne. D'intéressantes et utiles monographies se trouvent dans ses *Ansichten der Volkswirthshaft vom geschichtlichen Standpunkte* (3ᵉ éd., 1878). Son traité systématique, ci-dessus rappelé, abonde également en notes historiques sur l'origine et l'histoire des diverses doctrines économiques. Mais on ne saurait lui attribuer une grande influence sur la transformation de l'économie politique, malgré les promesses de ses premiers travaux. Aussi Cossa a-t-il le droit de dire que l'œuvre dogmatique de Roscher n'a pas fort modifié les principes de Hermann et de Rau.

La méthode historique s'est manifestée sous ses traits distinctifs chez, surtout, la jeune génération des savants économistes allemands. Citons entre autres : Lujo Brentano, Adolf Held, Erwin Nasse, Gustav Schmoller, H. Rösler, Albert Schäffle, Hans von Scheel, Gustav Schönberg, et Adolf Wagner. En outre du principe général de la conception historique de la science économique, voici les idées principales que défendit avec le plus de vigueur cette École :

I. — Nécessité d'accentuer l'élément moral dans l'étude économique. Cette considération a été vivement mise en relief par Schmoller, dans ses *Grundfragen* (1875), et par Schäffle, dans son *Das gesellschaftliche System der menschlichen Wirthschaft* (3ᵉ éd., 1873). G. Knies (m. en 1858) paraît aussi avoir bien saisi ce sujet dans son appréciation de J. S. Mill. D'après les membres les plus avancés de cette École, trois principes organiques régissent la pratique économique ; et, corrélativement, il est trois systèmes distincts ou trois sphères d'activité : 1° Économie privée ; 2°, Économie publique, obligatoire ; 3°, Sphère « caritative ». En premier lieu, l'intérêt personnel seul domine ; puis, c'est l'intérêt général de la société ; enfin, ce sont les impulsions bienveillantes. Toutefois, dans le premier cas même, le jeu de l'intérêt privé ne saurait être arbitraire. Sans parler ici de l'intervention de la puissance publique, les excès et les abus du principe fondamental de cette économie sont sous la répression et le contrôle d'une certaine morale économique qui jamais ne doit sommeiller, ni en principe ni en pratique. Dans la troisième zône ce sont les influences morales qui dominent finalement.

II. — La relation étroite et nécessaire entre l'Economique et la Jurisprudence. Elle fut soulignée par L. von Stein et par H. Rösler ; mais elle a été plus systématiquement établie par Wagner, l'un des plus éminents, sans nul doute des économistes allemands actuels : et en particulier, dans son *Grundlegung*, aujourd'hui incorporé à son lumiueux *Lehrbuch der politischen Oekonomie* qu'il a publié en collaboration avec le professeur Nasse. La doctrine du *jus naturæ*, sur laquelle, nous l'avons vu, les physiocrates avaient établi leur constitution économique, a perdu son crédit ; et le vieil *a priori* avec sa conception absolutiste de liberté et de propriété individuelle se sont perdus, de compagnie, le long de la route. On voit que le rôle économique de l'individu, loin de ne dépendre que de soi-disants droits naturels, ou même de ses facultés naturelles, s'établit d'après le système juridique contemporain qui, lui-même, n'est qu'un produit historique. Par conséquent, les conceptions ci-dessus, mi-économiques et mi-juridiques de liberté et de propriété exigent une enquête nouvelle. Tel est surtout le point de vue duquel Wagner considère les études économiques. Le pivot, dit-il, sur lequel tout repose c'est la vieille notion du rapport entre l'individu et la communauté. Qui donc, avec l'ancienne philosophie juridique et politique et l'économie nationale, y place l'individu arrive nécessairement à ces résultats insoutenables que, dans le champ économique, les écoles physiocratique et smithienne avaient, de concert, établis. Wagner, au contraire, recherche avant tout les conditions d'existence économique de la communauté ; et il y subordonne le rayon de franchise économique de l'individu.

III. — Une conception des fonctions de l'État différente de celle de l'École smithienne. Celle-ci, d'une façon générale, avait puisé chez Rousseau et chez Kant ce principe que le seul office de l'État est de protéger les membres de la communauté contre la violence et la fraude. Cette doctrine, en harmonie avec celle du *jus naturæ* et du contrat social, avait été temporairement utile pour jeter bas le vieux système économique et son appareil compliqué d'entraves et de restrictions. Mais elle ne résiste pas à la critique historique rationnelle ; et guère aux exigences pratiques croissantes de la civilisation moderne. En effet, l'abolition du système impolitique et discrédité des gouvernements européens attire la vue sur les maux qui viennent d'une concurrence effrénée ; elle démontre irrésistiblement la nécessité d'une action publique appropriée aux méthodes nouvelles et plus saines. L'école historique allemande reconnaît que l'État n'est pas seulement l'institution préposée au maintien de l'ordre ; il est aussi l'organe exécutif national de tout ce que ne peut faire l'effort volontaire de l'individu. Si des fins sociales ne sont accessibles qu'à sa seule action, ou bien que celle-ci les rend plus avantageuses (1), une telle intervention est justifiée. Les conditions qui légitiment cette intervention de l'État se déterminent, soit d'après leur nature propre, soit sur l'âge du développement national. A l'État d'encourager la culture intellectuelle et esthétique ; à lui d'assurer l'hygiène publique et de réglementer au mieux la production et le transport ; à lui de protéger les membres les plus faibles de la société, et, en particulier, les femmes, les enfants, les vieillards, les délaissés — tout au moins à défaut de l'assistance et de la garde familiale ; — à lui de prémunir le travailleur contre les redoutables consé-

(1) Il est nécessaire d'examiner dans chaque cas si le fait ressortit du gouvernement central ou de l'administration locale.

quences des accidents personnels qui ne proviennent
pas de sa négligence ; d'aider, de reconnaître en droit et
de surveiller les efforts de la classe ouvrière, afin de
seconder leur initiative non moins que celle de l'individu, et de garantir la sûreté de leurs épargnes s'ils la
confient à ses soins.

Une influence spéciale qui agit sur ce groupe plus
récent est celui du socialisme théorique. Nous allons
voir que le socialisme, en tant que parti organisé affecta
également leur pratique politique. D'écrivains comme
Saint Simon, Fourier et Proudhon, Lassalle, Marx,
Engels, Marlo et Robertus, il ne sera point ici question. Nous leur réservons une notice spéciale. Recon-
naissons cependant qu'ils ont puissamment stimulés
ceux qu'on dénomme avec justice les plus jeunes économistes allemands. Ils ont même influé sur leurs conclusions scientifiques, surtout pour la critique du soi-
disant système orthodoxe. Schäffle et Wagner sont surtout à citer ; car ils accordèrent une large hospitalité
et une respectueuse attention à leurs arguments.
Par exemple, l'importante considération déjà rappelée
que la condition économique de l'individu dépend de
la législation existante, et notamment de l'organisation
contemporaine de la propriété a été pour la première
fois signalée par les socialistes. Ce sont eux aussi qui
indiquèrent comment les institutions sociales actuelles
touchant la propriété, l'héritage, les contrats, etc.,
sont, suivant l'expression de Lassalle « des catégo-
ries historiques qui ont changé et qui restent susceptibles
de changer », tandis que l'économie orthodoxe les prend,
en général, pour un ordre pratique immuable sur lequel
l'individu établit sa condition propre. J. S. Mill, nous
l'avons vu, avait appelé l'attention sur ce que la distribution de la richesse, à l'inverse de la production, ne
dépend pas uniquement des lois naturelles, mais relève

aussi de l'organisation sociale. Des économistes allemands de la jeune école historique ont insisté avec
force sur cette remarque. Toutefois, pour rectifier et
compléter cette conception, ayons présent à l'esprit que
cet ordre social lui-même ne change pas arbitrairement; il est le résultat de l'âge du développement social
général.

En économie politique, ces écrivains ont pris position
entre le parti libre-échangiste allemand — qu'on qualifie quelquefois plus ou moins justement d'École de
Manchester — et le parti des socialistes démocrates.
Celui-ci fait appel à l'omnipotence de l'État pour transformer radicalement et immédiatement la constitution
économique actuelle de la société, dans l'intérêt du prolétariat. Les libres-échangistes cherchent à immiscer
l'action de l'État partout, hormis le maintien de l'ordre
public, et la protection de la sécurité et de la liberté
individuelle. Les membres de cette école dont nous
allons maintenant parler, prennent, dès qu'ils interviennent dans la discussion des questions pratiques, une
position intermédiaire. Ils combattent autant la révolution sociale qu'un rigide *laisser-faire*. Tout en rejetant
le programme socialiste, ils réclament l'intervention de
l'État, conformément aux principes théoriques indiqués
ci-dessus, dans le but d'alléger le fardeau dont le système industriel moderne opprime les membres les plus
deshérités, et afin d'étendre, dans la plus large mesure,
aux classes ouvrières les bénéfices d'une civilisation en
progrès.

Schäffle dans son *Capitalismus und Socialismus* (1870 ;
maintenant incorporé à un vaste ouvrage), Wagner, dans
son *Rede über die sociale Frage* (1871), et Schönberg dans
son *Arbeitsamter : eine Aufgabe des deutschen Reichs*
(1871) soutinrent cette politique de la question ouvrière.
Ces expressions de l'opinion, auxquelles ont sympathisé

la plupart des professeurs allemands d'économie politique, furent violemment combattues par les membres
du parti libre-échangiste qui y virent « une forme nouvelle
de socialisme ». D'où, vive controverse. La nécessité
d'une union et d'une organisation politique pratique
plus ferme fut ressentie par les partisans de la direction
nouvelle. Un congrès eut lieu à Eisenach, en octobre 1872,
pour envisager « la question sociale ». Y assistèrent la
plupart des professeurs de science économique des
universités allemandes, les représentants des divers
partis politiques, les porte-paroles ouvriers et de gros
capitalistes. A ce congrès s'exposèrent les principes que
nous venons de formuler. Ceux qui les admirent reçurent
de leurs adversaires l'appellation de « Katheder-Socia-
listen », c'est-à-dire « socialistes de la chaire (profes-
sorale) », sobriquet (1), dû à H. B. Oppenheim et qui
plaisait peu alors à ses titulaires. Depuis 1873, ce groupe
s'est unifié dans la « Verein für Socialpolitik » à laquelle,
après apaisement de la controverse, se rallièrent aussi
les libres-échangistes. A l'intérieur de la *Verein* s'est
produit une scission. Le noyau favorisait une modification graduelle systématique de la législation sur la
propriété dans le sens des aspirations socialistes et dans
la mesure où elles sont légitimes, tandis que la majorité
préconisait la réforme par l'action de l'Etat en partant
de la législation actuelle. Schäffle va jusqu'à soutenir que
le régime « capitaliste » actuel doit être remplacé par
une organisation socialiste ; mais, avec J. S. Mill, il
ajourne cette révolution à un avenir plus ou moins
lointain ; elle résultera, à son sens, de l'évolution natu-

(1) Employé pour la première fois dans son article « *l'École de
Manchester et le Socialisme de la Chaire* » de la *Nationalzeitung* de
décembre 1871.

relle du progrès de la « sélection sociale (1) ». Il réprouve toute révolution inopinée et violente, et répudie toute politique qui opposerait l' « égalité abstraite » aux droits des services et du mérite individuels.

Plus les investigations de l'École historique allemande se sont étendues aux diverses branches de recherches et plus on a clairement constaté que l'affaire urgente est moins la réforme de l'économie politique que l'incorporation de l'Économique à une science sociale plus complète. Telle était, depuis longtemps, l'idée soutenue par Auguste Comte ; sa justesse se fait chaque jour plus évidente. Les meilleurs économistes allemands entrent franchement dans cette voie. Schäffle, qui tant subit l'influence de Comte et d'Herbert Spencer, entreprend à l'heure actuelle de rattacher l'Economique à la science sociale. Dans son plus important ouvrage, *Bau und Leben des socialen Körpers* (1875-78 ; nouv. éd. 1881) qu'avaient préparé ses publications précédentes, il se propose de dresser le plan intelligible d'une anatomie, d'une physiologie et d'une psychologie de la société humaine. Pour lui, le processus social est analogue à celui des corps organisés. Si légitime et si suggestive que soit cette idée analogique que Comte avait déjà utilisée, Schäffle l'a peut-être poussée jusqu'à l'exagération des détails et du développement. Cette conception a été adoptée et présentée sous une forme vraiment abusive par P. von Lilienfeld dans ses *Gedanken über die Socialwissenschaft der Zukunft* (1873-1879). La tendance à fondre la science économique dans la Sociologie se retrouve aussi dans le *Sozial lehre* d'Adolphe Samter — bien que l'activité économique de la société y soit surtout envisagée — et dans le traité de Schmoller *Ueber einige Grundfragen*

---

(1) Il viendra à la mémoire des lecteurs de l'ouvrage de M. Leroy-Beaulieu sur le Collectivisme (1884), que Schäffle est érigé là en principal représentant de cette forme théorique du socialisme.

des Rechts und der Volkswirthschaftslehre (1875). La nécessité d'une telle transformation est énergiquement
affirmée par H. von Scheel, dans sa préface à une traduction allemande (1870) d'un opuscule anglais (1) *On
the present Position and Prospects of Political Economy.*

Le nom de « Realiste » donné quelquefois à la forme
récente de l'Ecole historique n'est guère choisi avec dis-
cernement. Il prétend marquer contraste avec la nature
« abstraite » de l'Economique orthodoxe. Or, l'erreur de
cette Economique n'est point d'user mais d'abuser de l'abstraction. Toute science implique abstraction, puisqu'elle
cherche l'unité dans la variété. La question, en chaque
catégorie, est d'arriver à construire la vraie théorie abstraite d'après les faits concrets. La nouvelle est aussi gau-
chement qualifiée d' « induction ». Sans doute, la déduction prédomine dans les recherches des vieux économistes ; mais souvenons-nous que cette méthode est légitime quand elle procède non plus d'assertions *a priori*,
mais de généralisations éprouvées. La méthode qui convient à l'Economique et à la Sociologie est moins l'induction directe que cette forme spéciale de l'induction dénommée comparaison ; et surtout cette étude comparée
de la « série sociale » selon l'expression de Mill — dite
méthode « historique ». Si les dénominations que nous
venons de critiquer arrivaient à prévaloir, il y aurait
danger que l'école prit un caractère peu scientifique.
Elle s'occuperait trop exclusivement de statistique et
oublierait, dans cette inspection minutieuse des départements de l'activité économique, la nécessité des lon-
gues conceptions philosophiques et du système coordonné des principes. Tant que l'Economique restera un
rameau théorique à part et qu'on ne l'aura point greffée

(1) Du présent auteur. C'est son adresse à la Section de Science
Economique et de Statistique de la British Association, au Congrès
de Dublin, en 1878.

sur la Sociologie, les penseurs qui prendront la direction nouvelle devront donc conserver l'appellation originelle d'École historique.

Les membres de cette École et ceux des autres écoles allemandes ont produit maints ouvrages de valeur en dehors de ceux que nous avons ici rapportés. D'amples notices sur ses contributions aux divers chapitres de l'Économique, y compris les applications, se trouvent épars dans le *Lehrbuch* de Wagner et Nasse, et dans le substantiel *Handbuch* qu'a édité Schönberg. La liste suivante n'a pas la prétention d'être complète. Nous la donnons dans le but d'indiquer au lecteur un certain nombre de livres qu'on ne saurait passer sous silence dans l'étude des sujets ici rapportés :

Knies, Die Eisenbahnen und ihre Wirkungen (1853), *Der Telegraph* (1857), *Geld und Credit* (1873-76-79); Rösler, *Zur Kritik der Lehre vom Arbeitslohn* (1861); Schmoller, *Zur Geschichte der Deutschen Kleingewerbe in 19 Jahrh* (1870); *Schäffle, Theorie der ausschliessenden Absatzverhältnisse* (1867), *Quintessenz des Socialimus* (6e éd., 1878), *Grundsätze der Steuerpolitik* (1880); Nasse, *Mittelalterliche Feldgemeinschaft in England* (1869); Brentano, *On The History and Development of Gilds*, en préface à l'*English Gilds* de Toulmin Smith (1870); *Die Arbeitergilden der Gegenwart* (1871-72), *Das Arbeitsverhältniss gemäss dem heutigen Recht* (1877), *Die Arbeitsversicherung gemäss der heutigen Wirthschaftsordnung* (1879), *Der Arbeitsversicherungszwang* (1881); Held (né en 1844, noyé accidentellement dans le lac de Thun, 1880), *Die Einkommensteuer* (1872), *Die deutsche Arbeiterpresse der Gegenwart* (1873), *Sozialismus, Sozialdemokratie und Sozialpolitik* (1878), *Grundriss für Vorlesungen über Nationalökonomie* (2e éd., 1878); *Zwei Bücher zur socialen Geschiehte Englands* (publication posthume, 1881); Von Scheel (né en 1839), *Die Theorie der socialen Frage* (1871), *Unsere social-politischen Parteien* (1878). Ajoutons-leur L. von Stein, *Die Verwaltungslehre* (1876-79), *Lehrbuch der Finanzwissenschfat* (4e éd., 1878). E. Dühring est le meilleur des disciples allemands de Carey; nous avons déjà parlé (note bibl.) de son Histoire de l'Éco-

nomique. A l'école russo-allemande appartient l'ouvrage de
T. von Berhhardi qui, du point de vue historique, *Versuch
einer Kritik der Gründe welche für grosses und kleines Grun-
delgenthum angeführt werden, 1848*. L'école libre-échangiste
a rendu en Allemagne, on le reconnaît, de grands services
pratiques, en particulier par la guerre systématique qu'elle
y fit aux privilèges et embarras surannés. Cobden a fourni
le modèle de l'action politique, tandis qu'au point de vue
théorique, on le trouve plutôt chez Say et chez Bastiat. Les
noms de cette école qui résonnent le plus fréquemment aux
oreilles du public anglais sont ceux de J. Prince Smith (m.
en 18⁻' qui peut en être regardé comme le chef; H. von
Treitschke, l'auteur de *Der Socialismus und seine Gönner*,
1875 (dirigé contre les « Socialistes de la Chaire »). V. Boh-
mert, qui plaide la participation des ouvriers aux bénéfices
(*Die Gewinnbetheiligung*, 1878) ; A. Elmminghaus, l'auteur de
Das Armenwesen in Europärischen Staaten, 1870, dont une
partie est traduite dans le *Poor Relief in Differents Parts of
Europe* de E. B. Eastwick, et J. H. Schultze-Delitzsh, bien
connu comme fondateur des banques populaires allemandes
et l'ardent partisan du système de « coopération ». Les
écrivains socialistes, nous l'avons déjà dit, ne sont pas compris dans la présente revue historique ; et, en général, nous
ne parlons pas des écrits économistes proprement dits qui se
rapportent à l'histoire du socialisme ou à ses polémiques (1).

Le mouvement créé par la nouvelle école allemande
et les développements qui en sont sortis ont vraisemblablement procuré à ce pays, pour un temps, la suprématie dans les études économiques. L'influence allemande s'est répercutée sur la pensée des autres contrées : le plus, peut-être, en Italie; et le moins, en France.

(1) Le plus important ouvrage économique qui ait paru en Allemagne depuis la rédaction du paragraphe ci-dessus est, sans aucun
doute, le *System der Nationalökonomie*, de G. Cohn, dont seul le
premier volume (1885) a paru. Le mouvement réactionnaire en
faveur de la vieille école est représenté par C. Menger (*Untersu-
chungen über die Methode der Socialwissenschaften*, 1883), H. Dietzel
(*Beiträge zur Méthode der Wirthschaftswissenschaf.*, 1884), et E. Sax
(*Das wesen und die Aufgabe der Nationalökonomie*, 1884, et *Grundlegung der theoretischen Staatswirthischaft*, 1887).

En Angleterre, elle a fait paisiblement son chemin ; bien qu'elle y ait subi un retard du fait de cette indifférence insulaire au cours de la pensée étrangère qui tant caractérise notre école dominante. Parallèlement à cette influence, l'aversion pour le système orthodoxe a grandi spontanément : partie, en suspicion de sa méthode incomplète ; partie, à cause du profond mécontentement qu'inspire sa pratique, et de la vaine politique d'un sec *laisser-faire*. D'où, partout, un mode de penser et d'étude se révèle, se propage et s'harmonise avec les conceptions systématiques des économistes historistes. Ainsi s'établit le dualisme du monde économique. Une jeune École croît en force durant que la vieille École garde mollement ses positions ; car les adeptes de celle-ci en arrivent à changer de plus en plus de parti et à voir l'excellence des lumières nouvelles.

Italie.

Il est à regretter que l'on connaisse si peu en Angleterre et en Amérique les écrits des économistes italiens actuels. *Le Guida* de Luigi Cossa y fut traduit sur le conseil de Jevons (1) ; il nous donne un aperçu du caractère et de l'importance de leurs travaux. L'urgence des questions financières en Italie, depuis le rajeunissement politique de ce pays, a orienté la plus grande part des recherches de ses économistes vers les voies pratiques ; elle y a provoqué de nombreuses monographies sur les questions statistiques et administratives. Mais ils ont aussi exposé savamment les doctrines générales de l'Économique. Cossa proclame Angelo Messedaglia (né en 1820), professeur à Padoue, le premier des économistes italiens contemporains. Messadaglia a écrit sur les em-

(1) Guide to the Study of Political Economy, 1880. Voir aussi la Bibliographie dans ses Primi Elementi di E. P. vol. I, 8ᵉ éd., 1888.

prunts publics (1850) et sur la population (1858). On le
regarde comme un maître en matière de finance et de
crédit. Son élève Fedele Lampertico (né en 1833) est
l'auteur de maints écrits dont le plus systématique et le
plus complet est son *Economia dei popoli e degli stati*
(1874-1884). Marco Minghetti (1818-1886), ministre distingué, est l'auteur, entre autres écrits, de l'*Economia
pubblica e le sue attinenze colla morale e col diritto* (1859).
Luigi Luzatti, administrateur également renommé,
tenta en diverses publications, de préparer la voie aux
réformes. Les siciliens Vito Cusumano et Giuseppe Ricca
Salerno ont produit d'excellents ouvrages : celui-ci sur
l'histoire de l'économie politique au Moyen-Age (1876)
et sur les écoles économiques allemandes qui traitent de
la question sociale (1875) ; celui-là, sur la théorie du
capital, des salaires et des emprunts publics (1877-8-9).
G. Toniolo, E. Nazzani, et A. Loria ont aussi discuté avec
compétence les notions de rente et de profit, en même
temps que les plus importantes questions pratiques du
jour. Cossa, à qui nous devons la plupart de ces renseignements, est lui-même l'auteur d'ouvrages qui lui ont
valu une haute réputation : tels sont, sa *Scienza delle
Finanze* (1875 ; 4ᵉ éd., 1887) et ses *Primi Elementi di Economia Politica* (1875 : 8ᵉ éd., 1888), traduits en plusieurs
langues européennes.

D'un plus haut intérêt que cette bibliographie si imparfaite est l'apparition en Italie du dualisme économique qui, nous l'avons vu, caractérise notre temps. Là
aussi existent deux écoles : l'ancienne, ou la soi-disant
orthodoxe, et la nouvelle, ou l'historique. Leurs formes
respectives et leurs modes s'y sont affrontés. Cossa nous
dit que les maîtres des jeunes économistes du nord de
l'Italie étaient publiquement traités, en 1874, de germa-
nistes, de socialistes et de corrupteurs de la jeunesse
italienne. En réponse à cette imputation, Luzzatti, Lam-

pertico et Scialoja convoquèrent à Milan le premier des Congrès économistes (1875) ; son objet était de déclarer la guerre à cette idée qu'on voulait imposer, à savoir « que la science naquit et mourut avec Adam Smith et ses commentateurs ». M. Emile de Laveleye, dans ses intéressantes *Lettres d'Italie* (1878-79), a jetté la lumière sur l'état des études économiques dans ce pays, à une date plus récente encore. Minghetti, qui présidait le banquet offert à M. de Laveleye par ses confrères italiens, parle des « deux tendances » qui se sont révélées, et fit entendre qu'il inclinait vers les idées nouvelles. Carlo Ferraris, élève de Wagner, suivit la même direction. Des exposés didactiques et polémiques de la méthode historique ont été publiés par Schiattarella (*Del metodo in Economia Sociale*, 1875) et par Cognetti de Martiis (*Delle attinenze tra l'Economia Sociale e la Storia*, 1865). Une large adhésion à la méthode historique se rencontre aussi dans les savantes et judicieuses monographies de Ricca Salerno (voir, en particulier, son essai *Del metodo in Econ. Pol.*, 1878). Luzzatti et Forti publièrent, durant un certain temps, un périodique, le *Giornale degli Economisti* qui fut l'organe de la nouvelle école : mais, à l'époque où Cossa écrivait, ce journal avait cessé de paraître. Et Cossa, tout en refusant son adhésion à cette école, sous prétexte qu'elle réduisait l'économie politique à une simple narration des faits — observation qui nous prouve une parfaite méconnaissance de ses vrais principes — admet qu'elle a été fort utile en divers sens ; qu'en particulier elle a donné le signal salutaire, mais, selon lui, trop retentissant, d'une réaction contre les exagérations doctrinaires des vieux théoriciens.

France.

En France, l'école historique n'a pas fait si forte impression — en partie, sans doute, parce que les doctrines extrêmes du système ricardien n'y obtinrent jamais grand ascendant. C'est en songeant à cette franchise d'exagération que Jevons en vient à déclarer que « la vérité est dans l'école française » et à dire que les économistes anglais « ont vécu dans le paradis des fous. » Un préjugé national a aussi contribué à ce résultat. Le Français de nos jours est d'ordinaire enclin à se demander si quelque chose de bon peut venir d'Allemagne. Or, nous l'avons montré, les doctrines philosophiques qui soutiennent tout l'édifice de l'école historique ont été pour la première fois énoncées par un penseur français : mais ses services splendides restent d'une façon étrange, pour la plupart de ses concitoyens, lettre morte. Peut-être faut-il de cela chercher une autre cause déterminante dans les influences officielles qui, en France, agissent sur la haute culture et entravent la spontanéité des convictions indépendantes. C'est ce qu'on a bien vu, par cet éclat temporaire qu'elles prêtèrent, sur les hauts tréteaux de la philosophie, au piètre éclectisme de Cousin. La disposition historique apparaît en France, comme ailleurs; mais elle s'y manifeste moins par des modifications générales de doctrine que par le goût pour les études plus soigneuses des opinions économiques et des institutions du passé.

Très utile fut l'œuvre des Français — à qui il convient d'associer ici les Belges — dans l'histoire de l'économie politique : soit qu'on en juge ou l'ensemble théorique ou le système, ou bien la série de ces systèmes, politiques. L'histoire de Blanqui (1837-38) n'a vraiment pas droit à un rang très élevé ; néanmoins elle peut rendre service comme aperçu général. Celle de Villeneuve-Bargemont

(1839) est également intéressante et utile, car elle formule la conception catholique du développement et des influences économiques. *Les doctrines économiques depuis un siècle* (1880) de C. Périn partent du même point de vue. Nombre de monographies de valeur sur leurs hommes d'État et leurs penseurs sont dus aussi aux Français. Telles sont : celle de A. Batbie, sur Turgot (*Turgot Philosophe, Économiste, et Administrateur*, 1861) ; de A. Neymarck, sur ce même homme d'État (*Turgot et ses doctrines*, 1885) ; de Pierre Clément, sur Colbert (*Histoire de Colbert et de son Administration*, 2ᵉ éd., 1875) ; de H. Baudrillart, sur Bodin (*J. Bodin et son Temps ; Tableau des Théories politiques et des Idées économiques au XVIᵉ siècle*, 1853); de Léonce de Lavergne, sur les physiocrates (*Les Économistes Français du XVIIIᵉ siècle*, 1870). Des ouvrages d'une réelle valeur ont encore retracé certains aspects particuliers du développement industriel : tels, ceux de L. de Lavergne, sur l'économie rurale de la France (1857), de l'Angleterre, de l'Écosse et de l'Irlande (1854). Le traité de M. de Laveleye, *De la Propriété et de ses formes primitives* (1874 ; trad. angl. par G. R. Marriott, 1878), en particulier, mérite mention, non seulement pour son recueil de faits relatifs aux formes anciennes de la propriété, mais parce qu'il concourt franchement aux desseins de la nouvelle école. Il considère, du point de vue relatif, chaque époque de l'histoire économique ; elle résulte du passé agi ; elle s'harmonise à tout l'ensemble des conditions sociales contemporaines, et porte en elle les germes d'un avenir prédéterminé en son caractère essentiel bien qu'il soit modifiable en ses dispositions secondaires.

M. de Laveleye a beaucoup fait pour appeler l'attention sur les principes généraux de l'école historique. Il a été, en ce sens, un très utile interprète entre l'Allemagne et la France. Mais il semble, en son plus récent manifeste (*Les Lois naturelles et l'objet de l'Économie Poli-tique*, 1883), se séparer des meilleurs membres de cette école ; et il commet une véritable faute quand il refuse à l'Économique le caractère de science positive ou de département d'une science. Il ne la différencie point de l'art, et dénie l'existence de lois économiques et de forces inassujetties aux volontés individuelles. Une telle négation s'étendrait à tout l'ensemble des lois sociales. Quelle attitude singulière et rétrograde pour un penseur de notre temps ! Elle n'a plus d'excuse depuis l'apparition de la *Philosophie positive*. L'usage du terme métaphysique « lois nécessaires » obscurcit la question ; il suffit de parler des lois qui, dans la réalité, se font sentir. M. de Laveleye invoque la morale qui lui fournirait un cas parallèle ; nous n'y aurions pas affaire à des lois naturelles, mais à des « impératifs catégoriques ». Comme si ces prescriptions n'impliquaient pas, en principe, des observations de coexistence et de séquence ; et comme s'il n'y avait point d'évolution morale. M. de Laveleye est aussi loin de son côté apparemment du point de vue vrai, que ses adversaires de la vieille école le sont du leur. Tout ce que ses arguments réussissent virtuellement à prouver est une indiscutable proposition, à savoir que les faits économiques ne s'expliquent pas par une théorie qui ne tient point compte de conditions sociales autres ; et que, par suite, nos études et nos théories des phénomènes économiques sont intimement liées aux enseignements d'une science plus ample de la société.

Nous ne pouvons que noter d'une façon générale quelques-uns des traités ou exposés dont la suite presque continue remonte au temps de Say et même jusqu'à Germain Garnier et son *Abrégé des Principes de l'Economie Politique* (1796). Le résumé de Destutt de Tracy forme une section des *Eléments d'Idéologie* (1823) de cet auteur. Droz a noté d'une façon particulière les rapports entre l'Economie et la Morale, et entre la richesse et le bonheur humain (*Economie Politique*, 1829). Pellegrino Rossi, italien, qui cependant fit ses études économiques en Suisse, professa l'Economie Politique à Paris, et écrivit en français (*Cours d'Economie Politique*, 1838-54) donne la forme classique aux exposés doctrinaux de Say, de Malthus et de Ricardo. Michel Chevalier (1806-1879), bien connu en Angleterre par la traduction que Cobden fit de son traité sur la baisse de la valeur de l'or (*La Baisse d'Or*, 1858), fournit en son *Cours d'Economie Politique* (1845-50) des renseignements assez utiles sur les événements industriels les plus récents, sur le numéraire, et sur la production des métaux précieux.

Henri Baudrillart, auteur de *Les Rapports de la Morale et de l'Économie politique* (1860, 2ᵉ éd. 1883), et de l'*Histoire du Luxe* (1878) publia en 1857, un *Manuel d'Economie Politique* (3ᵉ éd., 1872) que Cossa appelle un « admirable compendium ». Joseph Garnier (*Traité de l'Économie Politique*, 1869, 8ᵉ édition, 1880) est, en partie, de la filiation de Dunoyer. J. G. Courcelle-Seneuil, le traducteur de J. S. Mill, et en qui le professeur F. A. Walker voit « peut-être le meilleur économiste de langue française depuis J. B. Say, a écrit en outre d'un *Traité théorique et pratique des opérations de Banque*, et d'une *Théorie des Entreprises Industrielles* (1856), un *Traité d'Economie Politique* (1858-59; 2ᵉ éd., 1867) qu'on a tenu en haute estime. Enfin, le génevois Antoine Elise Cherbuliez (en 1860) est l'auteur de ce que Cossa proclame le meilleur traité économique de langue française (*Précis de la Science Economique*, 1862). L. Walras, en ses *Éléments d'Économie Politique pure* (1874-77) et sa *Théorie Mathématique de la Richesse Sociale* (1883), a suivi l'exemple de Cournot et essayé de traiter mathématiquement son sujet.

Angleterre.

Sacrifiant à de plus profondes considérations l'ordre strictement chronologique de l'histoire de l'Économique, nous avons déjà parlé de Cairnes. Nous l'avons cité comme le dernier écrivain anglais original qui ait adhéré purement et simplement à la vieille école. Autant par sa méthode que par sa doctrine, il est essentiellement ricardien. Tout en professant un sentiment sincère de profond respect pour Mill, il se laisse volontiers dépasser par lui pour mieux s'attacher à leur commun maitre. M. Sidgwick a probablement raison de croire que les *Leading Principles* de Cairnes ont fortement ébranlé « le prestige incomparable dont l'exposé de Mill a joui pendant une demi génération ». Là et ailleurs, Cairnes avait été une force dissolvante qui préparait un changement radical. Or, si Cairnes eut cette influence, ce fut insconsciemment et involontairement. Maints autres agents sapaient en silence, par ce temps, les fondations du vieux système. Les disciples de Comte avaient aperçu les erreurs de la méthode de Mill. Les hautes leçons morales de Carlyle avaient dégoûté les meilleurs esprits des basses maximes de l'École de Manchester. Ruskin ne s'était pas contenté de protester contre l'instinct égoïste de la doctrine régnante; il en avait fait sonner la fragilité scientifique (1). On commençait à sentir, et les plus chauds partisans de cette doctrine ont admis qu'elle avait achevé toute l'œuvre, surtout destructive, dont elle était susceptible. Jusqu'à Cairnes qui déclarait que si des gens éclairés la voyaient, pour l'avenir, vouée à la stérilité, des esprits énergiques

(1) Le livre remarquable *Money and Morals*, de John Lalor, 1852, fut en partie écrit sous l'influence de Carlyle. Il existe une excellente monographie intitulée *John Ruskin, Economist*, de P. Geddes, 1884.

y trouvaient un véritable obstacle aux réformes utiles. Miss Martineau qui, dans sa jeunesse, avait été une ricardienne finie, en vint à penser que l'économie politique, telle qu'on la comprenait chez ses contemporains, n'était, à dire vrai, nullement une science ; et qu'elle allait subir des changements si radicaux que les générations futures ne lui seraient guère redevables que de l'établissement de la notion de lois générales dans un département des affaires humaines (1). La répugnance instinctive qu'en ont les classes ouvrières persiste, en dépit des efforts du patronat qui vante ses leçons orthodoxes : c'est que ces efforts sont plus souvent dictés peut-être par l'intérêt que par le sentiment social. Tous ces symptômes annoncent un changement imminent; mais on les perçoit mieux à travers la littérature générale, et dans cette sorte d'atmosphère qu'est l'opinion sociale, qu'à l'intérieur du cercle économique (2). Dès qu'on sut qu'un vaste mouvement se dessinait, en Allemagne surtout, suivant une orientation nouvelle et plus heureuse, les économistes anglais eux-mêmes commencèrent à sentir la nécessité d'une réforme et à marcher à sa rencontre. Les principaux agents de cette rénovation économique furent Bagehot, Leslie et Jevons. Bagehot délimita la sphère du système régnant et chercha en même temps à le garder à l'intérieur de cette enveloppe plus contractée. Leslie l'attaqua normalement et implanta la méthode nouvelle : celle rivale appelée à supplanter l'ancienne. Enfin Jevons déclare la faillite du règne de la vieille dynastie, proclame la nécessité d'un autre régime et admet la nouvelle à réclamer dès maintenant le gouvernement de l'avenir. C'est ainsi qu'en Angleterre s'établit le dualisme continental. Il y a lieu d'espérer que, plus vite et d'une

(1) Voir son *Autobiography*, 2ᵉ éd., vol. II, p. 244.

(2) Une attaque vigoureuse contre le système régnant fut conduite par David Syme, dans ses *Outliness of an Industrial Science*, 1876.

façon plus décisive qu'en France ou en Italie, l'École historique y éliminera son antagoniste. Il est certain qu'immédiatement après l'Allemagne, c'est en Angleterre que la prédication des idées nouvelles a eu le plus de retentissement et d'efficacité.

Walter Bagehot (1826-1877) est l'auteur d'un excellent ouvrage sur le marché financier anglais et sur les circonstances qui lui ont donné son caractère particulier (*Lombard Street*, 1873, 11e édit., 1899). On lui doit des monographies sur des questions financières spéciales auxquelles son expérience pratique, jointe à ses habituelles facultés scientifiques, le destinaient éminemment. Sur les principes économiques généraux, il a écrit de très importants essais qu'il réunit dans ses *Economic Studies* (édités par R. H. Hutton, 1880) ; ils avaient pour but de montrer que si le système traditionnel d'économie politique — le système de Ricardo et de J. S. Mill — repose radicalement sur des hypothèses justes, celles-ci ne se réalisent pas partout ; elles se cantonnent en d'étroites limites de temps et de lieu. Loin de s'appliquer à tous les états sociaux, elles ne se rapportent qu'à ceux « où le commerce s'est largement développé ; où il a revêtu une forme de développement en quelque sorte pareille à celle qu'il prit en Angleterre. » C'est « la science des affaires, des affaires de vastes communautés commerçantes ; c'est l'analyse du grand commerce qui a enrichi l'Angleterre » ; rien de plus. Cette doctrine n'explique pas du tout la vie économique de l'Antiquité ; non plus que celle des communautés étrangères contemporaines. Aussi reste-t-elle insulaire. On ne l'a jamais accueillie ailleurs comme ici. Elle constitue, en effet, une sorte de barème qui nous permet de calculer en bloc ce qui va se passer, sous des conditions données, à Lombard Street, au Stock Exchange et sur les grands marchés mondiaux. C'est une « série commode de déductions issues d'axiomes

reçus qui ne sont pas tout à fait vrais; qui, en bien des
temps et en bien des pays, seraient entièrement faux,
mais qui approchent assez des conditions principales du
monde « anglais » moderne pour qu'il soit utile d'en
considérer la nature ».

Mill et Cairnes avaient déjà montré que leur théorie
était conjecturale; c'est-à-dire qu'elle parlait d'hommes
irréels, imaginaires, d' « hommes économiques » conçus
simplement comme des « animaux monnayeurs ». Bagehot va plus loin. Il montre que ces deux écrivains ont bien
indiqué, mais n'ont point mis en lumière (1) combien le
milieu abstrait où ces hommes agissent est aussi « un
monde restreint et spécial ». Ce qui, dit-il, le particu-
larise c'est la vitesse avec laquelle le capital et le travail
se transportent d'une industrie à une autre. La cause en
est dans la diversité de rétribution de ces emplois variés.
Cette fiévreuse existence du monde anglais contemporain
y amène de fréquentes perturbations; mais, en somme,
il faut bien reconnaître qu'il est tel dans la réalité.

Bagehot s'est peint lui-même : il est « le dernier homme
de la période qui précéda Mill ». Il s'instruisit à l'Economique de Ricardo; et ce maître paraît avoir jusqu'à la
fin recueilli de lui plus qu'une grande estime. Mais Bagehot vécut assez pour avoir une certaine connaissance
de la méthode historique. Il n'en éprouva « nulle aversion; il ressentit pour elle beaucoup plus de sympathie ».
« Bien comprise, dit-il, elle n'est point ennemie de la
méthode abstraite bien entendue ». Nous n'allons point
nous arrêter une seconde, à critiquer ce terme de « méthode abstraite » dont il a gratifié la méthode de l'ancienne école. Nous n'insistons pas sur ce fait que toute
science est nécessairement abstraite. Le seul point à

(1) Jones, dont les écrits restèrent vraisemblablement inconnus de
Bagehot, l'a, nous l'avons vu, devancé en partie sur ce point.

examiner est le juste degré de cette abstraction, ou plus exactement le taux du rapport entre l'abstrait et le concret. Il vaut mieux remarquer que l'opinion de Bagehot sur la conciliation des deux méthodes est totalement différente de celle de la plupart des économistes « orthodoxes ». Ceux-ci ont l'habitude de parler de la méthode historique avec une sorte de doctorale tolérance si elle leur fournit des cas ou des exemples pour leur proposition. Mais, selon lui, les deux méthodes s'adressent à deux horizons tout différents. A celle qu'il dénomme la méthode abstraite, il réserve la zône étroite, mais plus immédiatement intéressante, de la vie industrielle moderne intense, et abandonne à la méthode historique les événements économiques de l'ensemble du passé et de tout le reste de l'humanité actuelle. Il manifeste une haute aptitude propre pour ces recherches historiques; et en particulier, il jette une véritable lumière sur les effets sociaux et économiques de l'institution monétaire, et sur la formation du capital aux premiers âges de la société. Mais son rôle principal a été, grâce aux considérations déjà dites, de modifier mieux que ses prédécesseurs ne l'avaient fait notre appréciation de l'œuvre dont est capable la méthode *a priori*; car il a nié que cette méthode puisse jamais suppléer au chapitre de Sociologie générale qui étudie la richesse. Quant aux rapports de l'Economique avec les autres branches de la Sociologie, il estime que c'est avec raison que la science « abstraite » les ignore : elle n'a pas à s'occuper des divers besoins humains, ou des résultats sociaux de leurs modes de satisfaction; si ce n'est dans la mesure où ils affectent la production. A son sens « un pot de bière et un tableau, un livre de piété et un jeu de cartes sont également dignes d'égard ». L'Economique laisse donc champ libre à toute spéculation qui, d'une part, ne voit dans la richesse qu'un fait social et en examine toutes les formes et phases successives, et qui, d'autre part, la regarde sous son vrai jour comme un instrument de conservation et d'évolution, tant morale que physique, des sociétés humaines.

Malgré la légère digression où elle nous entraîne, il sera bon de noter ici l'utilité décroissante du rôle de la méthode déductive, ainsi que l'a bien noté M. Sidgwick dans son remarquable ouvrage sur l'économie politique. Il observe que si, d'après J.-S. Mill, la méthode *a priori* constituait la vraie méthode économique, et si elle a, en effet, « été entendue et enseignée ainsi par ses apôtres les plus distingués », il a cependant lui-même, en ce qui touche la production, suivi la méthode inductive ; ou, tout au moins, une méthode bien différente de la déduction. Il n'a obtenu de résultats qu'en « analysant simplement et en systématisant la vulgaire notion empirique des faits industriels ». Pour expliquer cette inconséquence caractéristique, M. Sidgwick dit que Mill, en parlant de la méthode générale, ne songeait qu'à la statique de la distribution et de l'échange. Et sur ce terrain, M. Sidgwick soutient que la méthode *a priori*, maniée avec précaution, pourvu que les prémisses simples soient bien claires, et que les conclusions « s'adaptent par un choix judicieux de conjectures » qui compense les éléments omis dans les prémisses, n'est point, dans le cas d'une société industrielle développée, « essentiellement fausse ou fallacieuse. » Les conclusions en sont conditionnellement légitimes ; bien que « leur utilité pour interpréter et expliquer les faits concrets dépend de la manière dont on les emploie en vue d'acquérir une connaissance aussi étendue que possible des résultats de l'observation et de l'induction ». Nous n'avons rien à objecter à une pareille formule. Néanmoins, nous préférons voir dans la déduction à base conjecturale un artifice logique, utile à l'occasion, et comme tel parfaitement légitime, ici comme partout, bien plutôt que la forme méthodique rationnelle de toute l'Économique. M. Sidgwick qui restreint la déduction aux questions de distribution, à « un état de choses type dont l'ensemble du monde civilisé se rapproche », semble admettre avec Bagehot que dans les temps et les lieux qui ne correspondent point à ce type, la méthode historique devient applicable. Cette méthode, remarquons-le, n'exclut pas, et elle implique positivement, au contraire, « l'analyse réfléchie » des faits et leur interprétation d'après « les mobiles d'agents humains », tout autant que des autres conditions déterminantes. Quant à l'étude dynamique de la richesse, et des variations de sa distribution ou de sa production, M. Sidgwick reconnaît que la méthode *a priori* n'y « occupe qu'un rang secondaire ». Avouons qu'ici encore, mais sur une moindre échelle, cet artifice logique sera quelquefois utile. Cependant, les hypothèses adjointes ne sont pas celles qui conviennent à un stade industriel plus avancé. Enfin, l'organe essentiel y sera la méthode historique qui examine et compare les phases différentes de l'évolution.

Uni à la théorie de l'industrie moderne, il est un sujet que Bagehot a traité, d'une manière incidente, il est vrai, mais d'une façon bien plus satisfaisante que ne l'avaient fait ses prédécesseurs. Mais parlons des fonctions de l'entrepreneur, lesquelles, chez Mill et chez Cairnes, sont à peine notées, sauf en ce qui touche le propriétaire du Capital. Il est tout à fait singulier que, dans les *Leading Principles* de Cairnes, la coopération active compte si peu. Bagehot critique le terme « gages de gérance » qu'on emploie ordinairement pour exprimer la « récompense » de la direction. Ce mot éveille des idées fausses sur la nature des services du gérant, tout en exprimant bien l'ampleur et la variété de son travail, son utilité et la combinaison particulière de gains et de profits qui servent à en perfectionner le jeu. Il n'est guère douteux qu'une conclusion favorable au système soi-disant coopératif a quelquefois conduit les économistes à rejeter, en arrière-plan, ces importantes considérations. Elles ont été judicieusement mises en relief dans les traités des professeurs Marshall et F.-A. Walker qui, pourtant, n'ont guère éclairé et n'ont certes point justifié le principe sur lequel le montant de la rémunération de l'entrepreneur se base.

Nous avons vu qu'en son traité dogmatique Jones a, en quelque mesure, devancé la nouvelle école. D'importants travaux, ceux notamment de Thomas Tooke et William Newmarch (*History of Prices*, 1838-1857) et de James E. Thorold Rogers (*History of Agriculture and Prices in England*, 1866-82) (1), ont également paru sur l'histoire économique anglaise. Mais le premier traité systématique d'écrivain anglais sur l'érection philosophique de la méthode historique en organe propre aux recherches économiques se trouve dans un essai de T. E. Cliffe Leslie (imprimé dans le périodique de l'Université de Dublin, l'*Hermathena*, 1876 ; depuis lors inséré dans les *Essays Moral and Political*, de Leslie, 1879). Cet essai est la plus importante publication sur la logique de la science économique qui ait paru depuis l'essai de Mill sur les *Unsettled Questions*. Bien que Cairnes ait propagé et illustré les vues de Mill, il n'a cependant que peu ajouté à ce fond. Leslie prit une attitude absolument contraire à la leur. Il critique, avec beaucoup de force et de verve, le principe et la pratique de l'école « orthodoxe ». Ceux qui connaissent sur ce sujet les écrits de Knies et autres allemands, goûteront la fraîcheur et l'originalité de Leslie. Il montre le caractère fragile et vain du principe auquel les économistes classiques prétendent

(1) M. Rogers, depuis lors, a étendu son travail. Il a également publié *The First Nine Years of the Bank of England*, 1887.

ramener tous leurs sujets, à savoir : « la soif de la richesse ». Cette formule convient à une diversité de besoins, de désirs de sentiments, bien distincts en leur nature et en leurs résultats économiques. Ils subissent, en effet, d'aussi importantes variations que celles qu'éprouvent les éléments dont se compose la richesse durant les diverses époques du mouvement social. La vérité est qu'il existe divers mobiles économiques, les uns altruistes, les autres égoïstes. On ne saurait les concilier en une si grossière généralisation. L'*a priori* et sa méthode purement déductive n'expliqueraient pas les causes qui règlent l'espèce ou le taux de la richesse ; non plus que ses modes de répartition aux différents groupes sociaux ; à la France et à l'Angleterre, par exemple. « La vie économique nationale est l'aboutissant d'une longue évolution où s'allient simultanément la continuité et la variété. Chaque état économique n'en est qu'un cas particulier ; et les lois qui l'ont créé se retrouveront dans l'histoire, dans les lois générales de la société et de l'évolution totale. » Les facteurs intellectuels, moraux, légaux, politiques et économiques du progrès social sont intimement solidaires. Ainsi les faits juridiques relatifs à la propriété, aux professions, au commerce que fixe le mouvement social, sont également des faits économiques. En un mot, « la condition économique des Anglais » ou de toute autre « société actuelle » résulte de l'ensemble du mouvement qui a développé la constitution politique, la structure familiale, la forme religieuse, les classes libérales, les arts, les sciences, l'état de l'agriculture, de la manufacture et du commerce ». Pour comprendre les institutions économiques existantes, il nous faut reprendre leur évolution historique. Par suite, « la méthode philosophique propre à l'économie politique est celle qui retrace cette évolution ». Cet essai était un franc défi à la vieille école et à sa méthode. Si les conclusions en ont été contestées, les arguments sur lesquels il repose n'ont jamais été refutées.

Pour ce qui est des généralisations dogmatiques des économistes « orthodoxes », Leslie estime qu'il en est de fausses. A toutes il apporte de soigneuses restrictions. Au début de sa carrière, il avait montré l'inanité du fonds des salaires. Toutefois, il n'avait pas été le premier à le rejeter (1). Cette doctrine d'un taux moyen des salaires et d'un taux moyen des profits, il la rejette ; exception faite des réserves d'Adam Smith se rapportant à une « condition simple ou plutôt stationnaire » du monde industriel. Leslie pensait que la séduisante théorie d'un taux moyen des salaires et du fonds de salaires avait causé beaucoup de mal. « Elle dissimulait le taux vrai des gages, les facteurs précis qui le déterminent, et les sources réelles d'où ces salaires proviennent ». Les faits que laborieusement il réunit, il les trouve toujours contraires à la théorie. En tous pays, il existe, en réalité, « un grand nombre de taux. Le véritable problème est celui-ci : Quelles sont les causes qui produisent ces taux divers ? » Quant aux profits, il nie qu'il y ait un moyen de connaître les gains et les charges de tous les capitaux engagés. C'est une illusion, dit-il, d'imaginer que chaque capitaliste surveille tout le marché. Bagehot, nous l'avons vu, écarte l'idée d'un niveau rationnel de gages et de profits, sauf dans le cas particulier de la société industrielle du type anglais contemporain. Leslie la repousse même chez une telle société. Avec cette notion, celle d'un coût de production

(1) Un tel service appartient à F.-D. Longe (*Refutation of the Wage-Fund of Modern Political Economy*, 1886). L'exposé de Leslie sur ce sujet parut dans un article du *Fraser's Magazine* de juillet 1868. On l'a réimprimé en appendice dans sa *Land-System and Industrial Economy of Ireland, England, and Continental Countries*, 1870.

qui en déterminerait le montant, s'évanouit. Un fait en ressort : il n'y a pas de coût de production ; mais offre et demande, et les valeurs publiques ou internationales en dépendent. Or cette proposition veut être bien interprétée pour qu'on puisse s'en servir avec sécurité, et profit. Aussi Leslie étend à toute l'industrie nationale la négation partielle du plus ancien dogme que Cairnes ait introduit en pensant aux groupes non concurrents. Il ne va pas jusqu'à contester que le coût de production n'agisse réellement sur le prix, dans une aire déterminée, et à l'intérieur de laquelle les taux des profits et des salaires s'établissent et se fixent. Mais il soutient que cette action, répartie sur une vaste échelle, est trop inaccessible et trop incertaine pour justifier le projet d'y voir un régulateur du prix. S'il en est ainsi, le monument symétrique et parfait élevé par Ricardo sur l'identité fondamentale du coût de production avec le prix, et d'une apparente mais irréelle simplicité, s'effondre. Le terrain est libre pour la construction nouvelle qui prendra sa place. Leslie a prédit que si ce que nous nommons l'économie politique ne se met pas à bâtir cet édifice, la mission lui en sera ravie par la Sociologie.

Leslie a étudié, avec succès, certains sujets économiques spéciaux : économie agricole, impôts, répartition des métaux précieux et histoire de leurs cours ; enfin, nous l'avons vu, le mouvement des salaires. Mais c'est en ce qui se rapporte à la méthode et aux doctrines fondamentales de l'Économique que son œuvre est la plus importante ; car elle était plus opportune et plus nécessaire. Quoique sa carrière se termine trop tôt pour le bien de la science, et que beaucoup de ses productions ne soient qu'occasionnelles et fragmentaires, ses services seront mis au dessus de ceux de maints écrivains qui ont laissé derrière eux des ouvrages plus systématiques, plus travaillés et plus prétentieux.

Un des écrivains anglais les plus originaux qui aient traité récemment de l'Économie politique est W. Stanley Jevons (1835-1882). L'alliance de son goût et de son aptitude pour l'exactitude des recherches statistiques, sa sagacité et son ingéniosité dans l'interprétation des résultats sont tels qu'il nous rappelle Petty. Il cherche obstinément à rattacher solidement l'Économique aux sciences physiques. Il fit une forte impression sur l'esprit public en essayant d'inventorier nos ressources houillères. Son idée d'un rapport entre les crises commerciales et la période des taches solaires prouve sa fertile et hardie imagination scientifique, bien qu'on ne puisse dire qu'il ait réussi à établir ce rapport. Il est l'auteur d'un excellent traité sur le *Money and the Mechanism of Exchange* (1875), et d'essais sur les cours et les finances. On a, depuis sa mort, réuni ceux-ci ; ils renferment de vives discussions sur ces sujets, sur le bimétallisme où il n'accorde sa faveur qu'au seul étalon d'or, sur diverses conceptions de la valeur: celle, par exemple, du meilleur système de change national et mondial ; et, en particulier, de l'extension de l'usage du papier en Angleterre, sous de plus faibles coupons. Il propose en d'autres écrits, qu'il a réuni dans *Methods of Social Reform*, 1883, une série de mesures qui ne sont, au fond, qu'en partie économiques, et qui ont surtout pour but de relever la classe ouvrière. L'un des plus importants traite des conditions de travail des femmes mariées dans les manufactures. Voilà un cas où il répudie le principe du *laisser-faire* que, plus tard, dans son livre sur *The State in Relation to Labour* (1882), il repousse de la façon la plus nette et la plus péremptoire, sans toutefois modifier l'opinion qu'il soutint toujours en avocat du libre-échange. Vers la fin de sa carrière, terminée prématurément, il réprouvait de plus en plus « l'usage des idées et des expressions métaphysiques », parce qu'elles

empêchent de voir, de distinguer et de juger les faits
sociaux. Il arrivait de plus en plus, nous dit-il, à cette
conclusion « que le seul espoir d'atteindre le vrai système économique est de rejeter pour toujours les assertions confuses et inconséquentes de l'école ricardienne ».
Quant à la méthode, tout en déclarant que son but est
de « découvrir inductivement les phénomènes complexes
du commerce et de l'industrie », il n'avait peut-être pas
acquis sur elle des convictions stables. L'éditeur de ses
opuscules posthumes renonce à saisir et à fixer l'exacte
position qu'il prit au regard de l'École historique. Les
indications les plus complètes que nous possédions à ce
sujet se trouvent dans un discours de 1876, *On the future
of Political Economy*. Il y perçoit l'importance et la
nécessité en Économique de l'investigation historique,
genre d'étude que son propre instinct le poussait à suivre
partout. Mais il n'a guère vu toute la valeur de la méthode « théorique » qu'il regardait sans doute comme
uniquement propre à vérifier et à illustrer certaines théories abstraites élevées sur des bases indépendantes.
Ainsi, tout en se déclarant en faveur « d'une réforme
radicale et de la reconstruction », il tend à prolonger le
règne de la méthode *a priori* et à la mettre en concurrence avec la méthode historique. L'économie politique
serait, d'après lui, réductible. On la décomposera probablement en plusieurs études particulières où domi-
nera la « théorie » construite par nos meilleurs prédécesseurs, ceux principalement de l'école française à
laquelle se joindra cette « école historique » qu'ont accli-
matée en Angleterre Jones, Rogers et autres et dont le
principe avait été énoncé par son contemporain Cliffe
Leslie. C'était là une de ces mesures éclectiques qui
n'ont pas de valeur durable, mais qui sont utiles pour
faciliter une transition. Les deux méthodes vivront,
sans doute, côte à côte, durant un temps ; mais la mé-

thode historique finira par supplanter sa rivale. Jones
voulait soumettre ce qu'il nommait sa théorie aux procédés mathématiques (voir sa *Theory of Political Economy,* 1871, 2ᵉ éd., 1879). Ce dessein, nous l'avons vu,
avait été caressé et, en partie, exécuté par d'autres. Il
reconnaît cependant jusqu'à l'abus le nombre des tentatives semblables plus anciennes. Il prétend, par exemple,
que Ricardo et J. S. Mill usaient de la mathématique ;
il prétexte qu'ils ont quelquefois illustré l'exposé de leurs
propositions de calculs et de constantes chiffrées. De
telles illustrations, dont un spécimen se rencontre dans
la théorie de Mill, relative au commerce international,
n'a réellement rien de commun avec l'emploi de la
mathématique comme instrument de recherche économique, ou même pour la coordination des vérités économiques. Nous avons déjà, en parlant de Cournot, expliqué pourquoi, à notre sens, l'application de la vraie
mathématique à l'Économique est nécessairement défectueuse ; nous ne voyons pas qu'elle ait réussi entre les
mains de Jevons. Sa conception de l' « utilité finale » est
ingénieuse. Mais elle n'est rien de plus qu'une façon de
présenter la notion de prix, dans le cas de richesses qua-
litativement homogènes, si l'on admet qu'elles croissent
par quantités infinitésimales. En attendant qu'on puisse
par son moyen assujettir la matière économique à la
méthode mathématique, on l'estimera illusoire. Jevons
émet (1), en résultat de cent pages de déductions mathématiques, ce qu'il nomme une « curieuse conclusion (2) » ;
elle serait la clef de voûte de toute la théorie de l'é-
change et des principaux problèmes économiques. Voici
cette formule : « Le rapport d'échange de deux quantités
est l'inverse de la limite du rapport des utilités de ces
quantités de richesses consommables au moment de

----

(1) *Theory of Political,* 2ᵉ éd.; p. 103.
(2) *Fortnightly Review* de Novembre 1876 ; p. 617.

l'échange final ». Or, aussi longtemps que nous resterons dans le domaine des entités métaphysiques nommées utilités, ce théorème sera indémontrable, et même inintelligible; nous n'avons pas, en effet, le moyen de chiffrer l'impression mentale de l'utilité, finale ou autre. Mais, quand nous le traduisons en langage vulgaire et que nous mesurons l' « utilité d'une chose à ce qu'on nous en offre, cette proposition devient un truisme. Ce que Jevons appelle « utilité finale » n'est simplement que le prix unitaire de quantité. Sa formule implique que, dans un échange, le produit de la quantité de commodité cédée par le prix unitaire de quantité (estimée dans le troisième article) est le même que le produit analogue de la commodité reçue : fait trop évident pour que sa découverte exige l'emploi des plus hautes mathématiques. Si nous n'avons pas à en attendre des résultats plus intéressants, il n'y a guère lieu d'encourager de telles spéculations; car ce ne seront jamais que des passe-temps académiques. Néanmoins ces jeux en arriveraient à raviver le fléau, déjà conjuré, « des idées et des expressions métaphysiques ». Le renom de fin et vigoureux penseur de Jevons, ses nobles aspirations et ses sympathies populaires sont assez notoires. Or, essayer de le donner, contre son gré, en disciple et continuateur de Ricardo et l'un des principaux fauteurs du développement de la théorie économique — je veux dire de la vieille doctrine *a priori* — ne peut que lui ravir de l'estime, car l'on placerait ses services sur un terrain qui ne supporte pas la critique. Son nom vivra. On le sculptera sur le monument de la doctrine nouvelle ; mais on l'associera à la solution de problèmes pratiques. Originaux, vivants sont les écrits de Jevons. Pour tout dire, il s'efforça de renover la méthode économique.

Arnold Toynbee (1852-1883) nous a légué une noble mémoire. Elle est toute faite d'amour de la vérité et de zèle enflammé, d'activité pour le bien public. Il composa des opuscules, des fragments interrompus bien dignes de notre attention, tant par leur mérite propre que parce qu'ils révèlent les mobiles des plus hautes natures, ceux en particulier de notre jeunesse vouée à l'étude des questions économiques (1). Toynbee avait une foi dans le génie organisateur de la démocratie qu'il n'est point facile de partager. Il avait d'étranges idées dues à l'enthousiasme de la jeunesse : telle, par exemple, celle que Mazzini avait été « le vrai guide du siècle ». Il a beaucoup varié dans son appréciation de l'économie politique ricardienne. En un passage, il la traite d' « imposture intellectuelle » dévoilée ; ailleurs, sans doute sous l'influence de Bagehot, il dit que le temps actuel ne l'a « que corrigée, restaurée et mise en harmonie avec la science de la vie ». Il entendait sans doute sous ce nom la sociologie générale. Car il avait compris que toute notre foi dans l'avenir provient, ainsi que presque tout, de la méthode historique ; aussi, dans toutes ses études, lui attache-t-il une valeur prépondérante. Il en avait mieux compris, en effet, le vrai caractère, que bien de ses prôneurs. Il avait saisi qu'elle ne se contente pas d'expliquer l'action des conditions spéciales de temps et de lieu des phénomènes économiques, mais qu'elle cherche encore, en comparant les âges du développement social en divers temps et lieux à « découvrir des lois universellement applicables ». Si, comme on nous l'assure, il est à Oxford le noyau d'un groupe d'hommes qui, dans les études économiques, sympathise essentiellement avec Toynbee, ce fait est de bon augure pour l'avenir de la science.

<hr>

(1) Voir ses *Lectures on the Industrial Revolution in England*, avec sa biographie par le *Master* de Balliol, 1884 ; 2ᵉ éd., 1887.

Amérique.

Pendant longtemps, nous l'avons déjà observé, l'Amérique a peu contribué à l'étude de l'Economique. L'explication la plus plausible de ce fait, qui s'étend généralement à tout ce qui se rapporte au champ philosophique, en est dans l'absorption des énergies nationales par l'activité pratique. D'autres raisons s'en trouvent dans deux essais instructifs; l'un des professeurs Charles F. Dunbar, dans la *North American Review*, 1876; l'autre de Cliffe Leslie, dans la *Fortnightly Review*, d'octobre 1880.

Nous avons déjà parlé du rapport sur la manufacture fait par Alexandre Hamilton. Le mémoire rédigé par Albert Gallatin (1832), et présenté au Congrès de la Convention de Philadelphie en faveur de la Réforme des tarifs, mérite aussi d'être cité ; car il apporte de bonnes objections contre le protectionnisme. Trois éditions de la *Wealth of Nations* avaient paru en Amérique, en 1789, 1811 et 1818. Le principal ouvrage de Ricardo y avait été réimprimé en 1819. Les traités de Daniel Raymond (1820), Thomas Cooper (1826), Willard Phillips (1828), Francis Wayland (1837), et Henry Vethake (1838) firent connaître les principes de Smith et de certains de ses successeurs. Rae, écossais établi au Canada, publia (1834), un livre intitulé *New Principles of Political Economy*, hautement prisé de J. S. Mill (Liv. I; ch. II), principalement pour son exposé des causes qui provoquent l'accumulation du capital. Les meilleurs ouvrages postérieurs qui parurent jusqu'au temps de la Guerre civile sont les *Principles of Political Economy*, 1856, de Francis Bowen, et ultérieurement intitulés *American Political Economy*, 1870; la *Political Economy*, 1859, de John Bascom ; et les *Ways and Means of Payment*, 1859, de Stephen Colwell. Dans la période qui comprend et qui suit la guerre parurent la *Science of Wealth*, 1866 (18ᵉ édit., 1883) d'Amédée Walcker et les *Elements of Political Economy*, 1866, de A. L. Perry. A. Walcker et Perry sont libre-échangistes ; Perry est disciple de Bastiat. De Carey, nous avons déjà parlé quelque peu. Ses élèves américains sont E. Peshine Smith (*A Manual of Political Economy*, 1853), William Élder (*Question of the Day*, 1871), et Robert E. Thanson (*Social Science*, 1875). Aucun nom d'économiste américain ne s'élève à la hauteur de celui du général Francis A. Walcker, fils d'Amasa Walcker et auteur d'ouvrages spéciaux sur la *Wages Question* (1876), sur la *Money* (1878), et d'un excellent traité général sur la *Political Economy* (1883, 2ᵉ éd., 1887). Les ouvrages principaux sur l'histoire économique américaine sont ceux de A. S. Bolles, intitulés *Industrial History of the United States* (1878), et *Financial History of the United States, 7741-1885*; celle-ci, publiée en 1879 et années suivantes(1).

L'étude économique la plus approfondie et la plus claire qui, ces dernières années, a prévalu en Amérique, jointe aux influences étrangères, a, là aussi, donné naissance à la scission des économistes en deux écoles : l'ancienne et la nouvelle, semblables à celles qu'ailleurs nous avons vu s'affronter. Un congrès se tint à Saratoga, en septembre 1885. On y fonda une société, dite l'*American Economic Association*. Le but de ce mouvement était de combattre l'idée que le champ de la recherche est clos, et de stimuler une plus large et plus fructueuse étude des questions économiques. Ce même esprit conduisit à la fondation du *Quarterly Journal of Economics*, publié à Boston par l'*Harward University* et qui fait espérer une œuvre excellente. Le premier article de ce journal est de C. F. Dunbar, qui passe la revue du *Century of American Political Economy*. Nous en avons déjà

(1) Pour plus amples informations sur l'histoire de l'Economique américaine, voir l'article *Political Economy*, de Robert E. Thomson, dans l'*Encyclopædia Americana*.

parlé. Dunbar y réunit, en vue de la civilisation, les tendances des deux écoles.

Cette divergence des opinions s'est manifestée d'une manière frappante dans une discussion sur la méthode et sur les principes fondamentaux de l'Economique. Ce débat s'était élevé dans les pages du périodique *Science* ; on l'a, depuis, réédité dans un tirage à part intitulé *Science Economic Discussion* (New-York, 1886). Dans cette controverse, les idées de la nouvelle école sont exposées et défendues avec une grande habileté. La nature vraie de la méthode économique, la relativité des institutions et des théories économiques qui créent leurs dépendances envers les diverses ambiances sociales, la connexion étroite de la doctrine économique a   -risprudence de leur temps, la nécessité de mettr ...conomique en harmonie avec la morale sociale, enfin l'importance de l'étude de la consommation qu'ont niée J. S. Mill et d'autres, tout cela est exposé avec une clarté et une force remarquables (1).

Il y a des raisons de croire, avec Leslie, que l'Amérique s'occupe activement à mettre en lumière les problèmes futurs et à élaborer leur solution.

Les Economistes anglais récents

Il n'entre point dans notre plan d'émettre un jugement sur les œuvres des auteurs anglais contemporains; car il ne saurait être définitif ; il serait bien plus suspect de partialité que ne peut l'être notre appréciation des écrivains étrangers survivants. Néanmoins, pour l'infor-

(1) Ces défenseurs de la nouvelle école sont le D' Edwin R. A. Selignan, le professeur E. J. James, le professeur Richard T. Ely, Henry, C. Adams. Richmond Mayo Smith, et Simon N. Patten. Les représentants de la vieille école sont le professeur Simon Newcomb, F. W. Taussig. et Arthur T. Hadley.

mation de l'homme d'étude, nous donnons des opinions qu'une personne compétente ne pourra guère contester. Le meilleur exposé succinct d'économie politique en harmonie au fond avec la théorie de Mill, se trouve dans le *Manual* (6e éd., 1881) de Fawcet. Ceux cependant qui admettent en partie les revendications de la nouvelle école préféreront l'*Economics of Industry* (2e éd., 1881) de M. et Me Marshall. Meilleur encore, à quelques égards, que l'un et l'autre est la *Political Economy* de l'écrivain américain Francis A. Walcker, dont nous avons déjà parlé. Les autres ouvrages de valeur sont le *Manual of Political Economy*, 1870, de J. E. T. Rogers ; le *Survey of Political Economy*, 1871, de John Macdonell ; et le *System of Political Economy*, 1887, de John L. Shadwell. La *Plutology* (1864), du professeur W. E. Hearn, est un des meilleurs traités actuels sur la production. L'ouvrage de M. Goschen excelle sur les échanges extérieurs (10e édit., 1879). M. Macleod, dont le plan général d'économie n'a pas recueilli le suffrages, a néanmoins la réputation de contenir bien des aperçus utiles sur la banque. Les *Six centuries of Work and Wages* (1884) du professeur Roggers est le livre le plus digne de créance sur l'histoire économique de l'Angleterre, pour la période dont il s'agit. La *Growth of English Industry and Commerce* (1882), de W. Cunningham, donne de bons renseignements sur le système mercantile. Le Dr W. Neilson Hancock a prouvé, en une foule d'articles, une connaissance très étendue et très précise de l'économie sociale de l'Irlande.

Nous n'avons pas ici à analyser un livre comme celui de M. Sidgwick (1883) auquel nous avons déjà fait appel sur un point spécial. Il est impossible de refuser sa considération et son admiration à la consciencieuse et pénétrante critique qu'il fait du système, *a priori*, de l'Economique de forme récente. Mais il est permis de se demander s'il était bien sage de prendre ce soin. Ce n'est point une charge à perpétuité que de se proposer d'amender et de délimiter les doctrines ricardiennes ; de se demander quels sens particuliers attribuer aux phrases, quels qualificatifs ajouter pour lui procurer un regain de valeur. Le temps de la reconstruction est arrivé ; et c'est à une telle tâche, ou tout au moins à l'étude de ses conditions, que les penseurs compétents, doués d'une préparation scientifique suffisante, doivent se dévouer. Il est à craindre que le traité de M. Sidgwick, bien loin, comme il le voudrait, d' « éliminer une controverse inutile » ne tende qu'à ressusciter les *stériles contestations* et les *oiseuses disputes de mots* que Comte reproche aux anciens économistes. Il est intéressant d'observer que la partie de son ouvrage, à laquelle on accorde le plus de valeur, est celle où, secouant les fictions de la vieille école, il examine librement, à la lumière de l'observation et de l'analyse, le jeu de l'intervention industrielle des gouvernements.

CHAPITRE VII

Conclusion

Pour conclure, examinons brièvement, à la lumière de la précédente revue historique, quels progrès vers la rénovation de la science économique sont, à ce jour, possibles et d'une urgente opportunité.

I. — L'investigation économique est tombée, jusqu'à ce jour, pour la plus grande part, entre les mains de légistes et de littérateurs, et non entre celles d'une famille de vrais savants. Ceux qui l'ont cultivée ne possédaient pas, en général, cette pleine préparation aux sciences physiques et biologiques nécessaire soit aux bases doctrinales, soit aux leçons de méthode. Leur éducation fut ordinairement de nature métaphysique. Aussi l'économie politique a-t-elle gardé bien des formes et des idées qui remontent au dix-septième et au dix-huitième siècle; au lieu de progresser avec le siècle et de prendre un caractère nettement positif. Elle est de même nature que la logique de l'école, que la jurisprudence pauvre d'abstraction historique, que la morale et la politique *a priori*, et autres synthèses vieillotes similaires. L'on reconnaît, en effet, que ceux qui prônent avec le plus d'insistance la conservation de son caractère traditionnel tirent leur pâture mentale habituelle de ces régions de spéculation absolutiste. Nous parvenons ainsi à comprendre l'attitude des vrais savants envers ce genre d'études ; ils le regardent ainsi que ses professeurs avec un dédain mal déguisé et refusent ces derniers ou ne les acceptent qu'à contre-cœur dans leur cénacle.

Le vice radical de ce caractère non scientifique de l'économie politique paraît résider dans la manière trop individuelle et trop subjective dont on l'étudie. La richesse se définissant sur sa capacité à satisfaire les désirs, les qualités susceptibles de se déterminer à degré voulu dans les objets possédant une énergie physique, et propres à développer la constitution physiologique n'entrent pas en compte. Tout est jaugé à la mesure de notions subjectives et des désirs. Tous les désirs sont pareillement estimés légitimes; et tout ce qui satisfait nos désirs est, au même titre, taxé de richesse. La valeur, ramené à l'expression d'une appréciation toute mentale fait que la valeur sociale des objets, c'est-à-dire de leur utilité objective, souvent mesurable scientifiquement, est passée sous silence pendant que le seul rapport d'échange est pris en considération. La vérité est, qu'au fond de toute investigation économique, il ne faut pas oublier que la richesse a pour but d'entretenir et de faire évoluer la société. Dès que nous commettons cet oubli, notre Économique devient une force théorique ou un bréviaire de marchand; non point une contribution à la science sociale. Sous un aspect replet, elle ne serait vraiment que partielle et superficielle. La science économique est plus ample que cette catalectique à laquelle on la voudrait réduire. Le mérite propre des physiocrates est d'avoir eu, semble-t-il, une vague intuition du rapport étroit de leur étude à celle de la nature extérieure. Aussi nous rattacherons-nous à leur façon de voir. Nous basons notre Économique sur la physique et sur la biologie telles que les a faites notre temps (1). De plus, la science s'épurera nettement des éléments et des tendances théologico-métaphysiques qui la souillent toujours et la dénaturent. La théologie et l'optimisme, d'une part; le jargon

(1) Cet aspect du sujet a été habilement traité dans des articles du *Procedings of the Royal Society of Edimburg*, paru, en diverses occasions, en 1881 et depuis. Nous les devons à M. P. Geddes, biologiste bien connu.

de la « liberté naturelle » et des « droits imprescriptibles »,
d'autre part, tomberont enfin à l'abandon.

Nous ne partirons pas, non plus, de prémisses universelles d'où les vérités économiques découleraient ; de ces
formules commodes qu'on emploie habituellement,
comme, par exemple, tous les hommes aiment la richesse
et fuient l'effort. Ces propositions vagues qui ont la prétention de devancer ou de se mettre au-dessus de l'expérience sociale, et qui introduisent nécessairement l'absolu où devrait régner l'activité, sont à écarter. Les lois
de la richesse — pour retourner une phrase de Buckle
— sont à tirer des faits de richesse et non du postulat de
l'égoïsme humain. Nous nous efforcerons d'étudier directement et sérieusement la façon dont la société se conduit actuellement et oriente son existence et son avenir
pour satisfaire à ses besoins matériels. Les organes créés
par elle dans ce but, son mode opératoire, la manière
dont l'affectent le milieu où elle agit ainsi que les institutions coexistantes établies pour d'autres fins, comment à
leur tour ils réagissent sur celles-ci, le procédé suivant
lequel organes et fonctions se modifient progressivement
au cours des temps, tous ces problèmes, tant statiques
que dynamiques sont des questions de fait qui relèvent
de l'observation et de l'histoire, au même titre que la
nature et le progrès du langage humain, la religion ou
toute autre espèce de phénomène social. Une telle étude
exige bien une « analyse réfléchie » et continuelle des
faits d'observation. Aussi, tout en éliminant les supposi-
tions prématurées, nous userons des connaissances établies que nous possédons sur la nature humaine ; elles
seront nos instruments de recherche et nos guides dans
l'interprétation des faits. L'emploi d'hypothèses sciemment instituées sera légitime, mais uniquement comme
artifice logique occasionnel.

II. — L'Économique est à envisager constamment en

département spécial d'une science plus vaste, la Sociologie. Elle est en rapports intimes avec les autres chapitres sociologiques et avec la synthèse morale qui couronne tout le système intellectuel. Nous avons déjà
suffisamment aplani le terrain philosophique pour conclure que les phénomènes économiques d'une société ne
sauraient être distraits, si ce n'est provisoirement, de
tout le reste. Les éléments sociaux primaires, en effet,
sont tous à étudier habituellement dans leurs dépendances mutuelles et dans leurs actions réciproques. En
particulier, il nous faut examiner les nobles résultats
moraux auxquels nous mène le mouvement économique,
et faute desquels il ne mériterait à aucun degré l'intérêt
suivi ou l'attention soigneuse des penseurs éminents et
des hommes au cœur droit. L'existence individuelle doit
se subordonner à la vie sociale. Chaque agent n'est à
regarder que comme un organe de la société dont il
relève et de cette société plus large qu'est son espèce.
La notion d'intérêts doit disparaitre, suivant la belle
formule de George Eliot, devant celle de fonctions. La
vieille doctrine du droit qui est à la base du système de
la « liberté naturelle » a accompli son œuvre temporaire.
Il convient de lui substituer l'idée de devoir qui fixera
sur le terrain positif la nature de la coopération sociale
de chaque classe et de chaque membre de la communauté, avec les prescriptions appelées à réglementer son
juste et bienfaisant avenir.

Ecartons la question de la constitution théorique de
l'Economique, et examinons comment cette science réagit sur la politique publique. Ce n'est plus maintenant
parler dans le vide que de rejeter la notion du « non-
gouvernement », et de dire que cette expulsion hors de
la sphère économique soit l'ordre normal des choses. La
doctrine du *laisser faire*, qui provient du système de la
liberté naturelle, fut longtemps le grand mot de passe

de l'orthodoxie économique. Elle avait une signification et une force d'inertie particulière en Angleterre ; conséquence de la lutte politique pour l'abrogation de la loi céréale. Il en résulta que la discussion économique dans ce pays se concentra principalement sur le libre-échange, afin de s'efforcer d'amener un changement des tarifs protecteurs des nations étrangères. Mais le libre-échange a fini par perdre le caractère sacro-saint dont on l'avait formellement investi. C'est là un résultat issu bien moins de la pensée économique que de la pression de ces nécessités pratiques qui ont modifié les formes successives de l'opinion économique bien davantage que les théoriciens ne veulent le reconnaître. Les exigences sociales forcent la main aux hommes d'Etat, quel que soit leur attachement aux formules abstraites. Or, les publicistes ont, en partie, tourné le dos au *laisser faire*. L'Etat, avec d'excellents résultats, et dans le but de l'égalité sociale ou de l'utilité publique, s'est fort engagé dans la voie du contrôle des actes de l'intérêt individuel. Les économistes eux-mêmes se sont, en majeure partie, convertis à ce sujet. Des théoriciens, M. Herbert Spencer se trouve presque la seule *vox clamantis in deserto* quand il proteste contre ce qu'il nomme « le nouvel esclavage » de l'intervention gouvernementale. Il protestera en vain s'il cherche à réhabiliter la vieille doctrine absolutiste de la passivité économique de l'Etat. Mais il est certes possible qu'en vertu de la force acquise contre cette doctrine, il se produira une tendance excessive ou prématurée dans la direction contraire. Pour ce qui est du fond de la production ou de l'échange, il ne se produira probablement guère en Angleterre de velléité d'intervention. Mais, les dangers et les inconvénients qui naissent de la situation instable du monde du travail pousseront sans doute de temps en temps, ici et ailleurs, à des essais prématurés de réglementation. En dehors cependant du tourbillon de maux qui menacent la paix publique et des palliatifs temporaires destinés à alléger la pression sociale, la vraie politique de l'État dans ce domaine est, pour le moment, l'abstention. Il est bien certain que la police industrielle ne restera pas indéfiniment sans organisation systématique. Par lui-même, le conflit des intérêts privés ne produira jamais une république du travail bien policée. *Freiheit ist Keine Lösung.*

La liberté pour la société, comme pour l'individu, est la condition nécessaire préalable de la solution des problèmes pratiques, soit pour permettre aux facultés naturelles de se développer, soit pour qu'elles puissent manifester leurs tendances spontanées. Mais, la liberté n'est pas par elle-même une solution. Si, néanmoins, l'organisation du monde industriel s'annonce et doit, avec certitude, venir de la marche du temps, ce serait une grave erreur que d'essayer d'en improviser une. Nous sommes actuellement dans une période de transition. Nos pouvoirs directeurs ont toujours un caractère équivoque ; ils ne sont pas en harmonie avec l'existence industrielle, et, sous tous les rapports, sont insuffisamment imprégnés d'esprit moderne. En outre, les conditions de l'ordre nouveau ne sont pas encore assez compris. Les institutions de l'avenir doivent se mouler sur les sentiments et les mœurs, et les uns et les autres sont le fruit mûr de la pensée et de l'expérience. En réalité, la solution est principalement morale. C'est plutôt le pouvoir spirituel que le pouvoir temporel qui est naturellement préposé à redresser et à adoucir la plupart des maux propres à la vie industrielle (1). Il y a, en effet,

(1) La négligence de cette considération et l'exagération conséquente de l'action de l'État qui, toute légitime, est bien insuffisante, paraissent constituer le principal danger auquel est exposée l'école économiste allemande contemporaine. Quand Schmoller dit : « L'État est la plus grande institution morale qui existe pour l'éducation de

une propension — et nous admettrons que cette tendance est réelle et imminente — à pousser l'État à
étendre les limites normales de son action pour le maintien de la justice sociale. Cela provient, sans doute, en
quelque mesure, de ce que la dissidence croissante sur
les questions religieuses dans les sociétés les plus avancées a affaibli l'autorité des églises et appauvri leur
influence de son universalité sociale. Le plus urgent à
l'heure actuelle n'est point d'intervenir législativement
avec ardeur dans les relations industrielles ; mais bien
de former, tant dans les hautes que dans les basses
régions du monde industriel, des convictions profondes
sur les devoirs sociaux et sur un mode plus efficace que
l'actuel, de propager, soutenir et appliquer ces convictions. C'est là un sujet dans lequel, ici, nous ne pouvons
entrer. Mais il nous sera du moins permis de dire que
ceux-là seuls du public contemporain qui paraissent
bien comprendre et apprécier adéquatement les nécessités de la situation sont ceux qui, d'un côté, visent à
accommoder l'ancien pouvoir spirituel, et, ceux qui,
de l'autre, cherchent à en instaurer un nouveau. D'où
cette conclusion : il est un mode d'intervention gouvernementale que les avocats du *laisser faire* n'ont pas
toujours désavouee. Pourtant, plus que tout autre, il
cherche à entraver l'avénement pacifique et graduel
d'un nouveau système industriel et social. Il vise à l'in-
tronisation, sous l'égide de la liberté spirituelle, de types
officiels de doctrines philosophiques admises et des restrictions qu'on sait imposer à l'expression et à la discussion des opinions.

On verra que notre conclusion principale sur l'action
économique s'harmonise à celle de notre examen théo-

la race humaine », il lui transmet les fonctions de l'Église. Le rôle
éducateur de l'État ne doit être, en principe, qu'indirect.

rique des phénomènes économiques. Car, en estimant
que celui-ci n'est logiquement rien autre qu'un rameau
différencié mais solidaire du tronc sociologique, nous
croyons aussi qu'au cours des affaires humaines, il n'est
pas de synthèse partielle. Une réorganisation économique
de la société implique une rénovation universelle, intellectuelle et morale autant que matérielle. La réforme
industrielle pour laquelle l'Europe occidentale geint en
travail ; dont l'avènement s'annonce par maints symptômes, et qui sera le fruit de ces labeurs fidèles et opi-
niâtres, ne restera pas un évènement isolé. Elle consti-
tuera l'une des faces de cet art qu'est de vivre sa vie ; elle
modifiera tout notre milieu ; elle affectera toute notre
culture : en un mot, elle orientera toutes nos ressources
vers la grande fin de l'ordre et du progrès de l'Humanité.

FIN.

INDEX

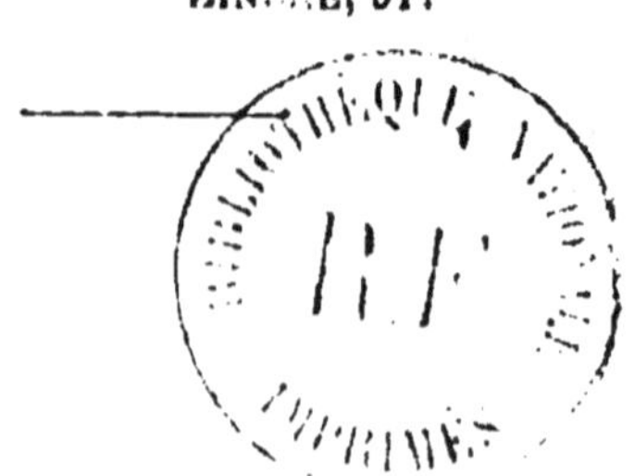

CHATEAUDUN

IMPRIMERIE DE LA SOCIÉTÉ TYPOGRAPHIQUE

3, rue de Blois